팔레스타인 현대사 : 무엇이 문제인가

Modern Palestine History : What are the Problems

팔레스타인
현대사
: 무엇이 문제인가

초판인쇄일   2018년 02월 28일
초판발행일   2018년 03월 02일
지 은 이   홍미정 · 마흐디 압둘 하디(Mahdi Abdul Hadi)
발 행 인   김선경
책 임 편 집   김소라
발 행 처   도서출판 서경문화사
            주소 : 서울시 종로구 이화장길 70-14 105호
            전화 : 743-8203, 8205 / 팩스 : 743-8210
            메일 : sk8203@chol.com
등 록 번 호   제 300-1994-41호
ISBN   978-89-6062-203-6   93340

* 파본은 구입처에서 교환하여 드립니다.

정가 22,000

* 이 저서는 2014년 정부(교육부)의 재원으로 한국연구재단의 지원을 받아 수행된 연구임
  (NRF-2014S1A5A2A03065893)

| 아랍문화연구소 총서 1 |

팔레스타인 현대사
: 무엇이 문제인가

홍미정 · 마흐디 압둘 하디(Mahdi Abdul Hadi) 지음

서경문화사

●머리말

　지난 해 12월 '예루살렘은 이스라엘의 수도'라는 미국 대통령 트럼프 선언에서 보듯이, 이스라엘/팔레스타인 분쟁은 이스라엘과 팔레스타인, 중동 역내를 넘어서 초강대국들이 개입된 세계적인 관심사이며, 상시적인 뉴스거리가 되었다. 일상화된 분쟁 때문인지, 인간의 고통이 엄청나게 쌓여가고 있음을 알리는 소식에 대하여, 인식과 감각이 무디어지는 것 같다. 그러나 어느 때든 인간의 고통은 방치되거나 외면될 수 없는 무게를 지닌다는 점에서, 그 고통을 줄이기 위해서는 분쟁 현실에 대한 정확한 인식이 요구된다. 팔레스타인 현대사를 정확하게 이해해야 할 필요성은 그 점에 있다.

　『팔레스타인 현대사: 무엇이 문제인가』는 2014년 정부(교육부) 재원으로 한국연구재단의 지원을 받은 연구 프로젝트의 일부이며, 홍미정이 쓴 이 프로젝트 연구 논문을 수정 보완하여, 「시온주의 국가 만들기」, 「영국의 위임통치와 시온주의」, 「팔레스타인 국가라는 신기루」 장을 구성하였다. 인류 전체의 문제일 수밖에 없는 민주주의와 인권신장, 그리고 삶의 질 향상에 시사점을 얻기 위해서, 이 장들은 민족주의·국가건설과 관련되지만, 기존의 '민족주의 정치 이념을 넘어서 보편적 인권을 토대'로 한 관점에서 연구한 결과물이다.

　『팔레스타인 현대사: 무엇이 문제인가』는 최근 진행되는 팔레스타인 문제를 포괄적이면서도 정확하게 드러내는 다음의 핵심적인 주제들로 구성된다. 널리 알려진 것과는 달리 현대 유대인들이 개종을 통해서 형성되었다는 것을 분명하게 드러내는 「시온주의 신화」, 특히 작년 말 트럼프 선언 이후 뜨거운 쟁점이 된 예루살렘 소유권 문제를 다룬 「누구의 예루살렘인가」, 엄청난 인간의 고통을 생생하게 드러내는 「팔레스타인 난민 축출은 현재 진행형」, 팔레스타인 자치정부와 그 한계를 다룬 「팔레스타인 자치정부와 하마스」, 최근 분쟁의 은폐된 진실로 보이는 동지중해 연안의 천연가스자원 지배권 문제를 분석한 「동 지중해 천연 가스자원과 가자 봉쇄 강화」, 국제형사 재판소가 추진하는 이스라엘 전쟁 범죄 조사를 중단시키려는 「이스라엘 국제형사 재판소 기소에 맞서는 미국」 등이다.

특별히 팔레스타인 현안을 정확하고, 세밀하게 알리기 위하여, 동예루살렘에 위치한 팔레스타인 국제문제연구소(PASSIA, http://www.passia.org/) 마흐디 압둘 하디(Dr. Mahdi Abdul Hadi) 소장이 『팔레스타인 현대사: 무엇이 문제인가』를 공동으로 집필하였다. 마흐디 압둘 하디 소장은 1967년 전쟁이후 2017년까지 팔레스타인 정치를 집중 분석한 「팔레스타인 정치사 50년, 1967~2017년」과 이스라엘/팔레스타인 분쟁에 대한 국제사회의 개입과 해결을 촉구하는 「이스라엘 점령 50년, 국제사회의 역할: 두 국가 해결안은 국제사회의 책임」을 저술하였다. 뿐만 아니라, 『팔레스타인 현대사: 무엇이 문제인가』가 성공적으로 출간될 수 있도록, PASSIA는 본문에 사용된 대부분의 지도와 사진들을 제공했고, 마흐디 압둘 하디 소장은 필자에게 집필과정에서 조언을 아끼지 않았다. PASSIA와 마흐디 압둘 하디 소장님께 깊이 감사드린다.

『팔레스타인 현대사: 무엇이 문제인가』표지 그림을 1948년 축출된 팔레스타인 난민 가족이며, 스스로 독학한 탁월한 천재 화가 이마드 아부 시타야(Imad Abu Shtayyah)가 제공했다. 이 그림, 「팔레스타인」은 '팔레스타인 땅과 주민, 예루살렘, 평화와 미래' 등 팔레스타인 문제를 대표하는 핵심적인 주제들을 표현한다. 『팔레스타인 현대사: 무엇이 문제인가』에 정확하게 부합하는 그림을 제공해준 화가 이마드 아부 시타야 님께 진심으로 감사드린다.

끝으로 『팔레스타인 현대사: 무엇이 문제인가』를 발간할 수 있도록 『중동국가들의 국민 정체성 규정 메커니즘 연구를 통한 통합적 설명 모형 만들기: 민족주의, 시민권과 보편적 인권』연구팀을 지난 3년 동안 지원해준 한국연구재단에게도 고마움을 표시한다.

● 차 례

● 팔레스타인 현대사 지도

1897년

팔레스타인

지중해

가자

자파

하이파

하데라 습지

예루살렘
베들레헴
람라

사

해

팔레스타인

1946년

팔레스타인

지중해

가자

자파
텔아비브

하이파

하데라 습지

베들레헴
예루살렘
람라

사

해

팔레스타인
유대인

1947년
유엔 분할안

유대국가

지중해

가자

자파
텔아비브

하이파

하데라 습지

예루살렘
베들레헴
람라

국제지구

시안

아랍국가

사

해

유대국가
예루살렘
국제지구
아랍국가

1949~1967년

이스라엘

지중해

가자

자파
텔아비브

하이파

하데라 습지

베들레헴
예루살렘
람라

시안

사

해

이스라엘
서안~요르단 통치
가자~이집트 통치

현재

이스라엘

지중해

가자

자파
텔아비브

하이파

하데라 습지

예루살렘
베들레헴
람라

시안

사

해

이스라엘
팔레스타인

무엇이 문제인가

: 트럼프의 '예루살렘은 이스라엘 수도' 선언

2018년은 팔레스타인에 이스라엘 국가가 건설(1948)되면서 발발한 전쟁으로, 대규모 난민발생 등 팔레스타인 대참사가 시작된 지 70년이 되는 해다. 지난 2017년 12월 6일, 미국 대통령 트럼프는 '예루살렘은 이스라엘 수도'라는 팔레스타인인들의 심장을 찌르는 것 같은 선언을 하였다. 2017년은 팔레스타인 현대사에서 매우 상징적인 시기로, '팔레스타인에 유대민족고향 창설'을 목표로 내세우고, 이스라엘 국가 건설에 주도적인 역할을 한 세계 시온주의자 기구 창설(1897) 120년, 영

• 예루살렘 (제공 : PASSIA)

국이 '팔레스타인에 유대민족고향 창설'을 공식적으로 지지한 밸푸어 선언(1917) 100년, 유엔이 '팔레스타인에 유대국가 건설'을 승인한 유엔 총회 181호 결의

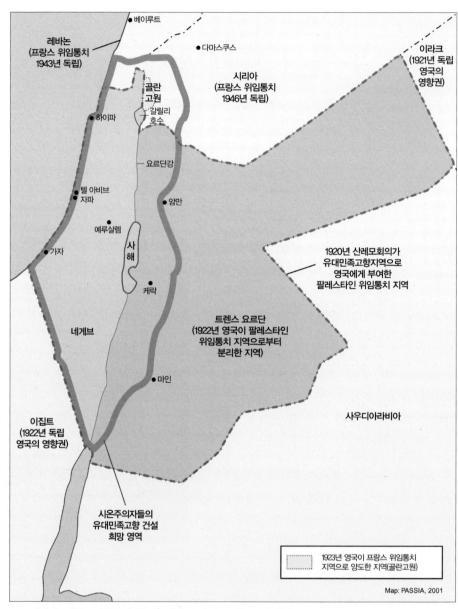

베이루트

레바논
(프랑스 위임통치
1943년 독립)

다마스쿠스

이라크
(1921년 독립
영국의
영향권)

골란
고원
갈릴리
호수

시리아
(프랑스 위임통치
1946년 독립)

하이파

요르단강

텔 아비브
자파

암만

예루살렘

사
해

가자

케락

1920년 산레모회의가
유대민족고향지역으로
영국에게 부여한
팔레스타인 위임통치 지역

네게브

트렌스 요르단
(1922년 영국이 팔레스타인
위임통치 지역으로부터
분리한 지역)

마인

사우디아라비아

이집트
(1922년 독립
영국의 영향권)

시온주의자들의
유대민족고향 건설
희망 영역

1923년 영국이 프랑스 위임통치
지역으로 양도한 지역(골란고원)

Map: PASSIA, 2001

• 20세기 초 시온주의자들이 목표로 세운 유대민족고향 건설 영역

⁽¹⁹⁴⁷⁾ 70년, 이스라엘이 전쟁을 일으켜서 동예루살렘, 서안, 가자 등 팔레스타인 전역을 장악한⁽¹⁹⁶⁷⁾ 지 50년이 되는 해였다.

2017년 11월 이스라엘은 불법점령지 요르단 계곡과 동예루살렘 주변지역 등 서안지역에서 이스라엘 정착촌을[i] 확장하고, 이스라엘 영토로 합병하기 위하여 대대적으로 팔레스타인 공동체 축출을 자행하고 있는 것으로 알려졌다.

현재까지 120년에 걸쳐 발생한 이러한 일련의 극적인 사건들은 팔레스타인 대참사의 단초를 제공했을 뿐만 아니라, 확대 · 강화시켰다. 이제 팔레스타인 대참사는 최후 국면에 도달한 것처럼 보인다.

2017년 이스라엘은 불법 점령지 서안에 위치한 팔레스타인 땅 2,500에이커를 몰수하고, 500채의 빌딩을 파괴하였으며, 새로운 이스라엘 정착촌 8지구를 건설하였다. 이스라엘 정부는 서안과 동예루살렘에 2015년 1,982호, 2016년 2,629호, 2017년에 6,500호 정착촌 주택 건설을 승인하였다. 2017년에 정착촌 주택 건설이 2016년에 비해 3배 증가한 것이다.

게다가 2017년 12월 24일 이스라엘 주택 장관 요아브 갈란트는 '이스라엘 수도 통합된 예루살렘의 땅 위에 주택 건설'이라는 이름으로 동예루살렘에 30만 호의 새로운 정착촌 주택건설 계획을 발표하였다. 뿐만아니라 이스라엘은 단기간에 100만 명의 정착민[ii]들을 서안으로 이주시킬 계획을 한 것으로 알려졌다. 현재 서안에 50만 명, 동예루살렘에 약 22만 명의 이스라엘 정착민들이 거주한다.[1] 결국 12월 31일, 베냐민 네타냐후가 이끄는 리쿠드당은 서안지역의 이스라엘 정착촌들을 이스라엘 영토로 합병하기 위한 제안을 만장일치로 합의하였다.[2] 12월

---

i) 이스라엘 정착촌의 정확한 표현은 국제법상으로 불법적인 점령지 위에 건설된 이스라엘 점령촌이다. 그러나 정착촌이 대중화된 표현이므로 이 책에서는 정착촌으로 표기한다.

ii) 정착민의 정확한 표현은 국제법상으로 불법적인 점령지로 이주한 이스라엘 점령민이다. 그러나 정착민이 대중화된 표현이므로 이 책에서는 정착민으로 표기한다.

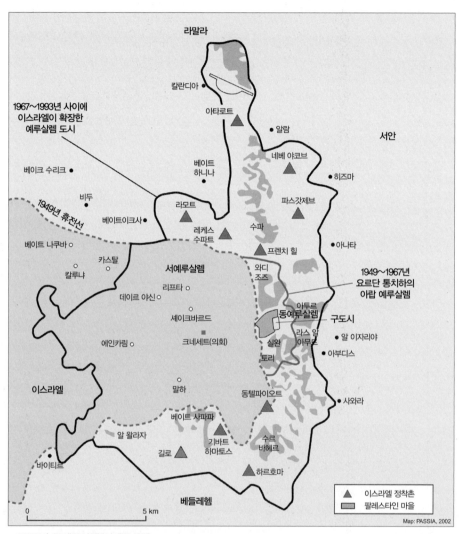

라말라

칼란디아

아타로트

1967~1993년 사이에
이스라엘이 확장한
예루살렘 도시

알람

서안

베이크 수리크

네베 야코브

비두

베이트
하니나

히즈마

1949년 휴전선

베이트이크사

라모트

파스갓제브

레케스
수파트

수파

베이트 나쿠바

프렌치 힐

아나타

카스탈

칼루냐

서예루살렘

와디
조즈

1949~1967년
요르단 통치하의
아랍 예루살렘

리프타

데이르 야신

아투르
동예루살렘

구도시

셰이크바르드

라스 알
이무드

알 이자리야

에인카림

크네세트(의회)

실완

아부디스

토리

이스라엘

말하

동텔파이오트

사와라

베이트 사파파

알 월라자

수르
바헤르

길로

기바트
하마토스

바이티르

하르호마

베들레헴

0   5 km

▲ 이스라엘 정착촌
▨ 팔레스타인 마을

Map: PASSIA, 2002

• 2000년 동예루살렘/서예루살렘

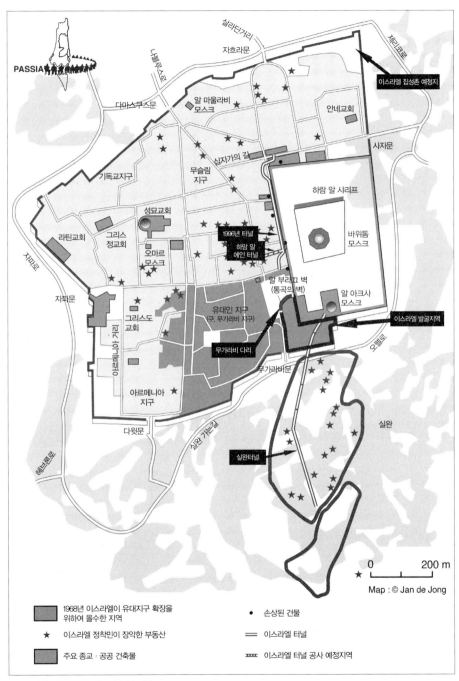

PASSIA

실라틴거리
자흐라문
나블루스길
제리코로
이스라엘 집성촌 예정지

다마스쿠스문
알 마울라비
모스크
안네교회
사자문

십자가의 길
기독교지구
무슬림
지구
하람 알 샤리프

성묘교회
바위돔
모스크

라틴교회
그리스
정교회
1996년 터널
하람 알
에인 터널

오마르
모스크
알 부라끄 벽
(통곡의 벽)
알 아크사
모스크

자파로
자파문
그리스도
교회
유대인 지구
(구, 무가라비 지구)
이스라엘 발굴지역

무가라비 다리
오벨로

이슬람 하브롱로
무가라비문
실완

아르메니아
지구
실완 가는길

다윗문
실완터널

헤브론로

0   200 m
★
Map : © Jan de Jong

1968년 이스라엘이 유대지구 확장을
위하여 몰수한 지역

★ 이스라엘 정착민이 장악한 부동산

주요 종교·공공 건축물

• 손상된 건물
═ 이스라엘 터널
▨ 이스라엘 터널 공사 예정지역

• 2014년 예루살렘 구도시 성지들

서쪽 벽(알 부라끄 벽/통곡의 벽)이란

알 아크사 모스크 서쪽 편에 있는 산책로 아래 벽은 '무슬림들에게 알 부라끄 벽/유대인 들에게 는 통곡의 벽'으로 알려져 있다. 이슬람 전승에 따르면, 알 부라끄라는 이름은 예언자 무함마드 가 현재 바위돔 모스크 자리에서 승천 한 날 밤에 그의 말, 알 부라끄를 그 곳에 매놓은 데서 유 래하며, 이벽은 AD.705년에 완공된 알 아크사 모스크의 일부다. 알 아크사 모스크가 세워진 장소는 이슬람 최초의 기도방향(끼블라)이었고, 예언자 무함마드가 무슬림들에게 순례하라고 명령 한 모스크이며, 메카 소재 대 모스크, 메디나 소재 예언자 모스크와 함께 이슬람 최고 성 지 모스크들 중의 하나다.

이스라엘의 주장에 따르면, 이 통곡의 벽은 기원전 10세기에 세워진 솔로몬 사원의 서쪽 벽이 있었던 자리로, 알 아크사 모스크가 위치한 그 자리에 솔로몬 왕(BC.990~BC.931)이 세운 사원이 있었다는 것을 증명하며, 유대인들은 BC.586년에 솔로몬 사원이 파괴된 것을 슬퍼하 며 이 벽 앞에서 통곡한다. 현재 이스라엘과 시온주의자들은 알 아크사 모스크를 대체하는 솔로 몬 사원을 재건한다는 계획을 세운 것으로 알려졌다.

그러나 사실, 이 벽은 로마시대 헤롯왕(BC.73~BC.4)이 복합건물을 짓는 과정에서 처음 건 축한 것으로 알려졌으며, 이 벽의 맨 밑에 있는 돌은 헤롯왕 시대까지 거슬러 올라간다. 1967 년 6월 전쟁 이후, 이스라엘의 끈질긴 발굴 노력에도 불구하고, 이 벽과 그 주변에서 기원전 10세기에 건축된 솔로몬 사원의 흔적이 발견된 것은 전혀 없다.

1930년 12월 서쪽 벽에 관한 영국 조사위원회 보고서

영국 조사위원회는 서쪽 벽의 소유권뿐만 아니라, 이 벽 주변 지역에 있는 것들에 대한 소유권 도 무슬림들에게 속한다고 다음과 같이 밝혔다. "서쪽 벽, 통곡의 벽은 하람 알 샤리프(알 아크 사 모스크)의 통합된 일부로 서쪽을 둘러싸고 있다. 하람 알 샤리프는 고대 유대 사원들이 있던 장소다. 현재 고대 유대 사원들은 무슬림들의 모스크들로 대체 되었다. 서쪽 벽은 하람 알 샤리 프의 통합된 일부로 명백하게 이슬람 재산이다. 유대인들이 기도하는 서쪽 벽 앞 도로도 이슬람 재산이다. 이 도로는 1193년 살리딘의 아들인 아프달이 건설한 이슬람 재산이며, 넓게 개방된 지역이었다. 1320년 모로코 순례자들을 위한 숙박시설용 개인 건축물들(무가라비 지구)이 세 워졌다. 무가라비 지구(현재: 유대인 지구)를 포함한 이 벽 앞에 있는 도로도 이슬람 재산이다."

이 보고서에 따르면, 유대인들이 기도를 위하여 서쪽 벽에 자유롭게 접근할 수 있지만, 이 벽과 그 주변 지역은 이슬람 재산이다.

(출처 : HIS MAJESTY'S STATIONERY OFFICE(1931). REPORT of the Commission appointed by His Majesty's Government, LONDON, PRINTED AND PUBLISHED BY HIS MAJESTY'S STATIONERY OFFICE, 1931)

에 발표된 이러한 이스라엘의 정책들은 '예루살렘은 이스라엘 수도'라는 트럼프 선언의 후속조치로 보인다.

예루살렘은 이스라엘 국가를 건설한 시온주의 운동의 핵심지역이다. 시온주의의 목표는 예루살렘(시온)을 중심으로 한 지역에 유대 국가를 건설한다는 것이다. 이스라엘 국가 선언과 동시에 발발한 1948~1949년 전쟁 이후, 예루살렘은 서예루살렘(이스라엘 영역)과 동예루살렘(요르단 영역)으로 분할되었다. 시온주의의 핵심 지역인 시온산과 기독교 성지들, 이슬람 성지들, 유대인들이 기도하는 통곡의 벽은 모두 동예루살렘 구도시에 있다. 현재 서예루살렘은 이스라엘 국가 영역이고, 동예루살렘은 이스라엘이 1967년 6월 전쟁으로 불법 점령한 영역이다. 따라서 동예루살렘은 국제법상으로 불법적인 이스라엘 점령지고, 1967년 11월 유엔 안보리 결의 242호 등은 동예루살렘으로부터 이스라엘의 완전한 철수를 요구한다.

동예루살렘 구도시에는 성묘교회(예수 무덤교회)를 비롯한 다수의 기독교 성지들과 알 아크사 모스크를 비롯한 다수의 이슬람 성지들이 있으나, 유대인들이 주장하는 유대교 성지는 가시적으로 보이지 않는다. 1930년 12월 영국 조사 위원회 보고서에 따르면, 1984년 이스라엘이 유대교 유적이라고 주장하면서, 이스라엘 문화재로 일방적으로 결정한 알아크사 모스크 서쪽 벽(일명 알 부라끄 벽, 통곡의 벽)조차도 이슬람 재산이다.

• 1947년 유엔 분할안 181호

1947

아크레
하이파
나자렛
갈릴리
호수

지중해

제닌

요르단강

나블루스
텔 아비브
자파
리말라
제리코
예루살렘
베들레헴
아부디스
요르단
가자
헤브론
칸 유니스
비르쉐바

네게브

유대국가 영역
아랍국가 영역
예루살렘 국제지구 영역

1947년 11월 29일, 팔레스타인 분할 계획으로, 유엔 총회 결의안 181호가 통과되었다. 이 결의안은 '예루살렘과 베들레헴'을 특별히 유엔 통치를 받는 '독립적인 도시'로 설정하였다. 이 결의 이후에 예루살렘의 지위에 관한 유엔 결의는 없다. 따라서 이 결의안은 2018년 현재도 유효하지만, 국제사회에서 거의 무시당하고 있다. 이 결의안은 1948년 이스라엘 국가건설의 토대로 활용된 이후, 거의 사문화된 것으로 보인다.

1967년 11월 22일 유엔 안보리 결의 242호는 이스라엘에게 동예루살렘을 포함하는 1967년 전쟁에서 점령한 영토에서 완전히 철수할 것을 요구한다. 이 유엔 결의를 무시하면서 1980년 이스라엘 의회는 '이스라엘의 수도, 예루살렘 기본법'을 제정하였고, '예루살렘을 이스라엘의 수도'라고 공포하였다. 그러나 1980년 유엔 안보리 결의 476호, 1980년 478호는 이스라엘의 점령 종결을 재차 요구하고, 1980년 제정된 '이스라엘의 수도, 예루살렘 기본법 무효'를 선언하였다.

이와 같이 유엔 결의는 이스라엘의 동예루살렘 합병을 인정하지 않고, '예루살렘 성지의 특성과 지위를 변경시켜온 모든 조치와 행위들을 무효'라는 입장을 분명히 한다. 현 유엔 사무총장 안토니우 구테흐스도 긴급 성명을 통해 "예루살렘의 지위는 이스라엘과 팔레스타인의 협상에서 결정돼야 한다"며 트럼프 선언을 반대하였다.

따라서 '예루살렘은 이스라엘의 수도'라는 트럼프 선언은 1947년 제4차 제네바 협정 등 국제법과 1947년 이후 유엔 총회 결의와 안보리 결의 등을 위반하는 내용이다. 이/팔 분쟁에 관해서 유엔 결의들만 200번이 넘는다. 그러나 미국과 이스라엘은 이 유엔 결의들을 완전히 무시하면서, 대부분 모든 결정을 한다. 따라서 이/팔 분쟁에서 미국은 공정한 중재자가 아니라, 전통적으로 시종 일관 이스라엘 편향이다. 이것은 민주당 정부나 공화당 정부나, 클린턴이나 트럼프나 차이가 없다. 1995년 클린턴도 미국 대사관을 예루살렘으로 옮기려고 하다가 실패했다. 그러나 같은 해 미국의회는 대사관을 예루살렘으로 옮긴다고 이미 법으로 정했다. 국제사회는 실효성 있는 대책 없이, 당분간 말로만 미국을 비난할 것이다.

따라서 트럼프 대통령의 '예루살렘은 이스라엘 수도' 선언은 전통적으로 일관된 미국의 정책에서 나온 것이다. 이스라엘 국가는 시온주의에 토대를 두고 건설이 되었고, 시온주의의 핵심은 동예루살렘 구도시다. 그렇기 때문에 사실 이스라엘로서는 자신들의 정체성 때문에 동예루살렘을 포기할 수 없는 것이고, 트럼프 대통령은 그러한 이스라엘의 편을 들어주는 것이다.

뿐만 아니라 이러한 미국의 이스라엘-팔레스타인 정책은 미국의 경제적 이익 등 국익과도 직결된다. 이스라엘은 지중해변에 위치한 중동 아랍 국가들로 이어지는 관문일 뿐만 아니라, 최근에는 이스라엘, 팔레스타인 및 레바논 연안 등 동지중해 연안에서 천연 가스전이 대거 발견되었다. 이스라엘 연안 천연 가스전을 개발하고, 운영하는 회사들은 노블에너지 등 미국회사들이다. 이스라엘이 이슬

• 2018년 1월 27일 전기 끊긴 가자의 겨울(Hassan M.Shoaap 제공)

Hassan M Shoaap is at 📍 Rafah- Gaza.
6 hrs · 🌐

Last night was very difficult in rafah city..
Israeli warplanes bombed several areas in Rafah
The Israeli shelling was close to our home
The sound of explosions was so huge
The children were afraid

• 2018년 2월 2일(금) 저녁 이스라엘의 가자 폭격
(Hassan M.Shoaap 페이스북)

람주의자 정당인 하마스를 핑계로 가자를 집중 공격하는 숨겨진 이유는 바로 동지중해의 이 천연가스 자원 지배라는 경제적 이익 때문이다.

또 하나의 이스라엘, 팔레스타인 분쟁의 주요한 원천은 역내 아랍 국가들의 개입이다. 예를 들면, 이슬람 두 성지들, 메카와 메디나의 수호자를 자처하는 사우디아라비아는 트럼프의 정책을 지지하면서, 팔레스타인 정치인들에게 미국의 주장을 따르라고 압박한다. 아랍 국가들이 팔레스타인의 대의를 위해서 특별한 역할을 하는 것은 없다. 아랍 국가들은 대부분 미국의 결정을 따르며, 팔레스타인의 대의에 관심이 없다. 사우디, 요르단, 이집트 등 주변 아랍 국가들은 모두 미국에 기댄 친미—친이스라엘 정권이다. 특히 사우디는 이미 트럼프의 '예루살렘은 이스라엘 수도 선언' 한 달 전, 2017년 11월 6일 마흐무드 압바스 팔레스타인

자치정부iii) 수반을 리야드로 초청해서, "미국의 계획을 따르던지, 수반자리에서 내려와라, 팔레스타인 국가의 수도를 동예루살렘 인근 아부 디스로 옮겨라" 등을 요구했다고 알려졌다.

따라서 현재 미국과 이스라엘의 팔레스타인 정책에 적극 대항할만한 아랍국가들은 없다. 앞으로도 각 아랍 정부 차원에서는 별 정책이 있을 것 같지 않고, 기껏해야 정부 반대파들이 동원한 대중들이 거리에서 팔레스타인지지 시위하는 정도다. 게다가 예루살렘에 거주하는 팔레스타인인 영주권자들에 대한 추방정책이 더욱 강화될 것 같다. 팔레스타인인들은 이 점을 매우 두려워한다.

---

iii) 오슬로 협정에 따라 1994년 7월, 팔레스타인 자치정부가 가자와 서안 일부 지역을 통치하기 위하여 창설되었다. 2013년 1월 이후, 팔레스타인 자치정부는 공식 문서에서 팔레스타인 국가 'State of Palestine'을 사용한다. 자치정부 수반: 마흐무드 압바스(2005.01. 15~현재), 총리: 라미 함달라(2014.06.02.~현재).

제1장
시온주의 신화*

□ 시온주의란?

유엔은 1947년 11월 '팔레스타인 땅 분할 결의안'을 채택한 이후 현재까지, 분쟁 해결을 위해 이스라엘을 대상으로 200여 차례 이상의 결의안을 채택하였다. 그럼에도 불구하고, 이스라엘 국가와 팔레스타인인들 사이의 일상화된 유혈분쟁 해결은 아직 요원해 보인다. 예루살렘(시온)을 핵심 지역으로 팔레스타인 땅에 대한 소유권을 놓고 벌어지는 유혈 분쟁을 촉발시킨 핵심 주제는 시온주의이다. 유엔은 1975년 3월 22일 유엔 총회 결의 3379호를 통해서 '시온주의'를 인종차별주의로 규정하였으나, 1991년 12월 16일 유엔 총회 결의 4686호는 3379호를 무효화시켰다. 이는 '시온주의'에 대한 첨예한 논란이 국제사회에서도 진행되어 왔음

---

* 이 글은 『한국이슬람학회논총』 제19-3집, 2009, 209~228쪽에 게재된 논문을 수정 보완한 것임.

을 방증하는 사건이다.

시온주의는 시온이라는 용어로부터 유래되었다. 시온의 핵심 지역은 현재 알 아크사 모스크와 바위돔 모스크가 있는 예루살렘 구도시를 지칭한다. 시온주의 는 19세기 후반에 유대민족주의 운동, 즉 예루살렘을 포함한 팔레스타인 땅에 유 대 국가 건설을 목표로 하는 국제 정치 운동으로 구체화 되었으며, 이 운동의 결 과 1948년 5월 14일 이스라엘 국가가 수립되었다. 현재 국제 정치 영역에서 시온 주의자들은 이스라엘 국가에 대한 지지를 가장 중요한 요소로 간주한다.

시온주의자들은 '땅 없는 민족에게 민족 없는 땅을'이라는 슬로건을 광범위하 게 활용하면서, 천 년 이상 지속된 토착 아랍 문화의 존재와 100만 명의 토착 아

• 예루살렘 구도시−알 아크사 모스크와 바위돔 모스크 그리고 알 부라끄(통곡의 벽)

랍인들의 권리를 무시하였다. 이러한 시온주의자들이 활동의 결과 1948년 5월 이스라엘이 팔레스타인 땅에 건설되었고, 토착 아랍인들 중 70% 이상이 고향에서 축출되면서, 현재 진행 중인 이스라엘과 팔레스타인인들의 분쟁이 시작되었다.

이스라엘 총리 베냐민 네타냐후는 2009년 8월 25일 영국 방문 도중 "통합된 예루살렘은 유대인들이 3천 년 전에 건설한 영구적인 유대인들의 도시이며 유대 점령지가 아니다. 팔레스타인인들은 이스라엘을 유대 민족의 조국으로서 인정해야한다. 이스라엘은 예루살렘에 대한 이스라엘의 주권을 위험에 빠뜨리는 것을 용납할 수 없다"고 주장했다.3) 이러한 네타냐후의 주장은 시온주의에 토대를 둔 것으로 이스라엘이 1967년 전쟁으로 동예루살렘을 점령한 이후 계속된 이스라엘 정부의 정책이다.

□ 개종을 통해서 형성된 현대 유대인

시온주의는 19세기에 형성된 현대 이스라엘 국가 창설 이념이다.i)4) 시온주의자란 '유대국가'를 표방하는 이스라엘 국가 창설 이념에 동의하는 사람을 지칭한다. 저명한 이스라엘-유대인 작가, 보아스 에브론이 1995년에 출판한 『유대국가인가 혹은 이스라엘인의 국가?』에서 밝힌 시온주의가 내세우는 핵심전제는 다음과 같다: ① 팔레스타인은 성서에서 아브라함에게 약속하고 모세의 후예들인 '고

---

i) G. 뉴버거는 다음과 같이 시온주의자와 유대인의 차이를 말한다. "정치적 시온주의 창설자도 시온주의 국가의 총리도 토라(유대교 경전, 모세오경)의 신성함이나 신의 존재를 믿지 않는다. 유대인은 시온주의자와 전혀 다르고, 양립할 수 없다. 충실한 시온주의자는 충실한 유대인일수 없고, 충실한 유대인은 시온주의자일 수 없다." 그는 유대인은 유대교로 개종함으로써 역사적으로 형성된 것이라고 밝힘으로써 '혈통으로 유전된다'는 시온주의의 전제에 반대한다.

대 이스라엘인들'에게 약속한 땅이다. ② 성서상의 아브라함은 기원전 17세기에 팔레스타인에 정착하였다. ③ 성서상의 아브라함은 성서상의 고대 이스라엘인들의 족장이다. ④ 성서상의 고대 이스라엘인들은 기원전 13세기에 팔레스타인 땅을 정복하고 정착했다. ⑤ 로마가 점령한 팔레스타인 유대인들은 성서상의 고대 이스라엘인들의 후손이다. ⑥ 로마가 점령한 팔레스타인에 거주하던 유대인들 대부분은 강제로 추방당했다. ⑦ 현대 유대인들은 로마에 의해서 추방된 고대 이스라엘인들의 후손들이며 독점적인 상속인들이다. ⑧ 추방된 후 2천여 년이 지난 오늘날 조상들의 고향으로 귀환하는 것은 천부적인 권리다. ⑨ 시간과 공간을 관통해서 '하나의 민족'을 구성해온 '하나의 유대 민족'은 항상 존재해 왔다.

이 핵심 전제들은 '현대 유대인'과 '현대 이스라엘 시민'이 '고대 이스라엘인'의 독립적인 후손이라는 주장이다.

그러나 아브라함 이후 거의 4천 년이라는 엄청나게 긴 시간과 그들이 거주했던 다양한 공간들을 초월하는 유대인들의 순수한 모계 또는 부계 혈통 유지가 가능할 수 있을까. 역사적 자료들을 분석해볼 때, 아브라함 시대의 유대교와 거의 4천여 년의 시간적 격차가 있는 현대 유대교를 시간과 공간을 초월한 불변의 것으로 유대교의 이미지를 생산한 시온주의의 전제들은 비판의 여지가 상당히 많은 뿐만 아니라, 신화에 토대를 둔 허구임이 드러난다.

히브리 성서가 그리스어로 번역되는 과정에서 '셈족으로 추정되는 유대인이 예루살렘(시온)으로부터 축출되는 것을 뜻하는 디아스포라'라는 용어는 기원전 6세기에 예루살렘 유대 성전 파괴와 바벨론으로 끌려간 유대인들과 관련해서 처음 사용되었다. 서기 1세기 로마제국이 재건된 예루살렘 유대 성전을 다시 파괴하고, 예루살렘 유대인들을 대량으로 추방한 사건을 설명하면서 디아스포라라는 용어가 다시 사용되었다. 이후 디아스포라는 '예루살렘으로부터 추방당한 유대인들'을 상징하여 사용되었고, 팔레스타인 지역 밖에 전 세계에 거주하는 유대인들

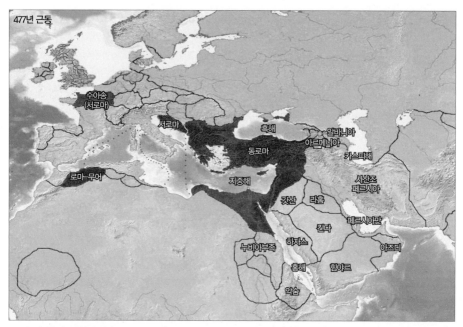

• 477년 힘야르왕국(BC.110~AD.525) (https://commons.wikimedia.org/wiki/File:Roman-Empire_477ad.jpg)

을 의미하는 '고전적인 용어'로 일반화 되었다.

　그러나 역사적으로 볼 때, 현대 유대인들 대다수는 바벨론 시대나 로마제국 시대에 예루살렘으로부터 추방당했다고 전해지는 유대인들과는 혈통적으로 관계 없다. 오히려 이 유대인들은 유대교로 개종한 사람들, 즉 약 서기 380년경 아라비아 반도 남부(현재 예멘) 지역에서 유대교로 개종한 힘야르왕국(BC.110~AD.525)의 힘야르족과 서기 740년경 흑해와 카스피해 연안에서 유대교로 개종한 카자르제국(AD.650~969)의 카자르족의 후손들이 다수를 차지한다. 특히 이슬람 세계가 확장되던 시대에 개종한 카자르 후손 유대인들은 현재 전 세계 유대인들의 약 80%를 구성하는 아쉬케나짐의 주류를 형성한다. 그러므로 고전적으로 디아스포라의 대명사로 일컬어지는 '고향으로부터 추방당한 유대인들', 즉 현대 유대인의 선조들이 바벨론 유수나 로마제국 시대에 예루살렘으로부터 추방되었다는 주장은 역사상의 사실과 부합되지 않는다. 따라서 시온주의자들이 주장하는 "현대 유대인 선조들이 예루살렘으로부터 추방당했다"는 '유대인 디아스포라'는 신화다.

이미 역사 연구의 성과들은 현대 유대인들이 역사적 시간과 공간 속에서 지역 단위로 대규모의 개종을 동반하면서 다양한 모습으로 형성되어왔음을 알려주고 있다. 서기 4세기 후반에 아라비아 반도 남부 지역에서 유대교로 개종한 힘야르

• 850년경 카자르제국(https://www.bibliotecapleyades.net/sociopolitica/esp_sociopol_khazar03.htm)

족, 7세기에 북아프리카 지역에서 유대교로 개종한 베르베르인, 8세기 중반 흑해와 카스피해 연안에서 유대교로 개종한 카자르족(Khazar) 등은 유대인의 정체성이 역사적으로 개종을 통해서 만들어져 왔다는 사실을 잘 보여준다.

이슬람 역사가 이븐 할둔은 7세기에 북아프리카 베르베르인과 8세기에 카자르인들의 개종에 관한 연구를 했다. 또 헝가리 유대인 아더 쾨슬러(1905~1983)는 유대교로 개종한 이후 동유럽으로 흘러 들어간 카자르인들이 현대 유대인들과 혈통적인 연관성을 가지고 있음을 밝힘으로써 유대인들의 정체성 형성과정을 역사적으로 입증하고 있다. 이에 대하여 버나드 루이스는 쾨슬러가 모호하고 불충분한 자료들을 사용하고 있다고 비난하기도 한다.

'셈어'라는 단어는 1781년에 "'셈족 언어들'이라는 용어에서 독일 역사가 어거스트 슐뢰제가 처음으로 쓰기 시작하였다"고 널리 알려져 있다.5) 그러나 르낭은 '셈족 언어들'이라는 용어가 지시하는 바가 부정확하다고 주장한다. 어쨌든 이러한 사실들은 '셈어'라는 용어가 18세기 이후 특정 그룹을 지칭하여 사용되기 시작하면서 어떤 집단에게 다른 집단과 구분되는 독특한 정체성을 부여한 것이라고 볼 수 있다.

최근 현대 유대인을 연구하는 학자들은 대다수 현대 유대인들은 셈족에 속하지 않는다고 주장한다. 이스라엘 텔 아비브 대학 교수이며 언어학자인 폴 웩슬러는 "서기 1세기에 로마가 점령하였던 팔레스타인으로부터 유럽으로 대규모의 유대 이민자가 발생하지 않았다"고 주장한다.

아더 쾨슬러는 1976년에 런던과 뉴욕에서 동시에 출판된 『열세 번째 부족: 카자르제국과 그 유산(The Thirteenth Tribes: The Khazar Empire and its Heritage)』에서 현대 유대인들 대부분은 8세기 중반 카스피해와 흑해 연안에 위치했던 카자르제국에서 개종한 사람들의 후손들이며 셈족 출신이 아니라고 주장하고 있다.6)

이 저술은 북/동유럽 유대인과 그 후손들, 즉 아쉬케나지 유대인들은 고대 이

스라엘인들의 후손이 아니라, 카자르 후손이라는 논쟁적인 주제를 제기했다.[ii])
쾨슬러는 이 책을 쓴 의도가 유대인이 셈족이 아니라는 것을 밝힘으로써 반셈주
의를 반대하기 위한 것이라고 주장했다.

　이러한 쾨슬러의 주장을 뒷받침하는 폴 웩슬러는 "현대 이스라엘의 히브리어
는 이디시어의 파생어이며, 성서 히브리어의 어휘만 일부 사용하고 있을 뿐이다.
이디시어는 독일어가 혼합되기는 했지만, 문장과 음운체계에서 슬라브어족에 속
하는 것으로 정의되어야 하며, 결국 현대 이스라엘의 히브리어는 슬라브어의 파
생어인 셈이다"라고 주장한다. 이것은 현대 이스라엘 국가 공식 언어인 히브리어
가 아랍어와 같은 계통, 즉 셈어족에 속하지 않는다는 것을 의미한다. 웩슬러의
이러한 결론은 다음과 같은 저술들을 통해서 표현되었다. 웩슬러는 1990년에 『현
대 히브리어의 분열증적 특성: 셈어의 과거를 슬라브어에서 찾다』, 1993년에 『아
쉬케나지 유대인: 유대인의 정체성을 슬라브-투르크 민족에게서 찾다』, 1996년
에 『세파르디 유대인의 비유대인 기원』, 2002년에 『이디시어 문법 구조 내에서 2
중 어휘 교체: 유대어, 소르브어, 카자르어와 키에프-폴레시안 방언』 등을 통해
서 현대 유대인들의 다양한 혈통과 언어 등을 조사 분석함으로써 이 유대인들이
셈족과는 관련이 없음을 밝히고 있다.

　20세기 이후 계속된 팔레스타인에서의 고고학적 연구와 발굴물들 역시 이곳에
서 고대 이스라엘인들이 뚜렷한 역할을 했다는 것을 입증하는데 실패했다. 키스
휘틀럼은 1997년에 출판된 『고대 이스라엘의 발명: 침묵당한 팔레스타인 역사』에
서 서양의 방대한 학문적 네트워크에 공헌해온 오리엔탈리즘적인 신학적·정치
적 가정들이 성서학자들에 의해 고대 이스라엘 조사 연구의 토대를 이루어왔다

---

ii) 카자르족은 코카서스 지방 즉 역사적으로 카자르제국에 살고 있던 주민들로 740년에 유
　대교로 개종한 이후 서쪽으로 이동 현재 동유럽-러시아, 헝가리, 우크라이나, 폴란드,
　벨라루스-로 이동했다.

고 비판한다. 그는 고대 이스라엘이 역사적 실체가 아니며, 유럽 국민 국가나 나아가 서양 근대 문명을 합리화하려는 학자들에 의해 발명된 것에 불과하다고 주장한다. 이로 미루어 볼 때, 고대 이스라엘 국가의 실체를 드러내려는 이스라엘 고고학에 대한 집중적인 투자와 연구에도 불구하고, 고대 이스라엘인들이 팔레스타인 땅에서 역사적으로 존재했었는지 조차도 역시 의심된다.

언어학적 측면에서 폴 웩슬러는 언어, 민속학 통계 등을 사용하여, 유대 민족 집단의 형성에 관한 지리적인 조사를 수행했다. 그의 조사 결과는 "시간과 공간을 관통하는 유대 민족의 연속성뿐만 아니라, 현대 유대인들이 깨지지 않는 수천 년 동안의 역사를 가지고 팔레스타인에 조상 대대의 고향을 가지고 있다는 널리 퍼진 견해"를 거부한다. 그러므로 그는 "현대 유대인들을 고대 팔레스타인 유대인의 후손으로 생각하거나 현대 유대인들의 종교적 표현과 풍습이 팔레스타인 탈무드식 유대교나 풍습이 계속 발전해온 것이라고 생각하는 것은 부정확한 것이다"라고 주장한다.

트루브만의 유전학 연구 결과는 유대인들의 혈통이 아랍인들보다는 쿠르드, 투르크, 아르메니아인들과 더 가깝다는 사실을 증명한다. 또 베하르와 토마스의 유전학 연구 결과는 현대 아쉬케나지 유대인들의 50% 이상이 중앙아시아 혈통이라고 밝혔다. 그러나 시겔과 웨이드는 유전학 연구 결과들은 유대인들과 아랍인들이 혈통적으로 형제라는 것을 입증한다고 주장한다.

이처럼 유대인들의 혈통에 대해 다양한 해석과 학문적 연구가 존재하고 있다는 사실은 현대 유대인들의 혈통이 다양하다는 것을 의미한다. 그러므로 이러한 연구 결과들은 유대인이 혈통적으로 유전되며 특별히 선택된 민족이라는 견해와 충돌된다. 결국 이것은 유대인들이 팔레스타인 땅에 대한 권리를 주장할 역사적 근거가 없다는 것과, 시온주의의 신학적, 역사적 토대가 사라지는 것을 의미한다.

팔레스타인에서는 1880년대부터 새롭게 이주한 유대인 공동체가 성장하고 있었다. 이 새로운 유대 공동체는 주로 중부 유럽과 동유럽에서 온 아쉬케나지 유대인들이었으며, 예루살렘에서 공부하고 기도하고 죽기 위해서 온 사람들이 아니라 팔레스타인 땅에 뿌리를 둔 유대 국가를 복원시킨다는 새로운 비전을 가지고 온 사람들이었다. 이러한 열망은 1897년에 개최된 첫 번째 시온주의자 대회 결의에서 표현되었다. 이 결의는 국제법으로 확보된 팔레스타인 땅에 유대인의 고향을 건설하도록 요구하였다. 오스만 정부의 반대와 토착 아랍인들의 점증하는 불안에도 불구하고, 1918년에는 팔레스타인의 유대인구가 대략 5만 6천명, 즉 전체 인구의 8%로 증가했다. 이들 중 1/4 정도는 유대 민족 기금으로 팔레스타인 땅에 정착하였고, 팔레스타인 땅의 일부를 사들이면서 양도될 수 없는 유대인들의 재산으로 선언하였으며, 유대인이 아닌 그 누구도 그 땅에서 일할 수 없었다.

일부 유대인들은 새로운 종류의 농업 정착촌인 키부츠에서 생활하였다. 키부츠는 공동 생산과 공동생활 체제였다.

그런데 이스라엘에는 60~80만 명의 유대교를 표방하는 하레딤들이 있다. 이 하레딤들 중에는 '시온주의와 이스라엘 국가에 반대하면서 팔레스타인 국가를 지지하는 국제유대인조직'을 운영하는 네투레이 카르

• 네투레이 카르타 (http://www.nkusa.org/)

타라는 단체도 있다.[7]

□ 인종청소: '민족 없는 땅' 만들기

이스라엘 국가 창설 이전에 팔레스타인은 중동 지역들 중에서 가장 문명화되고, 인구 밀집한 지역 중 하나였다. '땅 없는 민족을 위한 민족 없는 땅'이라는 용어는 '민족이 거주하지 않는 땅에 땅 없는 유대민족을 정착시킨다'는 의미다. 시온주의자들은 이 문구를 시온주의 운동을 도덕적으로 합리화시키기 위하여 사용하였다. 그러나 반 시온주의자들은 이 문구를 토착 팔레스타인인들에 대한 인종청소를 의미하는 시온주의의 가장 부도덕한 표현으로 간주하고 있다. 초기 시온주의자들은 토착 팔레스타인인들의 존재와 그들의 문화를 부정하면서 팔레스타인을 사람이 거주하지 않는 땅으로 상상하였다. 현재도 이스라엘 정부는 서안 (West Bank)과 동예루살렘 땅에 대한 팔레스타인인들의 권리를 무시하면서 이스라엘 정착촌 건설 사업을 추진함으로써 시온주의 정책을 계속하고 있다.

일반적으로 이러한 시온주의 운동은 유대인들이 주도하고 로비를 통해서 강대국들의 협력을 얻은 것으로 알려져 있다. 그러나 현재까지의 시온주의에 관한 연구들은 종합해 분석하면, 널리 알려진 사실과는 달리 영국 정치가들이 시온주의 운동을 창안하고 주도해왔음이 드러난다. 에드워드 사이드는 『팔레스타인 문제』에서 '땅 없는 민족을 위한 민족 없는 땅'이라는 문구를 러시아 유대인 가계 출신으로 영국 저술가이며 시인인 이스라엘 장윌이 처음 사용하기 시작했다고 밝혔다. 실제로 장윌은 1901년 12월에 발행된 『뉴 리버럴 리뷰』에서 이 표현을 사용하였다. 그런데 장윌은 1900년 이전에 이미 팔레스타인을 여행한 경험이 있었으며 이곳에 오스만제국의 통치하에서 살고 있는 주민들이 거주하고 있다는 사실을 잘 알고 있었다. 사실, 장윌은 이 표현을 최초로 사용한 유대인이다.

그러나 장월보다 약 48년 앞서 1853년 7월 영국 정치가인 섀프츠베리 경이 당시 영국 외무부장관이었던 조지 해밀턴 고든과 파머스톤 경에게 보내는 서신에서 '민족 없는 땅, 땅 없는 민족'을 공식적으로 사용하기 시작하였다. 그는 팔레스타인 땅에 대한 고대로부터 내려온 합법적인 지배자인 유대인들에게 권리가 있다고 주장하기 위하여 팔레스타인 지역을 비어 있는 땅으로 규정하였다. 섀프츠베리는 그의 일기에서 다음과 같이 더욱 구체적으로 설명하였다. "광대하고 비옥한 땅에서 곧 통치자가 없어질 것이다. 이미 알려진 세력이 통치권을 주장하지 않을 것이다. 이 땅은 다른 사람들에게 할당되어야만 한다. 민족 없는 땅이 있고, 신은 지혜와 자비로 땅 없는 민족에게 관심을 갖도록 우리에게 명령하셨다". 이후 섀프츠베리의 이 문구는『유나이티드 프레즈비테리언 매거진』등 장로교회 잡지 등을 중심으로 퍼져나가면서, 이 문구에 대한 장로교 내의 폭 넓은 지지자들을 확보하였다. 스코틀랜드 장로교도인 호라티우스 보나르는 1859년『약속의 땅: 비르쉐바에서 시돈까지 봄의 여행』에서 이스라엘의 귀환과 함께 "민족 없는 땅이 있고, 땅 없는 민족이 있다"고 주장한다.

놀라운 사실은 팔레스타인으로 여행했던 사람들이 귀국한 이후 각종 저술들에서 이 문구를 사용하였다는 것이다. 1881년 팔레스타인으로 여행한 미국 기독교인인 윌리엄 블랙스톤은 1891년에 출판된『유대인을 위한 팔레스타인』에서 '땅 없는 민족을 위한 민족 없는 땅'이라는 문구를 역시 사용하였다.

영국성공회교도들 역시 이 개념을 선호하였다. 1884년 캠브리지 대학의 성직자인 조지 시톤 바우스 역시 유대인의 팔레스타인 귀환을 언급하면서 '땅 없는 민족을 위한 민족 없는 땅'이라는 문구를 사용하였다.

보스턴에 거주하는 부유한 미국인 존 스토다드는 팔레스타인 여행 이후, 1897년에 출판한 여행기에서 유대인들에게 다음과 같이 충고하고 있다. "당신들은 땅이 없는 민족이다. 민족 없는 땅이 있다. 통합해라, 당신들의 옛 시인들과 족장들의 꿈을 이루어라, 가라, 가라, 아브라함의 땅으로".

이와 같이 19세기 후반 경에, 팔레스타인으로의 유대인 귀환과 관련하여 "민족 없는 땅, 땅 없는 민족"이라는 문구는 영국과 미국의 각종 저술과 언론에서 매우 빈번하게 사용되는 표현이었으며, 대중적으로 확산되었다.

19세기 중반 영국 정치가 새프츠베리 경이 창안한 이 개념은 19세기 말에 이르러 대중화되었으며, 1901년 장월은 유대인으로서는 처음으로 이 표현을 사용하였다.

이렇게 볼 때, 시온주의를 창안해 널리 유포시키는데 주요한 역할을 한 주체는 유대인들이라기보다는 영국인들이며, 팔레스타인 지역에서 실현가능한 사업으로 변형시킨 것도 영제국이었다.

팔레스타인에 유대국가를 건설한다는 시온주의에 대해 영국이 공식적으로 분명한 입장을 취한 것은 1917년 11월 2일 외무부장관 아서 밸푸어 선언이었다. 이 밸푸어 선언은 영국이 "팔레스타인에 유대민족고향 건설"을 지지한다고 밝혔다. 당시 영국 시온주의자 연맹의장이었던 하임 와이즈만(영국 시온주의자 연맹 의장 : 1917년 10월~1920, 시온주의기구 의장 재임 : 1921~1931, 1935~1946, 이스라엘 초대 대통령 : 1949~

• 아서 밸푸어

1952)이 밸푸어 선언을 만드는데 밸푸어와 협력한 것으로 알려졌다. 하임 와이즈만이 쓴 '정책 비망록'에는 '영국 왕권 하의 유대인의 팔레스타인(Jewish Palestine under British Crown)'이 포함되었다. 당시 영국 총리였던 데이비드 로이드 조오지(총리 재임 : 1916년 12월~1922년 10월)는 밸푸어 선언을 승인하면서, "팔레스타인은 유대인으로 구성된 영연방 되어야한다"고 강조하였다.8) 따라서 영국제국의 전략은 시온주의자들을 팔레스타인에서 영제국의 이익을 보호할 수 있는 동

맹으로 만드는 것이었다. 결국 시온주의 강화와 유대국가 건설은 영국 제국주의의 중동 진출이라는 이해관계와 밀접하게 관련되며, 오스만제국 해체를 목표로 한 영국의 전략과 맞물려 있었다.

• 데이비드 로이드 조오지

19세기 말 20세기 초에, 영국을 비롯한 서구제국주의 열강들의 정책은 오스만제국 해체를 목표로 시온주의자들과 협력하는 것이었다. 오스만제국은 팔레스타인에서 활동하는 시온주의자들을 추방하기도 했지만, 오스만제국 내의 토착 유대인들 다수가 반(反)시온주의자였다는 사실은 주목할 필요가 있다. 반면, 하심가문(요르단·이라크왕국 건설)과 사우드가문(사우디아라비아왕국 건설) 등, 오스만제국을 해체하고 아랍국가 수립을 목표로 하는 무슬림세력들은 팔레스타인에 유대민족고향을 건설하려는 영국 제국주의 세력, 시온주의자들과 협력

• 1930년 이븐사우드(사우디아라비아 창건자)와 퍼시콕스(영국 메소포타미아 원정 대장) (팔레스타인에 유대인의 민족고향 건설 합의) (https://sites.google.com/site/jonelya/traitors)

하였다.

1930년 사우디아라비아 창건자 압둘 아지즈 이븐사우드(사우디아라비아왕 재위 : 1932년 9월~1953년 11월)는 다음과 같이 밝혔다. "나는 술탄 압둘 아지즈 이븐사우드다. 나는 가엾은 유대인들이나 비유대인들에게 팔레스타인을 넘겨주는데 반대하지 않는다고 영국대표 퍼시 콕스 경에게 무수히 밝혔다. 나는 결코 영국의 명령을 어기지 않을 것이다."

이렇게 압둘 아지즈 이븐사우드가 영국의 오스만제국 해체와 시온주의 정책에 적극 협력한 결과 1932년 사우디아라비아왕국을 창건하였다.

하심가문(예언자 무함마드 후손)인 히자즈 왕(메카 샤리프 후세인)의 아들 파이잘 후세인(시리아의 왕 재위 : 1920년 3월~1920년 7월, 이라크 왕 재위 : 1921년 8월~1933년 9월)과 시온주의 운동의 지도자 하임 와이즈만은 1919년 와이즈만-파이잘 협정을 체결하였다. 이 협정을 통하여 창출된 아랍-시온주의자 동맹은 아랍과 유대인들 사이의 '인종적인 유사성'을 강조하였다. 이 협정 서문은 아랍인들과 유대인 민족 사이의 고대부터 내려온 인종적 유대를 밝히고 있다. 이 협정을 통하여 창출된 아랍-시온주의자 동맹은 오스만제국을 분할 해체 시키려한 영국 전략의 일환이었다.

이 협정의 산파 역할을 한 영국인 장교 로렌스(T.E. Lawrence)는 하심가문의 샤리프 후세인 가족과 연합하여 오스만제국에 대항하는 아랍 반란을 주도했다. 이 협정에서 파이잘 후세인은 '팔레스타

• 하임 와이즈만과 파이잘 후세인(1918년)
(https://en.wikipedia.org/wiki/Faisal%E2%80%93Weizmann_Agree
ment#/media/File:Weizmann_and_feisal_1918.jpg)

• 1919년 파리평화회의에서 파이잘 후세인과 로렌스
(https://upload.wikimedia.org/wikipedia/commons/a/ac/FeisalPartyAtVersaillesCopy.jpg)

인에서 유대인의 '민족 고향'을 건설한다는 1917년의 밸푸어 선언을 지지하고, 팔
레스타인으로 대규모의 유대 이민과 유대 정착촌 건설에 협력하기로 약속하였
다. 세계 시온주의자 기구는 파이잘이 열망하는 아랍국가 건설을 후원하겠다고
약속한 바 있다.9)

□ 인종차별과 이스라엘의 귀환법

이스라엘은 성문 헌법이 없고, 국경을 획정하지 않았다. 이스라엘에는 귀환법
이라는 기본법이 있고, 이 법이 헌법에 가장 가깝다. 팔레스타인으로 이주하기
전에 유대인들은 각각 국적을 소유한 서로 다른 국가의 국민들이었다. 이스라엘

은 귀환법을 제정함으로써, 토착 원주민들을 배제하고, 유대인들이라고 주장하는 외국인들에게 이스라엘 국적을 부여하였다.

1950년에 제정된 귀환법은 "약 2천 년 동안 추방되었다고 주장하는 전 세계의 모든 유대인들에게 팔레스타인에 있는 조상의 땅으로 귀환"할 권리를 준다. 귀환법에 따라, 이스라엘 정부는 전 세계로부터 팔레스타인으로 유대 정착민들을 데려온다.

반면, 이 귀환법 제정에 앞서 1948년 12월 11일 유엔 총회 결의 194호가 채택되었다. 이 결의는 최종적인 해결을 성취하기 위한 원칙들을 규정하면서, 추방되거나 이주당한 팔레스타인 난민들에게 고향으로의 귀환권을 부여하였다. 1949년 이후 유엔 총회는 매년 194호 결의를 재확인하고 있다. 그러나 이스라엘은 1948년 이후 팔레스타인 안 밖으로 강제 추방당해서 난민 캠프에서 살고 있는 팔레스타인 무슬림들이나 기독교인 수 백만 명에게 고향으로 돌아가도록 허락하지 않는다.

이스라엘은 현재 그리고 미래의 어떤 협상에서도 모든 팔레스타인 난민들의 귀환권을 거부하는 다음과 같은 성명서를 되풀이하여 발표하였다. "모든 정치 과정에서, 난민문제에 대한 해결은 이스라엘 국가의 안으로 들어오거나 정착하는 것은 포함하지 않을 것이다".

이스라엘 귀환법 제정과 그 실행은 사실상 셈족이라는 주장을 사실상 합법적인 독점적 상속권으로 전환시켰으며, 유대 정착민들에게 합법적인 자격을 부여하였다. 이스라엘은 팔레스타인인들의 고향과 유산을 전유하기 위하여 '유대 민족 재건, 유대인 주권 회복, 이스라엘 땅 회복, 유대인 귀환, 출생한 성 등 개인의 이름을 히브리 이름으로 변경하여 유대 정체성을 재발명'함으로써 그 근거를 마련하였다.[iii]

---

iii) 이스라엘의 대통령과 총리 등이 출생성의 변경을 통한 유대인 정체성 획득 예
    이차하크 벤츠비(출생 Shimshelevitz): 1952~1963 대통령 재임, 우크라이나 출신

귀환법은 '유대인'을 '유대인 어머니에게서 태어나거나 유대교로 개종하고 다른 종교의 구성원이 아닌 사람'으로 규정하고 있다. 귀환하는 유대인은 자동적으로 이스라엘 시민이 되고, 팔레스타인에 도착한 날 민족의 효력을 발휘한다. 귀환법은 1970년에 수정되면서 유대인의 자식들과 증손들, 유대인 자식의 배우자와 유대인 증손의 배우자에게까지 귀환권을 부여하는 것으로 확장되었다.

인류학자인 로셀레 테키너는 "이스라엘의 귀환법은 사실상 '이스라엘 국적법'이다"라고 지적하였다. 귀환법은 팔레스타인 땅의 토착 비유대인을 배제시킴으로써, 이스라엘로 이민 오는 다른 지역 출신의 유대인들에게 자동적으로 주어지는 이스라엘 국적 취득권을 토착 비유대인들에게는 부여하지 않았다. 국적이라는 단어를 귀환법의 제목과 본문에서 사용하지 않은 것은 아마도 비유대인을 제외시켰다는 것에 주목하지 못하도록 하고, 다른 지역에 살고 있는 유대인들의 이중 시민권과 국민의 지위에 관하여 배려한 것으로 보인다. 귀환법은 이스라엘 국가가 이스라엘 거주민 일부를 배제하고, 또 다른 국가 거주민들 중 일부를 포함하는 인종차별적인 국민 국가로 만들었다. 따라서 귀환법은 모든 형태의 인종차별 제거에 관한 유엔 헌장에서 규정한 국제법의 원칙을 위반하는 것이다.

시온주의는 현대 이스라엘 국민들이 시간과 공간을 초월하여 성서상의 고대 이스라엘인들의 독점적인 후손이라는 것을 전제로 창출되었다. 이러한 맥락에

잘만 샤자르(출생 Rubashov): 1963~1973 대통령 재임, 백러시아 출신
에브라임 카치르(출생 Katchalski): 1973~1978 대통령 재임, 우크라이나 출신
데이비드 벤 구리온(출생 Gruen): 1948~1953&1955~1963 총리 재임, 폴란드 출신
골다 메이어(출생 Mabovitch): 1969~1974 총리 재임, 우크라이나 출신
이츠하크 샤미르(출생 Yzernitzky): 1983~1984&1992~1995 총리 재임, 폴란드 출신
시몬 페레스(출생 Perski): 1977, 1984~1986&1995~1996 총리, 2007~현재 대통령 재임
에흐드 바락(출생 Brug): 1999~2001 총리 재임, 백러시아 출신
아리엘 샤론(출생 Sheinerman): 2001~2006 총리 재임, 러시아 출신

서 시온주의자들은 항상 자신들이 고대 이스라엘인들의 독점적인 후손인 셈족이며, 팔레스타인 땅에 대하여 신이 부여한 천부적이며 역사적인 권리가 자신들에게 있다고 주장한다. 이 과정에서 아랍 기독교인들과 무슬림들이 생생하게 생활을 영위해 왔던 공간과 시간에 대한 권리, 즉 팔레스타인 땅에 대한 토착 팔레스타인인들의 역사적 권리가 박탈되었다.

시온주의자들의 팔레스타인 땅에 대한 천부적이며 역사적인 권리 주장은 다음과 같은 일련의 사건들로 인해서 국제적으로 승인되었다. '팔레스타인 땅에 유대인의 민족 고향 건설을 허락하는 밸푸어 선언(1917)', '팔레스타인에 대한 영국 위임통치를 결정하면서, 영국에게 밸푸어 선언을 실행시킬 것을 요구한 산레모 협정(1920)', '팔레스타인 땅을 유대 국가와 아랍 국가 영역으로 분할하면서, 일방적으로 유대 국가에 유리하게 할당한 유엔 분할 결의 181호(1947)', '팔레스타인 땅에 유대 국가인 이스라엘 창설(1948)' 등이 그것들이다.

이스라엘 국가 창설 이후, 1950년에 제정된 이스라엘의 '귀환법'은 약 2천 년 동안 추방되었다고 주장하는 전 세계 유대인들에게 팔레스타인에 있는 조상의 땅으로 귀환할 권리를 부여한다. 이후 귀환법은 여러 차례 수정되면서 다른 국가의 시민으로 살고 있는 유대인들이 팔레스타인 땅으로 이주하여 이스라엘 국적을 취득하도록 유도하고 있다. 결국 귀환법은 유대 이주민들에게 토착 팔레스타인 아랍인들의 고향 땅, 유산, 역사를 전유할 수 있는 자격을 부여하는 대신에, 토착 아랍인들을 철저하게 배제함으로써 명백한 인종차별 행위를 합법화시켰다.

1998년 이스라엘 건국 50주년을 기념하면서, 미국 대통령, 빌 클린턴은 "2천 년 동안의 추방과 박해에도 불구하고 살아남은 '아브라함과 사라의 후손들'이 드디어, 드디어 고향에 돌아왔다"고 선언하였다. 2004년 조시 부시 대통령은 "미국은 '유대국가'로서 이스라엘의 안보와 번영을 위해서 강력하게 헌신한다"라고 아리엘 샤론 이스라엘 총리에게 편지를 썼다. 이렇게 두 명의 전직 미국 대통령들은 재임 기간 동안에 시온주의에 대한 확고한 지지의사를 표명하였다.

이러한 모든 국제 사회의 행위들은 현대 유대인들이 셈족, 즉 성서상의 고대 이스라엘인들의 후손이라는 신화를 전제로 한 것이다. 그러나 현재까지 진행된 언어학, 인구학, 민속학 등의 통계들은 수천 년이라는 시간과 공간을 관통하여 유대민족의 연속성이 유지되었다는 주장을 부정할 뿐만 아니라, 팔레스타인 땅이 현대 유대인들의 고향이라는 견해를 부정한다.

　충돌하며, 복잡한 유대인들의 혈통에 대한 견해들을 통해서 알 수 있는 것은 현대 유대인의 혈통이 다양하며, 일부 유대인들의 혈통은 투르크인에 가깝고, 다른 유대인들의 혈통은 아랍인에 가깝다는 것이다. 어쨌든 이러한 다양한 주장들은, 유대인이 유전되며 특별히 선택된 민족이라는 견해를 부정하는 것이다. 언어학과 유전학의 연구결과들을 통해서 유추할 수 있는 것은 유대인들이 기독교인, 무슬림들과 마찬가지로 종교의 유대를 통해서 역사적으로 형성되었다는 것이다. 따라서 현대 유대인들과 현대 이스라엘 국민들이 셈족, 즉 성서상의 고대 이스라엘인들의 배타적인 후손이라는 시온주의 신화는 역사적 사실과 전혀 부합되지 않는다.

제2장
시온주의 국가 만들기*

□ 세계 시온주의자 기구란 무엇인가?

2017년은 1897년 팔레스타인에 유대 민족고향 창설을 목표로 내세운 시온주의자 기구(ZO—WZO전신) 창설 120년, 1917년 영국이 시온주의자 기구의 목표를 지지한 밸푸어 선언 100주년, 1947년 유엔의 유대국가 건설 합의안인 유엔 총회 181호 결의i) 70주년, 1967년 전쟁으로 이

• 세계 시온주의자 기구 로고

---

* 이 글은 『한국이슬람학회논총』 제27-2집, 2017, 101~140쪽에 게재된 논문을 수정 보완한 것임.

i) 1947년 11월 29일 유엔 총회 결의 181호는 팔레스타인을 3지구, 즉 유대국가, 아랍국가, 예루살렘 국제지구로 분할하였다.

• 1942년 제 2차 세계대전에 참가한 영국군 소속 유대인부대
(https://en.wikipedia.org/wiki/Haganah#/media/)

스라엘이 1949년 휴전선을 넘어 동예루살렘, 서안, 가자와 시리아의 골란고원을 불법적으로 점령한 지 50주년이다. 따라서 2017년은 세계 시온주의자 기구(WZO) 사업에서 상징적인 의미를 갖는 역내정치변동과 맞물려 또 한 번 중요한 전환기가 되었다.

　세계 시온주의자 기구는 창설 이후 현재까지, 유대인의 팔레스타인 이주와 정착촌건설 사업을 주도하고 있다. 영국 위임통치 시기인 1920년 6월 시온주의자 기구는 유대무장 단체 하가나를 창설하였다. 이 유대 무장단체는 원주민인 팔레스타인인들 팔레스타인 땅으로부터 축출시킴으로써 논쟁적인 인권문제를 야기한 팔레스타인 난민문제를 발생시켰을 뿐만 아니라, 팔레스타인 식민화 정책을 강력하게 추진해왔다.

　1936~1939년 팔레스타인 아랍반란 시기에, 하가나는 영제국의 이익을 보호하

• 1947년 하이파 항구에 정박한 하가나 선박
(https://en.wikipedia.org/wiki/Haganah#/media/File:Hagana_Ship_-_Jewish_State_at_Haifa_Port_(1947).jpg)

• 네게브 베두인 알 아라끄브 마을 파괴 반대 시위 (http://www.aljazeera.comnews201705israel-razes-palestinian-bedouin-village-113th-time-170517075143632.html)

고, 아랍반란을 진압하였다. 이 때 하가나는 1만 명의 전투부대와 4만 명의 예비군으로 구성되었다. 영국 위임통치 정부는 하가나를 공식적으로 인정하지 않았지만, 영국 보안대는 하가나와 협력하여 유대 정착촌 경찰, 유대인 예비 경찰, 특수 야경단 등을 구성하고, 훈련시켰다. 1948년 이스라엘 국가 건설 이후, 하가나는 이스라엘 방위군의 중추세력이 되었다.

2017년 5월 17일 이스라엘 군대는 네게브 소재 베두인 마을 알 아라끼브를 파괴하였다. 이것은 네게브 소재 베두인 마을을 113번째 파괴한 사건이고, 2017년에만 5번째다. 인권단체들은 이스라엘 시민권자들인 베두인들이 거주하는 마을을 붕괴시킨 행위는 '네게브로부터 원주민 팔레스타인인들을 제거하고, 그 자리에 유대정착촌을 건설'하기 위한 이스라엘의 핵심적인 정책이라고 주장한다.

게다가 2017년 미국 대통령 도널드 트럼프가 미국 대사관을 세속적인 도시 텔아비브에서 세 종교(유대교, 기독교, 이슬람)의 핵심적인 성지 예루살렘(시온)으로 옮기겠다고 발표하면서, 이스라엘과 팔레스타인뿐만 아니라 역내외 정치 및 종교 세력들의 관심을 집중시키고 있다.

세 종교의 성지 예루살렘은 세계 시온주의자 기구 활동에서 핵심 지역이며, 세계 시온주의자 기구 본부는 예루살렘에 있다. 세계 시온주의자 기구는 1897년에 창설되어 이스라엘 국가 건설에 주도적인 역할을 했고, 1967년 이후 이스라엘이 불법적으로 점령하고 있는 팔레스타인 영토에서 이스라엘 정부를 대신하여 활발하게 공세적인 이스라엘 정착촌건설 사업을 주도해왔다.

2016년 12월 23일, 세계 시온주의자 기구 정착촌건설 사업을 즉각적으로, 완전히 중단하라는 유엔 안보리 결의 2334호가 채택되었다.[ii] 이 결의는 "1967년

---

ii) 2016년 12월 유엔 안보리 결의 2334호는 미국이 기권하고, 안보리 회원 14개국이 찬성함으로써 통과되었다.
상임이사국 : 중국, 프랑스, 러시아, 영국, 미국

전쟁이후 점령당한 동예루살렘을 포함하는 팔레스타인 영토에서 행해지는 이스라엘 정착촌 활동은 명백한 국제법 위반이고, 어떤 법적인 정당성도 없으며, 두 국가 해결안과 공정하고, 지속적이며, 광범위한 평화를 성취하는데 주요한 장애물이다. 이스라엘은 정착촌 활동을 즉시, 완전히 중단하라"고 요구한다.

▢ 유대국가와 민주주의는 양립 가능한가?

• 데이비드 벤 구리온

1948년 5월 14일 시온주의자 기구 의장 데이비드 벤 구리온(의장 재임 : 1946~1956)이[iii] 이스라엘 국가 창립선언을 하였다. 이 선언은 "이스라엘 땅은 유대민족 발생지이며, 정신적, 종교적, 정치적 정체성이 형성된 곳이다. 1897년 유대국가의 정신적 아버지 데오도르 허즐의 요구로, 제1차 시온주의 대회가 소집되고 유대민족이 그 자신의 국가에서 민족적 갱생의 권리를 선언하였다. 이 권리는 1917년 11월 2일 밸푸어 선언으로

비상임 이사국 : 볼리비아, 이집트, 에티오피아, 이탈리아, 일본, 카자흐스탄, 세네갈, 스웨덴, 우크라이나, 우루과이
iii) 데이비드 벤 구리온(1886~1973)은 세계 시온주의자 기구 의장으로서 이스라엘 국가 건설을 주도했고, 이스라엘의 초대 총리, 3대 총리(재임 : 1948년 5월 17일~1954년 1월 26일, 1955년 11월 3일~1963년 6월 26일)를 역임하였다.

승인되었고, 국제연맹 위임통치 결의안에서 재확인되었다. 특히 1922년 7월 국제연맹의 위임통치 결의안은 유대 민족과 에레츠 이스라엘 사이의 역사적인 관계를 국제적으로 승인한 것이었다.[iv] 1947년 11월 29일, 유엔 총회는 에레츠-이스라엘(팔레스타인)에 유대국가의 창설을 요구하는 결의안을 통과시켰다. 유엔이 유대민족국가 건설 권리를 승인한 것은 변경될 수 없다"고 밝힘으로써, 시온주의자 기구가 이스라엘 국가 창설 및 국제적 승인 과정에서 선도적인 역할을 하였다.[v] 1949년 5월 11일, 유엔 총회 결의 273호에 따라 이스라엘은 유엔에 가입했다

그런데 2003년 이스라엘 대법원은 1948년 이스라엘 국가 창립 선언문은 헌법이 아니며, 이 선언문과 상반되는 법과 규정을 무효화하는 데 사용될 수 없다고 판결했다. 게다가 1992년 3월 이스라엘 의회는 개인들의 존엄성과 재산권을 보호하기 위하여 기본법을 제정하였다. 이 법은 이스라엘 국가를 유대 민주주주의 국가라고 규정한다.

배타적인 유대인의 국가이며, 동시에 차별하지 않는 민주주의 국가라는 표현은 논리적으로 어울리지 않는 표현으로 보인다. 현실 정치에서 다당제 의회 민주주의 국가를 표방하는 이스라엘로서는 공개적으로 배타적인 유대인 독점권만을 고집할 수도 없는 것이 당면한 딜레마다.

---

iv) 1922년 7월 국제연맹의 팔레스타인 위임통치 결의안
　　서문: 팔레스타인 위임통치 정부에게 유대이민자를 위하여 1917년 밸푸어 선언을 실행시킬 책임이 있다. 팔레스타인에 유대민족의 역사적인 관계가 있고, 팔레스타인에 유대민족고향 재건을 승인한다.
　　4항: 시온주의자 기구와 영국 정부가 협력하여 유대민족고향을 건설하기 위하여 모든 유대인들의 협력을 이끌어내야 한다.
　　6항: 팔레스타인 위임통치 정부는 적당한 유대 기구(JA)와 협력하여 유대이민을 촉진시키고, 국유지나 불모지를 포함하는 땅에 유대인 정착을 고무시켜야한다.
v) 이스라엘은 1949년 5월 11일 유엔 총회 결의안(총회결의 273 (III) of 11 May 1949)에 따라 유엔에 가입했다.

1988년에 제정된 이스라엘 고용법(EMPLOYMENT LAW 5748-1988)에 따르면, 이스라엘은 소수에 대한 사회 문화적 권리에 관한 인종 차별 제거 조약에 관한 경제 사회 문화적 권리와 국제법을 지키고 있다. 이스라엘 내에서 인종적 종교적 소수파들은 완전한 투표권을 행사하고 다양한 법아래서 정부의 혜택을 받고 있다. 이스라엘 고용법은 고용, 노동 조건, 승진, 직업 훈련 혹은 연구, 해고 혹은 퇴직 수당, 그리고 고용에서 퇴직과 관련되는 고용인들에게 주는 혜택과 급여 등에서 인종, 종교, 국적과 고향 등의 이유로 차별을 금지한다. 예를 들면, 고용주는 피고용인을 구하는 과정에서 군 복무 증명서 등을 요구해서는 안 된다.

2005년 미국국무부 보고서는 이스라엘에 관해서 다음과 같이 쓰고 있다. "이스라엘 정부는 일반적으로 시민들의 인권을 존중한다. 그러나 몇 가지 부문에서 문제들이 있다. 아랍-이스라엘인들에 대하여 제도, 법, 사회적 차별 등, 유대인들과 동등한 교육과 고용기회 등을 제공하지 않는다." 실제로 이스라엘의 문제는 역사적인 팔레스타인 땅에 대한 이주자 유대인의 주권을 주장하면서, 비유대인 원주민의 땅에 대한 권리와 정치적 권리를 박탈하는 것이 핵심이다.

2015년 6월 팔레스타인 여론조사 기관의 발표에 따르면, 1967년 이스라엘이 점령한 동예루살렘 거주 팔레스타인 아랍인들의 52%는 이스라엘 국가 시민권을 선호하는 반면, 42%만이 팔레스타인 국가의 시민권을 선호한다. 이 놀라운 결과는 5년 전에 처음 조사된 결과를 확증하면서, 이스라엘 시민권 선호 경향이 확장되고 있음을 알려준다. 2010년 9월, 여론 조사에서는 33%가 이스라엘 시민권을 선호했고, 2011년 9월경에는 이 비율이 40%로 증가했다.

이러한 경향은 서안이나 가자와는 전혀 다른 결과다. 서안과 가자는 4~12% 정도가 이스라엘 시민권을 선호했다. 팔레스타인 아랍인들이 이스라엘 시민권을 선호하는 이유는 더 나은 직업, 수입, 건강관리 등 사회 혜택, 여행의 자유 등이었다. 이제 이스라엘과 그 점령지 팔레스타인에서 혈통이나 종교를 기반으로 한 배타적인 민족주의가 설 자리는 점점 좁아지는 것으로 보인다.

1948년 5월 이스라엘 건국 당시 전 세계 유대인들은 1,150만 명이었으며, 이들 중 6%가 이스라엘에 거주하였다. 2016년 현재 이스라엘의 전체 인구 약 852만 2천 명이고, 이 중 유대인 637만 7천 명(74.8%), 아랍인은 177만 1천 명(20.8%), 기타 37만 4천 명(4.4%)이다. 2015년 현재 전 세계 유대인들은 1,430만 명이며, 이들 중 43%가 이스라엘, 40%(570만 명)는 미국, 나머지는 대부분 유럽(140만 명)과 캐나다(40만 명) 등지에 거주한다.

2015년 말경에 전 세계 팔레스타인 인구는 1,237만 명이다. 이 중 475만 명이 팔레스타인 국가 안(서안과 가자)에 살고 있다. 이들은 전 세계 팔레스타인인들의 38.4%를 구성한다. 이스라엘 내부에 147만 명이 거주(동예루살렘 거주 팔레스타인인들을 제외한 통계)하며, 전 세계 팔레스타인인들의 11.9%를 구성한다. 아랍 국가들에 546만 명의 팔레스타인인들이 거주하며, 전 세계 팔레스타인인들의 44.2%다. 68만 5천 명이 그 밖의 나라에 거주하며, 전 세계 팔레스타인인들의 5.5%를 구성한다. 2015년 말경에, 팔레스타인 국가 안에서, 팔레스타인인 290만 명(61%)이 서안에 거주하고, 185만 명(39%)이 가자에 거주한다. 2015년 통계로, 팔레스타인 국가 안에 거주하는 팔레스타인인들 중 42.8%가 난민이다. 이들 난민은 서안 주민의 27.1%를 구성하며, 가자 주민의 67.3%를 구성한다.

2017년 말경에는 역사적 팔레스타인 땅(이스라엘과 동예루살렘, 서안, 가자)에 거주하는 아랍인 657만 명과 유대인 658만 명으로 아랍인과 유대인의 인구비가 거의 같다. 2020년 말에는 유대인들이 전체인구의 49.4%로 696만 명, 아랍인은 전체인구의 50.6%로 713만 명이 될 것이다.

민주주의를 표방하는 이스라엘은 동시에 유대국가로서의 정체성을 유지하는 것을 목표로 한다. 그러나 위의 통계가 보여주는 것처럼, 인구적으로 다수를 차지하는 원주민 팔레스타인인들의 존재는 유대국가로서의 이스라엘의 존속 여부에 커다란 의문을 제기한다.

□ 세계 시온주의자 의회와 세계 시온주의자 기구

세계 시온주의자 기구의 최고 입법부는 세계 시온주의자 의회(The World Zionist Congress)이다. 이 의회의 주요한 기능은 근본적으로 중요한 문제들을 결정하고, 법률적인 조치들을 통과시키고, 25~30명으로 구성된 시온주의자 일반이사회(The Zionist General Council)와vi) 16명으로 구성된 시온주의자 집행부(The Zionist Executive)를 선출한다. 시온주의자 집행부는 매년 1회 회의를 갖는 시온주의자 일반이사회의 결정에 따른다.

1897년 바젤에서 개최된 제1차 시온주의자 의회에서, 데오도르 허즐이 시온주의자 기구 의장으로 선출되었다. 1897~1901년에 시온주의자 의회는 매년 회의를 했으나, 1903~1913년, 1921~1939년에는 2년에 한 번씩, 이스라엘 국가 건설이후에는 4~5년에 한 번씩 예루살렘에서 정기회의를 개최한다.

• 데오도르 허즐

제1차 시온주의자 의회는 시온주의자 단체 속한 18세 이상의 유대인들이 투표권이 있으며, 17개 국가에서 약 200명이 참가했고, 이들 중 69명은 다양한 시온주의자 단체의 대표들이었으며, 나머지는 개인적으로 초대된 사람들이었다. 당시 투표권이 없던 10명의 비유대인들과 17명의 여성들도 참가했다. vii)

---

vi) 시온주의자 일반이사회는 제11차 시온주의자 의회의 결의로 1921년에 설립되었다.
vii) 여성들에게 투표권이 부여된 것은 1898년 제2차 시온주의 의회다.

1898년 제2차 시온주의 의회는 팔레스타인 식민지화를 승인하면서 다음과 같이 선언하였다.

1898년 시온주의자 의회 선언

팔레스타인 정착을 위하여, 시온주의자 의회는 터키 정부로부터 필요한 허락을 얻고, 시온주의 의회가 선출한 시온주의자 일반이사회의 지시에 따라 정착을 실행할 필요가 있다.

일반이사회는 식민지화의 모든 문제를 감독하고 지시하며, 10명으로 구성되고, 런던에 위치한다. 이 이사회를 구성하는 10명은 영국 대표 3명, 러시아 대표 2명, 갈리시아(스페인 서북부) 대표 1명, 독일 대표 1명, 루마니아 대표 1명과 집행위원회가 임명하는 2명으로 구성된다. 집행 위원회는 행정에 필요한 비용을 떠맡는다.

일반이사회의 첫 번째 활동은 터키에 거주하는 유대인들과 관계를 맺는 것이다.

식민지은행(The Colonial Bank)은 터키 정부로부터 식민지화에 필요한 허락을 얻도록 협력해야한다.

시온주의자 의회는 모든 시온주의자들에게 모든 식민지화 단체들이 위의 계획과 조화를 이루어 활동하도록 영향력을 행사할 의무를 부과한다.

시온주의자 의회는 집행위원회가 터키, 특히 팔레스타인에서 유대인의 법률적 지위를 정확하게 조사하도록 요구한다.

제2차 시온주의자 의회 선언은 유대인의 팔레스타인 정착을 위하여 터키 정부와의 협력, 팔레스타인 식민지화의 중심역할을 하게 될 일반이사회를 런던에 위치시킴으로써, 영국이 식민지화에 주도적으로 나설 것임을 예고한다.

식민지은행에 관한 제2차 시온주의자 의회 선언에 따라, 1899년 런던에 본부를 둔 유대 식민지 신탁(the Jewish Colonial Trust) 은행이 창설되었다. 이 은행은 시온주의의 재정기구였다. 이 시온주의 의회는 또한 여성대표들에게 투표권과 피선임권을 부여하였다. 1901년 제5차 시온주의 의회는 유대정착촌 건설을 위하여 오스만제국 통치하의 팔레스타인 땅을 구매하고 개발하는 회사로 유대민족 기금

(Jewish National Fund, JNF)을 창설하였다.

시온주의자 기구는 창설이후 20년 동안 대중 조직 및 다양한 방향에서의 외교적 노력을 한 결과, 1917년 외교적인 성공을 거두었다. 시온주의자 기구는 결국 1917년 11월 2일 영국 외무부장관 밸푸어 경이 로스차일드 경에게 보내는 '밸푸어 선언'으로 알려진 편지로 영제국의 후원을 획득하였다.

밸푸어 선언의 외교적 성공은 1922년 국제연맹이 영국에게 부여한 국제연맹의 팔레스타인 위임통치 결의안 4항이 밸푸어 선언의 핵심을 반영함으로써 더욱 공고해졌다. 이 팔레스타인 위임통치 결의안은 '유대 민족'과 팔레스타인 지역 사이의 역사적 관계와 유대민족고향 건설을 기꺼이 돕는 모든 유대인들의 협력이라는 정치적 시온주의자들의 주장을 국제적으로 승인한 것이었다.

시온주의자 기구 창설시기부터 이스라엘 국가 건설 시기까지 시온주의자 기구 의장은 다음과 같다. 데오도르 허즐(1897~1904), 데이비드 볼프손(1905~1911), 오토 바르부르크(1911~1921), 하임 와이즈만(1921~1931), 나훔 소콜로(1931~1935), 하임 와이즈만(1935~1946), 데이비드 벤 구리온(1946~1956)이다. 특히 영국 시민권

• 하임 와이즈만

자로서 하임 와이즈만은 영국의 팔레스타인 위임통치 기간 동안 시온주의자 기구 의장으로서 두 차례에 걸쳐 23년간 재임하였다. 하임 와이즈만은 이스라엘 임시국가 제2대 의장(재임 : 1948년 5월 16일~1949년 2월 17일), 이스라엘 초대 대통령(재임 : 1949년 2월 17일~1952년 11월 9일)을 역임하였다. 이스라엘 국가 건설 당시 시온주의자 기구 의장이던 데이비드 벤 구리온은 이스라엘 임시 국가 위원회 초대 의장(1948년 5월 14일~1948년 5월 16일), 총리(1948년 5월 17일~1954년 1월 26일, 1955년 11월 3

일~1963년 6월 26일), 국방장관(1955년 2월 21일~1963년 6월 26일) 등을 차례로 역임하면서 이스라엘 건국과 초기 이스라엘 정부의 주역이 되었다. 영국의 팔레스타인 위임통치의 종결과 함께, 1948년 5월 14일 시온주의자 기구 의장 데이비드 벤 구리온은 유엔 총회 결의 181호에 토대를 두고 이스라엘 국가 창설을 선언하였다.

앵글로-아메리칸 조사 위원회의가 1946년에 출판한 『팔레스타인 조사 보고서(A Survey of Palestine)』에 따르면, 당시 시온주의자 연맹과 시온주의자 집단들은 전 세계에서 61개 국가들에 존재했고, 1938~1939년 시온주의자 기구 회원의 정확한 숫자는 셰켈(구약성서시대의 유대 은화) 보유자들 1,040,540명으로 시온주의자 기구 명부에 등록되었다. 이들은 각각 폴란드 299,165명(28.75%), 미국 265,741명(25.53%), 팔레스타인 167,562명(16.10%, 1939년 팔레스타인 유대인 445,457명), 루마니아 60,013명(5.76%), 영국 23,513명(2.25%), 남아프리카 22,343명(2.15%), 캐나다 15,220명(1.5%)이었다. 셰켈 보유는 시온주의자 선거권, 즉 시온주의자 의회에서 대표를 선출할 수 있는 투표권의 근거가 되었다.

'1959~1960 세계 시온주의자 기구 헌장'은 시온주의자 기구 공식 명칭을 세계 시온주의자 기구로 변경하였고, 이때 세계 시온주의자 기구는 시온주의자 기구 창설 당시 1897년 바젤강령을 그대로 목표로 삼았다. 1959년 12월~1960년 1월 예루살렘에서 개최된 제24차 시온주의자 의회는 66항으로 구성된 다음과 같은 세계 시온주의자 기구 헌장(The Constitution of The World Zionist Organization)을 채택하였다.

1959~1960 세계 시온주의자 기구 헌장

1항. 시온주의자 기구의 이름을 세계 시온주의자 기구라 한다.
2항. 시온주의자 강령은 바젤에서 개최된 제1차 시온주의자 의회에서 다음과 같이 정의되었다. "시온주의의 목표는 공법에 의해서 보장된 에레츠 이스라엘에 유대인의 민족 고향을 창설하는 것이다."

시온주의 과업은 예루살렘에서 개최된 23차 시온주의자 의회에서 다음과 같이 정의되었다. "시온주의 과업은 이스라엘 국가를 강화시키고, 에레츠 이스라엘(팔레스타인 땅) 안으로 추방당한 유대인들을 모아들이고, 유대 민족의 통합을 촉진시키는 것이다."

4항. 세계 시온주의자 기구는 시온주의 운동을 위해서 활동하는 구성원들과 시온주의자 강령 수행에 참가하는 모든 구성원에 의해서 권위를 부여 받은 중앙기구다.

5항. 시온주의자 강령과 이 헌장을 수용하는 모든 시온주의자 지역 조직(Every Zionist Territorial Organization)은 세계 시온주의자 기구 회원이다. 이 시온주의자 지역 조직들은 세계 시온주의자 기구 회원으로 시온주의자 일반이사회의 승인을 받아야 한다.

17항. 시온주의자 의회 대표들은 500명을 초과하지 않아야 한다. 의회 대표 수는 이스라엘 38%, 미국 29%, 기타 국가들에 33% 비율로 할당되어야 한다.

22항. 18세에 도달한 셰켈을 보유한 모든 유대인들은 시온주의자 의회에서 투표권을 갖는다.

1898년 시온주의자 의회 선언과 1959~1960 세계 시온주의자 기구 헌장에 명기된 국가별 시온주의자 의회 대표 구성비를 비교해 볼 때, 세계 시온주의자 기구를 움직이는 중심 국가들이 영국과 러시아 등 유럽국가로부터 이스라엘과 미국으로 전환되었음을 알 수 있다.

특히 자금 조달 측면에서 본다면 세계 시온주의자 기구의 중심은 이스라엘 국가다. 2010년 4월 제36차 세계 시온주의자 의회 이후, 세계 시온주의자 기구의 연간 예산은 4천만 달러였다. 이 예산은 유대 민족 기금(Jewish National Fund)과 특별 프로그램을 지원하는 이스라엘 정부로부터 나왔다. 2013년과 2014년에는 크네세트 재정 위원회가 간접예산을 세계 시온주의자 기구로 이동시키면서, 세계 시온주의자 기구에 책정된 원래 연간 예산을 다음과 같이 크게 증가하였다. 2013년에 세계 시온주의자 기구에 책정된 원래 예산 1천 6백 30만 달러(5천 8백 20만 세켈)가 1억 7천 2백 12만 달러(6억 1천 4백 50만 세켈)로 10배 이상 증가하였고, 2014년에는 세계 시온주의자 기구에 책정된 원래 예산 1천 6백 30만 달러(5천 8백 20만 세켈)가 약 1억 4천 7백만 달러(5억 2천 5백만 세켈)로 원래 예산보다 10배 가까이 증가하면서, 세계 시온주의자 기구의 활동이 크게 강화되었다.

예루살렘에서 개최된 2015년 10월 제37차 세계 시온주의자 의회는 세계 시온주의자 기구, 유대 민족 기금 주요 지도자들을 선출하였고, 세계 시온주의자 기구의 운영과 정책에 관한 결의들을 제안하고 투표로 결정하였다. 이 의회는 이스라엘의 국내정책과 정치문제, 이스라엘 교육에서의 실용적인 변화, 이스라엘 밖의 히브리어 교육 문제, 유대인의 이스라엘 이주, 유대교 성지 등에 관한 결의들을 통과시켰다. 이 결의들은 유대 민족 기금과 세계 시온주의자 기구에게 유권자들이 재정 기록과 지출 결정을 더 잘 파악할 수 있도록 더 큰 투명성을 요구하였다.

1959~1960 세계 시온주의자 기구 헌장에 따라, 2015년 세계 시온주의자 의회는 약 500명의 선출된 대표들로 구성되며, 이들 중 이스라엘 38%, 미국 29%, 나머지 33%는 전 세계 출신들이었다. 이외에 세계 시온주의자 기구와 제휴한 유대인 문화 촉진협회와 같은 국제단체들이[10] 임명한 약 100명 정도 특별대표들도 있다. 2017년 현재 세계 시온주의자 의회는 세계 시온주의자 기구의 정책을 결정하고, 선거하고, 감독한다. 38차 시온주의자 의회는 2020년에 예루살렘에서 개최될 것이다.

2015년 발표된 세계 시온주의자 기구 헌장에 따르면, 세계 시온주의자 기구 소속 단체들이란 유대 민족 기금(1901년 설립), 케렌 헤이소드(United Israel Appeal, Keren Hayesod, 1920년 설립된 이스라엘을 위한 기금조성기구)를 비롯한 시온주의 운동 내에서 중심적인 업무를 수행하는 단체들이다.

□ 시온주의자 의회 강령들과 세계 시온주의자 기구의 목표

1. 이스라엘 건국 이전: 바젤 강령

비정부기구로 출발한 시온주의자 기구는 이스라엘 국가를 창설하는데 주도적인 역할을 하였다. 시온주의자 기구는 1897년 8월 29일 스위스 바젤에서 제1차 시온주의자 의회에서 데오도르 허즐의 제안으로 창설되었다. 시온주의자 기구 목표는 1897년 제1차 시온주의 의회가 결의한 바젤 강령에서 제시되었다. 즉 시온주의 목표는 '팔레스타인에 공법에 보장된 유대민족고향을 창설'하는 것이다. 시온주의자 기구 회원의 권리는 바젤 헌장을 수용하고, 셰켈을 구입하는(회비 납부) 모든 유대인들에게 주어진다. 헝가리 출신 유대인 소설가 막스 노르다우가 시온주의자 행동강령으로 바젤 강령을 기안하였다. 이 바젤 강령은 1948년 이스라엘 국가 창설 이전에 시온주의 운동의 지침이었다.

1897년 바젤 강령

시온주의는 팔레스타인에 공법으로 보장된 유대민족고향을 창설하는 것을 목표로 한다. 이러한 목표를 성취하기 위하여, 제1차 시온주의자 회의는 다음을 실천하기로 결정하였다.

1. 팔레스타인에 유대농민들, 숙련공들, 무역업자들의 정착 촉진
2. 각 국가의 법에 따라, 전체 유대인들의 지역 혹은 국제적 기구들을 통한 조직과 집단 연합 형성
3. 유대인 민족 감정과 의식(정체성)을 강화와 촉진
4. 시온주의 목표 성취에 필요한 정부들의 승인 획득을 위하여 준비할 것

---

2. 이스라엘 건국 이후: 예루살렘 강령

1951년 8월 예루살렘에서 개최된 23차 세계 시온주의자 의회는 바젤강령을 대체하는 예루살렘 강령을 채택하면서 시온주의자 운동의 목표를 변경시켰다. 예루살렘 강령에서 시온주의자 기구는 '이스라엘 국가의 강화, 추방된 유대인들 이주 지원, 유대 민족의 통합 촉진'을 목표로 다음과 같은 실행 세칙들을 제시하였다.

1951년 예루살렘 강령

1. 이민, 흡수, 이민자의 통합; 청년 유대인 이주 지원; 농업 정착촌과 경제 발전 고무시키기; 민족재산으로서 땅의 획득
2. 개척과 개척을 위한 훈련 강화
3. 시온주의 업무 수행 기금을 활용하기 위한 일치된 노력
4. 민간 자본 투자 고무시키기
5. 시온주의자 이념을 전파시키고 시온주의자 운동을 강화시킴으로써 유대인 의식을 각성시키기; 유대교의 가치를 전파하기; 히브리어 교육과 히브리어 보급시키기
6. 이스라엘과 시온주의를 위하여 세계 여론 동원하기
7. 민주주의에 입각하여 유대인의 생활을 조직하고, 강화하기 위한 노력과 유대인 권리 유지와 방어에 참가하기

3. 1967년 전쟁 이후: 수정된 예루살렘 강령

1967년 이스라엘이 서안, 동예루살렘, 가자를 점령한 1년 후, 1968년 6월 18일 제27차 시온주의자 의회는 예루살렘 강령을 다음과 같이 수정하였다. 특히 이 수

정된 예루살렘 강령이 새롭게 '역사적 고향, 에레츠 이스라엘로 유대인 이주'를 강조하면서 '모든 곳에서의 유대인의 권리 보호'를 명시한다는 것을 주목할 필요가 있다. 에레츠 이스라엘이란 1967년 전쟁에서 이스라엘이 불법 점령한 동예루살렘, 서안 및 가자 지역을 포함하며, 에레츠 이스라엘로의 유대인 이주란 바로 이 불법점령지로의 유대인을 이주시킨다는 뜻이고, '모든 곳에서의 유대인의 권리 보호하기'라는 표현은 바로 불법점령지에 대한 유대인 이주자의 주권을 주장한다는 뜻으로 풀이된다.

1968년 예루살렘 강령

1. 유대인 통합과 유대인의 생활에서 이스라엘 중심
2. 전 세계로부터 유대인 이주를 통하여 역사적 고향, 에레츠 이스라엘로 모으기
3. 정의와 평화라는 예언자적인 시각에 토대를 두고, 이스라엘 국가 강화하기
4. 히브리어 교육, 유대 정신과 문화적 가치를 촉진시킴으로써, 유대인의 정체성 보존하기
5. 모든 곳에서 유대인의 권리 보호하기

2015년 세계 시온주의자 기구 일반 이사회는 다음 '2004년 예루살렘 강령'을 세계 시온주의자 기구 활동의 새로운 기준으로 제시하였다. '2004년 예루살렘 강령'은 유대인의 역사적 고향으로서의 에레츠 이스라엘, 유대인의 시온주의자의 국가로서의 이스라엘, 수도로서의 예루살렘을 강조하고 있을 뿐만 아니라, 유대인의 권리 수호와 시온주의자의 이익, 반유대주의 표현에 맞서 투쟁하기 등은 이스라엘 점령지 동예루살렘, 서안 및 가자에 살고 있는 팔레스타인 아랍인들을 겨냥한 표현으로 보인다. 특히 6항에서 이 나라를 실용적인 시온주의로 안정시킨다는 표현은 팔레스타인 아랍인들이 거주하는 이스라엘 점령지에서 시온주의를

관철시키면서, 팔레스타인인들을 배제하고, 유대국가로 만들겠다는 의지를 드러 낸 것으로 보인다.

2004년 예루살렘 강령

유대민족 해방운동인 시온주의가 이스라엘 국가를 창설하였다. 그리고 유대인의 연속성과 미래 를 위하여, 시온주의는 유대인의, 시온주의자의, 민주적이고 안전한 이스라엘 국가를 유대인 공동 의무라고 간주한다.

1. 유대인 통합, 유대인의 역사적 고향인 에레츠 이스라엘로의 결속과 유대 민족의 생활에서 이 스라엘 국가와 수도 예루살렘을 중심으로 만들기
2. 전 세계로부터 이스라엘로 유대인 이주와 모든 이주자들을 이스라엘 사회로 효과적인 통합 하기
3. 이스라엘을 유대인의, 시온주의자의 민주적인 국가로 강화하고, 특별한 도덕적, 정신적 특 성을 가진 모범적인 사회로 만들기, 다양한 유대인들에 대한 상호 존중, 예언자적인 시각에 뿌리를 두고, 평화와 세계의 개선을 위해 노력하기
4. 유대인, 히브리어, 시온주의 교육을 발전시키고, 정신적 문화적 가치를 촉진시키며, 히브리 어를 민족 언어로 가르치기
5. 공동의 유대인의 책임을 교육하고, 개인들과 민족으로서 유대인의 권리를 수호하고, 유대인 이라는 민족적 시온주의자의 이익을 주장하고, 반유대주의에 대한 모든 표현에 맞서 투쟁하기
6. 이 나라(the country)를 실용적인 시온주의로 안정시키기

이와 같이 예루살렘 강령을 토대로 활동하는 세계 시온주의자 기구 지도부는 1947년 유엔 결의 181호가 요구한 '팔레스타인에 존재하는 비유대인의 권리', '아 랍 국가의 창설', '유엔이 운영하는 독립도시로서 국제통치하의 예루살렘'을 반대 한다.

□ 이스라엘 국가 창설 이후 세계 시온주의자 기구의 지위

1. 세계 시온주의자 기구와 유대 기구

이스라엘 국가 창설 이후, 1951년 8월 처음으로 개최된 23차 세계 시온주의자 의회는 크네세트(이스라엘 의회)에게 이스라엘 내에서 전 세계 유대인 대표 기구로서 세계 시온주의자 기구의 특별 지위를 부여를 요구하는 다음과 같은 선언을 채택하였다.

1951년 이스라엘 내에서 세계 시온주의자 기구 지위 선언

시온주의자 의회는 이스라엘 국가가 적당한 법률 조항을 통해서, 땅의 개발과 건축과 급속한 새로운 이민자들의 유입을 열망하는 전 세계 유대인들과 관련된 모든 문제에서 세계 시온주의자 기구에게 유대인의 대표로서의 지위를 부여하는 것이 필수적이라고 간주한다.

이스라엘 밖의 유대 공동체들 내에서 이스라엘 국가의 이익을 수행하는 모든 활동과 관련해서, 이스라엘 정부는 반드시 세계 시온주의자 기구와 협력하고 상의해야 한다.

세계 시온주의자 기구, 유대 기구(Jewish Agency) 그들의 재산이나, 그들의 활동과 관련된 이스라엘 국가의 법률 제정에 관한 모든 문제에서, 이스라엘 정부와 세계 시온주의자 기구와 유대 기구 집행부 사이의 사전 협의가 있어야 한다.

세계 시온주의자 기구에 부여된 지위를 토대로, 세계 시온주의자 기구와 유대 기구 집행부는 이스라엘 정부 내에서 특별 협정으로 제한된 범위 내에서 활동할 수 있도록 승인받아야 한다.

앞으로의 세계 시온주의자 기구 활동 분야는 다음과 같다.

1. 이스라엘로의 이민 조직과 이민자와 그들의 재산을 이스라엘로 이송
2. 이민자의 동화에 참가
3. 젊은이들의 이주, 농업 정착촌 개발
4. 유대 민족 기금에 의한 땅 구입과 개발
5. 개발 프로젝트 참가

이스라엘 정부와 세계 시온주의자 기구 집행부 사이의 협력 위원회는 위에 제시된 활동들을 조직해야 한다.

1951년 개최된 23차 시온주의 의회가 크네세트에게 이스라엘 내에서의 세계 시온주의자 기구의 특별 지위 보장을 요구한 것에 응답하여, 1952년 11월 24일 크네세트는 세계 시온주의자 기구와 유대 기구 지위를 규정하는 '세계 시온주의자 기구-유대 기구 지위 법(World Zionist Organization-Jewish Agency(Status) Law, 5713-1952)'을 통과시켰다. 이 법은 유대 기구로서 활동하는 세계 시온주의자 기구에게 이스라엘 국가 내에서 유대 이민과 정착촌 건설 사업을 계속해서 할 수 있는 권한을 주었다.

세계 시온주의자 기구-유대 기구 지위 법, 5713-1952

1. 이스라엘 국가는 자신을 전체 유대민족의 창조물로 간주한다. 이스라엘 법에 따라, 이스라엘 국가로 이민 오기를 희망하는 모든 유대인들에게 문호가 개방되었다.
2. 50년 전 창설시기부터, 세계 시온주의자 기구는 유대인들의 고향으로의 귀환이라는 오래된 꿈을 실현시키려는 유대인들의 운동과 노력을 이끌었고, 다른 유대인 단체들과 기구들 원조로 이스라엘 국가 창설이라는 중요한 임무를 수행하였다.
3. 유대 기구이기도 한 세계 시온주의자 기구는 이전과 마찬가지로, 유대 이민자들을 돌보고, 이스라엘 국가로 이주시키고, 정착시키는 일을 지휘한다.
4. 이스라엘 국가는 세계 시온주의자 기구를 공인된 기구로 승인한다. 세계 시온주의자 기구는 이스라엘 국가 내에서 이스라엘의 발전과 정착촌 건설, 전 세계에 흩어진 유대인 이민자들의 이주, 이 분야에서 활동하는 유대 기구들의 이스라엘 내에서의 활동과 협력하면서 계속해서 업무를 수행할 것이다.
5. 추방중인 유대인들을 모으는 임무는 이스라엘 국가와 우리시대 시온주의 운동의 중심적인 임무이며, 흩어진 유대인들에 항구적인 노력을 요구한다. 그러므로 이스라엘 국가는 이스라엘 국가를 건설하고 이스라엘 국가로의 이민을 도운 모든 유대인들, 개인들과 집단들의 협력을 기대하며, 이 목적을 위해서 필요한 모든 유대분파들의 통합을 중요시한다.
6. 이스라엘 국가는 이러한 통합을 성취하기 위한 세계 시온주의자 기구 노력을 기대한다. 끝까지, 정부의 동의와 크네세트의 승인으로 시온주의자 기구는 그 기반을 확장하기로 결정했고, 확대된 시온주의자 기구는 이스라엘 국가 내에서 세계 시온주의자 기구에게 부여된 지위를 누릴 것이다.

7. 세계 시온주의자 기구 집행부[유대 기구 집행부(The Executive of the Jewish Agency)로 알려진 시온주의자 집행부(The Zionist Executive)다]와 정부와의 협력 형태는 이스라엘 정부와 시온주의자 집행부 사이에서 이스라엘 내에서 만들어진 규약으로 결정한다.

8. 이 규약은 이스라엘 국가의 법과 일치한다. 1951년 예루살렘에서 개최된 제23차 시온주의자 의회 선언에 토대를 두고, 에레츠 이스라엘에서 역사적인 업무를 수행하기 위한 세계 시온주의자 기구와 세계 시온주의자 기구의 다양한 기구들의 실제 업무가 이스라엘 정부와의 완전한 협력과 조화를 요구한다.

9. 규약에 따라 시온주의자 집행부가 활동하는 영역에서 이스라엘 정부와 시온주의자 집행부의 활동 협력 위원회가 수립되어야한다. 이 위원회의 업무는 규약으로 결정되어야 한다.

10. 이 규약과 수정과 변경은 양측의 합의로 이루어져야하고, 출판되어야하며, 출판된 날로부터 유효하다.

11. 시온주의자 집행부는 합법적인 기구이고, 계약을 체결하고, 재산을 소유하고 양도할 수 있다.

12. 시온주의자 집행부와 시온주의자 기금과 다른 기구들은 세금과 다른 의무적인 정부의 부담금을 면제받는다. 이러한 조항들은 규약에 명시될 것이다.

1952년 세계 시온주의자 기구-유대 기구 지위 법은 세계 시온주의자 기구-유대 기구에게 이스라엘 국가 기구로서 지위를 부여하면서, 전 세계 유대인 이주와 정착촌 건설 사업 등에서 적극적인 활동을 하도록 요구하고, 이스라엘 국가와 세계 유대인들을 더 광범위하게 통합하기 위하여 그 기반을 확대하도록 기대한 것으로 보인다.

이후 이스라엘 정부와 시온주의자 집행부 사이에서 규약이 체결되었다. 이 규약에 따르면, 세계 시온주의자 기구가 주로 책임지는 지역은 유대 이민자 이주와 정착촌 지역과 관련되는 지역들이다. 1954년 제정된 이스라엘 정부와 시온주의자 집행위원회 사이 규약은 세계 시온주의자 기구, 유대 기구, 유대 민족 기금과 이스라엘 정부 사이의 관계를 더욱 분명하게 밝혔다. 이 규약의 첫 문장은 시온주의자 집행부와 그 기구들을 이스라엘 정부의 일부로 취급한다. 세계 시온주의자 기구, 유대 기구, 유대 민족 기금의 관리들은 국가 기구 내에서 유사한 직위를 부여 받는다. 이스라엘 법은 유대 민족을 위해서 일한다는 근거로 세계 시온주의자 기구, 유대 기구, 유대 민족 기금의 세금을 면제한다.

1970년 8월, 유대 기구 재건을 위한 협정이 예루살렘 소재 시온주의자 일반 이사회와 미국에 있는 케렌 헤이소드 사이에서 체결되었다. 이 협정은 사실상 유대 기구를 세계 시온주의자 기구로부터 그 기능을 분리시켰다. 유대 기구가 세계 시온주의자 기구로부터 분리되면서, 유대 기구 위원회, 이사회와 집행부를 갖게 되었다. 이후, 세계 시온주의자 기구의 식민활동은 1967년 점령된 팔레스타인 영토에 집중되고 있으며, 유대 기구는 그린 라인 내부(이스라엘 국내)의 유대인을 위한 개발에만 집중한다. 유대 기구 위원회 구성원의 50%는 세계 시온주의자 기구의 대표들이며, 30%는 미국을 대표하고, 20%는 나머지 세계에 있는 기금을 제공하는 기구들을 대표한다.

1979년 6월, 세계 시온주의자 기구, 유대 기구와 이스라엘 정부는 관계를 새롭게 재정의하는 새로운 규약을 체결하였다. 이 규약에 따라, 유대 기구는 이스라엘 내에서 이민자 교육활동, 청년들과의 공동 활동, 복지 제공 등 이민과 관련된 모든 문제들에 대한 책임을 맡고, 세계 시온주의자 기구는 점령지 팔레스타인 등 이스라엘 외부의 유대인들과 관련된 모든 책임을 맡았다.

2. 유대 민족 기금

2017년 현재, 유대 민족 기금(JNF)은 "1901년 창설 이후부터 현재까지, 이스라엘 땅을 개발하고, 유대인들과 유대인 고향 사이의 결속을 강화시켜왔다"고 밝힌다. 현재 유대 민족 기금은 점령지 팔레스타인 영토에서 유대 식민촌 건설 사업과 이스라엘 내부 개발 사업에 자금을 지원하고 있다.

2007년 유대 민족 기금은 유엔 경제사회 이사회(ECOSOC)에 자문 지위를 획득하려고 신청했으나 거부당했다. 이 과정에서 유대 민족 기금은 비정부 기구이며, 유엔 헌장의 원칙을 지키고 있다고 주장했다. 그러나 유엔 헌장의 NGO 지위에 대한 유대 민족 기금 지원은 유엔 NGO 위원회에서 위 두 가지 주장이 무효하다는 결론과 함께 부결되었다. 첫째, 유대 민족 기금은 중요한 국가 기능을 수행하는 준 국가 기구다. 둘째, 다른 사람들의 권리를 박탈하기 위하여, 종교, 인종에 토대를 두고 법적으로 차별정책을 실행한다. 유대 민족 기금은 서구 국가들에서 진행되는 세금면제 지위에 대한 도전에 맞서기 위하여 유엔이라는 은폐 장치가 필요했다. 유대 민족 기금은 세금 징수를 피하기 위하여 '자선단체'라고 주장한다.

1897년 제1차 시온주의자 의회에서 지비 헤르만 샤피라 교수는 전체 유대인들로부터 모아서 팔레스타인 땅을 구입할 수 있는 민족기금의 창설을 제안하였다. 그의 제안에 따르면, 이 땅은 결코 팔릴 수 없지만, 49년 동안 임대 될 수 있다. 샤피라 교수가 제안한 원칙에 따라, 유대 민족 기금이 1901년 스위스 바젤에서 개최된 제5차 시온주의자 대회에서 시온주의자 기구의 산하 단체로서 창설되었다. 유대 민족 기금은 문자적으로 '이스라엘을 위한 영구 기금을 의미하는 KKL(the Keren Keyemeth le Israel)'로도 불린다. 시온주의자 기구의 산하 단체로서, 유대 민족 기금은 1902년 비엔나에서 첫 번째 사무소를 열었고, 1907년에는 영국에서, 1910년에는 캐나다에서, 1926년에는 미국에서 사무실을 열었다.

유대 민족 기금은 1903년 항구도시 하이파 근처 하데라에서 50에이커의 땅을 구입하면서 최초로 팔레스타인 땅을 획득하였다. 하데라는 1891년 유대 정착촌이 세워진 곳이다. 아랍 대반란 시기인 1936~1939년 사이에, 유대 민족 기금은 구입한 땅에 대하여 밤새워가며 '망루와 말뚝 작전'을 시작하였다. 당시 영국 위임통치 정부는 시온주의자의 새로운 정착촌 건설 활동을 억제하고 있었음에도 불구하고, 아랍 반란에 맞서는 수단으로 유대 민족 기금의 '망루와 말뚝 작전'을

용인하였다. 망루와 말뚝 작
전으로, 유대 민족 기금은 팔
레스타인 전역에 57개의 유
대 농촌 정착촌(키브츠와 모샤브)
을 건설하였다.11) 영국 위
임통치 기간 동안에는 오스
만 제국법이 유효했고, 오스
만 제국법 하에서 불법 건축
물일지라도, 지붕이 있는 건
축물은 제거될 수 없었다. '망

• 망루와 말뚝정착촌(1938) / Wikicommons

루와 말뚝 작전'의 목적은 유대 민족 기금이 공식적으로 구입한 땅에 대한 통제권
을 장악하고, 현실을 만들고, 유대인들이 영속적으로 통제하는 가능한 지역을 확
장하기 위한 것이다.

다음 표 '유대인 전체의 땅 획득과 유대 민족 기금 땅 획득 비율'이 보여주는 것
처럼, 영국 위임통치 초기에 유대 민족 기금의 땅 획득 비율은 상대적으로 상당
히 적은 수준이었으나, 1937년 필 보고서의 분할 권고와 함께 유대 민족 기금의
땅 취득은 크게 증가하였다.

• 유대인 전체의 땅 획득과 유대 민족 기금 땅 획득 비율. 단위: 두남(1/1,000㎢)

해당 연도 말	유대인 전체	유대 민족 기금	유대 민족 기금 비율(%)
1914	418,000	16,380	3.9
1922	586,147	72,360	12.3
1927	882,502	196,660	22.2
1932	1,025,079	296,910	28.9
1937	1,244,604	369,860	29.7
1940	1,359,857	505,544	37.1
1948년 5월 15일	약 2,000,000	928,240	46.4

1939년, 영국 위임통치 팔레스타인의 유대인구 중 10%가 유대 민족 기금의 땅에 살았다. 1948년 5월 이스라엘 국가 창설 당시, 유대 민족 기금은 팔레스타인에서 유대인들이 소유한 땅의 46.4%(928.240㎢)를 소유하였고, 이것은 영국 팔레스타인 위임통치 지역의 3% 이하였다.

1948년 이스라엘 국가 창설 이후, 이스라엘 정부는 아랍 부재지주의 땅을 유대 민족 기금에 팔기 시작하였다. 1949년 1월, 이스라엘 정부는 부재지주 소유지 1,101.942㎢(부재지주의 땅 전체 약 3,500㎢)를 1천 1백만 파운드의 가격으로 유대 민족 기금에게 팔았고, 이 땅의 98.5%는 시골 땅이었다. 또 1950년 10월, 이스라엘 정부는 부재지주 소유지 1,271.734㎢를 유대 민족 기금에게 팔았고, 이 땅은 전부 시골 땅이었다. 이 두 번의 거래로 유대 민족 기금은 2,000㎢ 이상을 확보하면서, 위임통치 말경에 소유했던 땅의 3배 이상을 소유하게 되었으며, 이 땅은 비유대인들이 이용할 수 없는 땅이 되었다. 결국 1950년 말경에 유대 민족 기금이 소유한 땅의 2/3 이상은 팔레스타인 부재지주 즉, 팔레스타인 난민들의 땅이었다.

1950년 3월 제정된 '부재자재산법'은viii) 부재자재산 관리인이 '개발당국의 재산양도 법(Development Authority-Transfer of Property-Law, 5710-1950)'으로 특별히 설립될 개발당국에게 부재자 재산을 팔도록 허락하였다.

또 1950년 7월 31일 제정된 '개발당국의 재산양도 법'은 개발당국이 그 재산을 이스라엘 국가, 유대 민족 기금, 지역 당국들과 땅 없는 아랍인들을 위한 기구에게 매각할 수 있도록 허락하였다. 그러나 지역 당국자들에게 땅 판매는 그 지역 관할 내에 있는 도시 땅들로 제한되었으며, 판매 거부권이 존재함으로써 사실상

---

viii) 부재자재산법은 '유엔에서 팔레스타인 분할안이 의결된 1947년 11월 9일 현재 아랍 국가의 시민이거나, 아랍 국가에 거주하던 사람들과 팔레스타인인이라 할지라도 본인의 거주지를 떠나 있던 사람들은 이유를 불문하고, 부재자'로 분류하였다.

판매할 수 없었다. 게다가 아랍인들을 위한 기구는 설립된 적도 없었다. 그러므로 시골 땅은 이스라엘국가나 유대 민족 기금에게만 팔렸다.ix)

유대 민족 기금은 1907년 영국회사(Ltd.)로 등록되었으며, 그 당시 유대 민족 기금 정관은 "유대 민족 기금의 땅은 전체 유대인의 돈으로 구입되므로, 모든 유대인들이 그 땅의 소유자이며, 이 땅은 팔릴 수 없다"는 원칙을 수용하였다. 이러한 이유 중 하나는 전 세계 유대인들의 기부를 장려하기 위한 조치로 풀이된다.

1953년 유대 민족 기금법은 유대 민족 기금을 이스라엘 공익법인으로 인정하고, 유대 민족 기금법 6항은 유대 민족 기금을 공식적으로 이스라엘 국가와 연결시켰다. 유대 민족 기금은 세계 시온주의자 기구, 유대 기구와 인적, 물적 관계로 상호 연계되어 있으며, 이스라엘 국가와 연결되어 작동한다. 같은 법 아래서, 유대 민족 기금은 정부기구인 이스라엘 땅 관리부(Israel Lands Administration, ILA)와 땅 개발 관리부(the Lands Development Administration)에게 유대 민족 기금의 땅을 임대할 수 있다. 그런데, 이스라엘 땅 관리부와 땅 개발 관리부의 운영회원 다수는 유대 민족 기금 출신이다. 같은 해 유대 민족 기금은 그 기반을 예루살렘으로 옮기고, 영국 유대 민족 기금 회사의 자산을 예루살렘으로 양도하였다. 이스라엘 법률하에서 유대 민족 기금의 광범위한 권력은 땅을 팔도록 허락하지 않는다. 그러나 교환은 가능하다.

1954년 유대 민족 기금 정관은 "팔레스타인과 시리아에서의 땅 획득 목적은 '유대인종, 유대종교, 유대기원을 가진 사람들이 사용하기' 위한 것이며, 유대 민족 기금이 해체된다면 그 소유의 모든 땅은 '이스라엘 국가로 양도' 되어야 한다"고 변경되었다.

---

ix) 부재자의 재산은 국가의 공적 기구(즉 국가나 시온주의자 운동의 땅 기구들)를 제외한 어떤 누구에게도 구 소유권이 양도될 수 없다.

1960년 7월 25일 이스라엘 의회가 통과시킨 이스라엘 땅에 관한 기본법(BASIC LAW: ISRAEL LANDS, 5720~1960)은 다음과 같다. "이 법은 국가, 개발 당국(the Development Authority) 혹은 유대 민족 기금이 소유한 땅에 관한 판매나 다른 어떤 수단으로도 소유권 양도를 금지한다. 땅은 땅, 주택, 건물 등 땅에 부착된 모든 것을 의미한다."

이스라엘 땅 관리법(ILA Law)은 이스라엘 땅 관리부를 설립하고 운영하는 구체적인 방법을 규정한다. 이스라엘 땅 관리부 정책은 이스라엘 땅 위원회(The Israeli Land Council, ILC)에 의해서 결정된다. 이스라엘 땅 위원회는 22명으로 구성되며, 이들 중 12명은 이스라엘 정부 장관들이고, 나머지 10명은 유대 민족 기금 구성원들이다. 결국 토지 위원회의 거의 절반을 구성하는 유대 민족 기금에게 93%에 대한 통제권을 준다.

1961년 12월 28일, 땅 소유와 관리권을 조정하기 위하여, 유대 민족 기금이 이스라엘 정부와 다음의 유대 민족 기금-이스라엘 정부 규약(JNF-Israeli Government Covenant)을 체결하였다. 이 규약이 2017년 현재까지 유효하다.

유대 민족 기금-이스라엘 정부 규약-1961년

1. 기본법이 발효되면서, 과거에 획득했던지, 미래에 획득하던지 간에 국가 땅, 개발 당국 땅, 유대 민족 기금의 땅에 대한 관리권은 모두 국가의 수중에 집중되어야 한다.
2. 정부는 '이스라엘 땅 관리부'를 신설해야 하며, 유대 민족 기금과 협의한 이후에, '땅 관리부 책임자'를 임명해야 한다.
3. 1항의 규정에도 불구하고, 땅 등기소에 등록된 땅의 소유권은 국가 이름으로 등록되어 있거나 유대 민족 기금 이름으로 등록되어 있거나 변화가 없어야 한다.
4. 이스라엘 땅은 법과 일치하여 관리되어야 한다. 땅은 팔릴 수 없고, 단지 임대될 뿐이다.
8. '땅 관리부'는 정부와 유대 민족 기금에게 일 년에 한 번씩 모든 활동에 대한 보고서를 제출해야 한다.

21항으로 된 유대 민족 기금-이스라엘 정부 규약에 이스라엘 재정부 장관, 레비 에쉬콜과 유대 민족 기금 의장 야콥 처르(JACOB TSUR)가 서명하였다. 유대 민족 기금의 기본적인 원칙은 땅이 팔릴 수 없고, 유대 민족의 재산으로 존재해야 하며, 오직 임대될 뿐이라는 것이다. 유대 민족 기금 땅에 대한 관리권은 국가에 있지만, 이스라엘 땅 관리부를 움직이는 기구는 이스라엘 땅 위원회의 다수를 차지하는 유대 민족 기금이다. 결국 유대 민족 기금은 이스라엘 정부에게 막강한 영향력을 행사하는 준 정부 기구다.

2014년 10월, 이스라엘 인권단체는 유대 민족 기금 땅에 관한 이스라엘 땅 관리부의 임대 입찰 공고가 차별적이라고 고등법원에 탄원하였다. 그 입찰공고가 아랍인들이 입찰하는 것을 금지하였기 때문이었다. 이스라엘 땅 관리부는 북부 지역과 갈릴리 소재 유대 민족 기금 땅 임대권 판매를 중단하였다. 2014년 12월 인권단체(The Adalah Legal Center)는 고등법원이 이스라엘 땅 관리부 정책을 완전히 무효화해야한다고 탄원하였다. 그러나 같은 해 말까지 고등법원은 어떤 행동도 취하지 않았다.

3. 유대 기구

1908년 시온주의자 기구는 팔레스타인 사무소를 설립하였다. 1918년 영국 시온주의자 연맹 의장인 하임 와이즈만이 이끄는 팔레스타인 시온주의자 위원회가 팔레스타인으로 들어와 시온주의자 기구의 팔레스타인 사무소를 농업, 정착촌, 교육, 땅, 재무, 이민, 통계 부문으로 나누어 확장시켰으며, 무장단체인 하가나를 창설하였다. 1921년 팔레스타인 시온주의자 위원회는 팔레스타인 시온주의자 행정부가 되었다. 팔레스타인 시온주의자 행정부는 팔레스타인으로의 유대이민, 땅 구입, 시온주의자 지도부의 전반적인 정책을 담당하였으며, 학교, 병원, 무장단체인 하가나를 운영하였다. 영국 위임통치 정부와 협정을 통해서 새로운 유대 이민자들에게 입국 허가서를 발행하였다.

1922년 7월 팔레스타인 위임통치 결의안 4항에 따라[12] 팔레스타인 시온주의자행정부는 유대인의 이익을 위해서 영국 위임통치 당국에 조언하는 유대 기구(the Jewish Agency)로 지정되었다. 1929년 8월 11일 쮜리히에서 개최된 제16차 시온주의자 의회는 팔레스타인 시온주의자 행정부를 공식적으로 팔레스타인 유대 기구(The Jewish Agency for Palestine)로 승인하였다. 이스라엘 국가 건설 이후 팔레스타인 유대 기구는 이스라엘 유대 기구(Jewish Agency for Israel)로 이름이 변경되었다.

2017년 현재 유대 기구는 홈페이지에서 그 자체의 역할을 다음과 같이 밝힌다.

유대 기구의 역할

1929년 이후, 유대 기구는 생생한 유대인의 미래 확보를 위하여 일한다.
우리는 이스라엘 국가의 토대를 세우고 건설하는 도구였고, 유대국가와 전 세계 유대인 공동체 사이의 주요한 연결고리로서 계속 활동한다.

이러한 세계적인 협력관계는 우리가 각 세대에 있는 유대민족의 가장 커다란 도전들을 처리할 수 있도록 해왔다.

오늘날, 우리는 이스라엘로의 이주를 촉진시키고, 전 세계 유대인 가족을 연결시키고, 유대인들을 이스라엘로 데려오며, 이스라엘을 유대인들에게로 데려온다. 우리는 이스라엘에서 더 좋은 사회를 건설한다. 그리고 이스라엘을 넘어서 젊은 이스라엘인들에게 활력을 주고, 유대인들의 세계적인 동료들이 유대인의 목적에 대한 공동체적인 감정을 재발견하도록 한다.

유대 기구는 유대세계 제1의 응급처치요원이고, 이스라엘에서 긴급사태를 다룰 준비가 되었고, 위험에 처한 유대인들을 해당 국가로부터 구출해 올 준비가 되어있다.

□ 국제법을 위반하는 준정부 기구, 세계 시온주의자 기구

2015년 세계 시온주의자 의회에 참가하는 대표들의 수는 500명 정도이며, 이스라엘 38%, 미국 29%, 그밖에 다른 국가들 출신이 33%를 차지한다. 정기회의는 4~5년에 한번 씩 개최되며, 가장 최근에는 2015년 10월에 개최되었다. 2017년 현재 세계 시온주의자 기구는 이스라엘 정부 및 유대 민족 기금, 헤렌 헤이소드x) 자금 지원으로 운영한다.

2017년 현재 1949년 휴전선 내 이스라엘 영토의 약 93%는 공유지다. 이 공유지는 이스라엘 국가소유(국유지) 80%와 유대 민족 기금소유지 약 13%로 구성된다.

---

x) 헤렌 헤이소드(United Israel Appeal)는 1917년 밸푸어 선언에 대한 후속 조치로, 유대인들의 팔레스타인 땅으로의 이주에 필요한 재원을 시온주의자 운동에게 제공하기 위하여, 1920년 7월 런던에서 개최된 세계 시온주의자 의회에서 설립되었다. 현재 이 회사는 45개 국가에서 활동하는 이스라엘을 위한 공식적인 자금 조달 기구로, 1956년 1월에 크네세트가 통과시킨 헤렌 헤이소드 법-5716 법에 따라 활동하며, 이스라엘 국가의 이익을 위하여 이스라엘 정부, 유대 기구(the Jewish Agency) 등과 긴밀하게 협력한다.

법으로 모든 공유지는 오직 임대될 뿐이고 판매되지는 못한다. 그런데 유대 민족 기금 정관은 땅을 비유대인에게 임대하는 것을 금지하는 인종차별적인 정관을 유지하고 있다. 게다가 유대 민족 기금이 이스라엘 정부기구들, '이스라엘 땅 관리부와 땅 개발부'의 운영회원 직위 다수를 차지함으로써, 현실적으로 공유지를 모두 통제한다고 볼 수 있다. 따라서 이스라엘 시민들 사이에서도 땅과 관련해서는 유대인과 비 유대인간의 차별이 존재하며, 이스라엘-아랍인 시민들은 자신들을 2등 혹은 3등 시민이라고 주장한다.

이스라엘 정부는 국제법상으로 불법적인 1967년 점령지에 유대정착촌건설 사업을 위해서, 세계 시온주의자 기구를 활용한다. 이 사업 추진을 위해서, 1971년 세계 시온주의자 기구는 세계 시온주의자 기구 정착촌 분과를 설립하였다. 설립 당시부터 세계 시온주의자 기구 정착촌 분과는 이스라엘 정부로부터 전액 자금 지원을 받고 있으며, 유대 기구 정착촌부의 후원을 받는다. 유대 기구 정착촌부는 이스라엘 내부에서만 정착촌 활동을 책임지고, 세계 시온주의자 기구 정착촌 분과는 1967년 점령지 서안, 가자, 골란고원에서의 유대 정착촌의 개발업무를 할당받았다.

이러한 정착촌 건설 사업은 국제법을 위반하는 것이다. 이스라엘 정부는 정착촌 건설에 대한 직접적인 책임을 피하기 위해서, 세계 시온주의자 기구라는 외부 기구를 활용하여 정착촌 건설 사업을 수행한다. 그런데 세계 시온주의자 기구 정착촌.분과는 2002년 네게브에서 그리고 2004년에 갈릴리에서 정착촌 건설 활동을 담당하면서, 경우에 따라 이스라엘 내부에서도 정착촌 건설 사업을 실행하고 있다.

서안에서 허가 받지 않았거나 불법적인 정착촌 활동을 반대하는 사람들은 세계 시온주의자 기구 정착촌분과 활동과 제정문제에서 투명성을 요구할 뿐만 아니라, 한 걸음 더 나아가 세계 시온주의자 기구 정착촌분과 해체를 요구하면서, 이스라엘 정부가 세계 시온주의자 기구 등 외부기구들에게 정부가 수행해야할 활동들을 맡겨서는 안 된다고 주장한다. 최근 이러한 요구 사항들이 빈번하게, 강력하게 증가하고 있다. 이러한 이유들 중 하나는 네타냐후 2기 정부(2009년 3월 ~) 이후, 크네세트 재정 위원회가 간접 예산을 세계 시온주의자 기구로 대폭 이동시키면서, 세계 시온주의자 기구 정착촌분과에 대한 자금 지원이 10배 정도 크게 증가되었다. 게다가 세계 시온주의자 기구 정착촌 분과는 기존 유대 정착촌 블록을 넘어서 공세적으로 정착촌건설 사업을 확장하고 있다. 이러한 정착촌 블록 밖으로 정착촌건설 확장 사업은 이스라엘과 나란히 병존하는 팔레스타인국가 건설이라는 두 국가 해결안을 완전히 비현실적인 것으로 만든다.

영국의 팔레스타인 통치기간(1917년 12월~1948년 5월 14일) 동안, 시온주의자 기구는 팔레스타인에 유대이민자들을 끌어들이고, 정착시키고, 교육시키고, 무장단체를 운영하는 등, 국가처럼 활동하는 비정부 기구였다. 2017년 현재도 이스라엘 정부의 적극적인 지원을 받는 준 정부기구 세계 시온주의자 기구는 국제법상으로 불법적인 점령지인 서안에 유대정착촌 건설 사업을 적극 추진하고, 역사적인 팔레스타인 땅 전역을 유대화하면서, 팔레스타인 아랍인들을 땅으로부터 영구적으로 배제시키는 인종차별적인 정책을 펴고 있다. 이러한 세계 시온주의자 기구의 사업은 1897년 창설이후 120년 동안 역사적인 팔레스타인 땅을 대상으로 실행시킨 일관된 정책이다.

제3장

영국의 위임통치와 시온주의*

□ 이스라엘/팔레스타인 분쟁의 기본 구조

이스라엘/팔레스타인 분쟁의 기본구조는 1차 세계대전 결과 승전국이 된 영국이 팔레스타인을 통치한 1917~1948년(군부통치 : 1917년 12월~1920년 7월, 위임통치 : 1920년 7월~1948년 5월)에 형성되어, 미국정책이 주도적인 역할을 하는 2018년 현재까지 유지될 뿐만 아니라 강화되고 있다.

영국은 오스만제국의 영역을 분할하여 현대 국가를 창설하는 과정에서 다양한 민족주의 이념들을 활용하였다. 즉 영국은 유대인을 추동한 시온주의, 하심가문을 추동한 아랍민족주의, 사우드가문을 추동한 와하비즘으로, 이스라엘, 요르단, 이라크, 사우디아라비아를 창설하는데 성공하였다. 팔레스타인에서 영국이 후원

---

* 이글은 『한국이슬람학회논총』 제25-2집, 2015, 111~153쪽에 게재된 논문을 수정 보완한 것임.

한 시온주의는 주로 이민자들로 구성된 소수파 유대인들을 국민구성의 주요한 요소로 규정하고, 다수파였던 무슬림들과 기독교인들을 배제함으로써 인종차별 정책을 유지·강화시키는 주요한 도구로 작용하였다. 이로 인해서 현재까지 유지되는 불안정한 이스라엘/팔레스타인 분쟁의 정치 구조가 형성되었다.

1946년 영국왕립국제문제연구소가 펴낸 『그레이트 브리튼과 팔레스타인 1915~1945(Great Britain and Palestine 1915~1945)』에 따르면, 20세기 초 이러한 분쟁 구조 창출 정책을 주도한 영국에게 팔레스타인은 다음과 같은 전략적인 이점이 있었다. 첫째, 전략적으로 수에즈 운하에 대한 잠재적인 위협

• 1922~1948년 영국 위임통치령 팔레스타인(1922년 트랜스 요르단 분리)

을 막기 위한 전초기지였다. 둘째, 1934년에 건설된 키르쿠크(이라크)-하이파 석유 파이프라인의 출구였다. 셋째, 인도 등으로 가는 국제 항공노선의 중간 기착지였다. 넷째, 이라크로 가는 사막 자동차 도로의 출발점이었다.

이러한 팔레스타인의 전략적인 이점은 현재 21세기 미국의 이스라엘/팔레스타인 정책에도 유효하게 적용될 수 있다. 적절한 예로, 2003년 미국은 1934년 영국이 건설한 키르쿠크-하이파 석유 파이프라인을 재건하려는 계획을 내놓았다. 2003년 8월 미국방부의 요구에 따른 이스라엘 국가 기반시설부 조사결과 키르쿠크와 하이파 사이의 직경 42인치 파이프라인의 건설에 1㎞당 40만 달러의 비용이 든다고 밝혔다. 이 때, 이스라엘 국가 기반시설부 장관 유세프 파리츠키는 하이파 항구는 이라크 석유의 매력적인 출구라고 밝혔다.

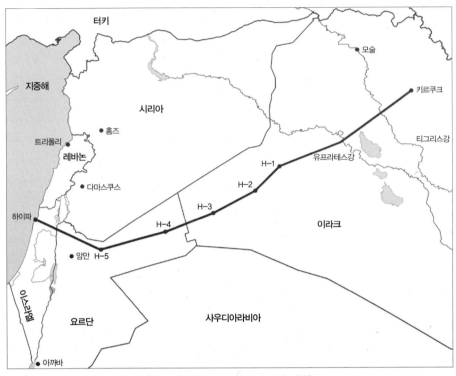

• 키르쿠크-하이파 파이프라인(1932~1934년 건설, 1935~1948년 가동)

2016년 12월 7일, 미국은 시리아 주둔 러시아군대를 포함하는 인근 지역 군대에 맞서는 군사기지로 이스라엘 해안을 사용하려는 계획을 발표하였다. 이 계획에 따라 미국은 이스라엘 해안 도시 하이파에 해군 기지를 건설한다. 미국 정부의 계속되는 이스라엘 원조는 "이스라엘에 대한 미국의 도움 허가"라는 제목이 붙은 2017년 미국방수권법(National Defence Authorization Act) 1259항에 있다. 이 법 1259항은 "동지중해에서의 해상 안보와 해상 영토에 대한 자각은 이스라엘 안보뿐만 아니라, 미국 안보 이익에 있어서 매우 중요하며, 미 국방부는 이 지역에서 안보 능력을 계속 발전시키고, 증진해야 한다"고 규정한다.

이러한 미국의 동지중해에 대한 관심은 동지중해역에서 발견된 천연가스전과 관련된 것으로 보인다. 실제로, 가자와 이스라엘 연안 전역이 가스전 위에 존재한다고 보아도 지나치지 않다. 현재 미국회사 노블에너지와 이스라엘 회사들이 공동으로 이 유전들 대부분을 개발하고 운영한다.

게다가 2009년 이스라엘과 인접한 레바논 해역에도 대량의 천연 가스가 매장된 것으로 알려졌다. 2013년 레바논 에너지부 장관 게브란 바실은 레바논 해역에 약 96TCF 천연가스와 8억 6천 5백만 배럴의 석유가 매장되었다고 밝혀졌다. 그런데 2018년 1월 31일 이스라엘 국방장관 아비그도르 리베르만은 레바논의 석유·천연 가스 매장 10개 광구 중 이스라엘에 인접한 제9광구를 이스라엘 재산이라고 주장하였다. 리베르만의 발언에 대하여, 같은 날 레바논 대통령 미셸 아운과 헤즈볼라는 비난 성명을 내놓으면서, 이스라엘의 위협에 대하여 단호하게 대처하겠다고 밝혔다. 이스라엘 북부 해안 도시 하이파에 미국 해군 기지 건설은 가자와 이스라엘 및 레바논 등 페르시안만 연안에 버금갈 정도로 동지중해 전역에 풍부하게 매장된 천연 가스전 지배권과 관련되는 것으로 보인다.

□ 영국과 국제연맹의 유대민족고향 건설계획

1. 파리평화회의와 유대민족고향 건설계획

1차 세계대전이 끝 무렵 1917년 10월~1918년 10월까지 전투로 에드먼드 알렌비 장군이 이끄는 영국군이 오스만제국의 영역이었던 팔레스타인을 점령하였다. 1917년 12월~1920년 7월까지 영국은 점령된 적지 행정부(Occupied Enemy Territory Administration, OETA)라는 명칭으로 팔레스타인에 군부통치체제를 수립하였다. 1917년 12월부터 1920년 7월까지 영국의 군부 통치자들의 재임 기간은 다음과 같다. 육군원수 에드먼드 알렌비: 1917년 12월~1918년 6월, 소장 아르투르 위그램: 1918년 6월~1919년 6월, 소장 H.D.왓슨: 1919년 6월~1919년 12월, 중장 루이스 볼스: 1919년 12월~1920년 7월. 군부통치를 실시하는 과정에서, 오스만제국 영토 처리에 대한 정치적인 합의를 위하여, 영국(로이드 조지), 프랑스(조지 클레망소), 미국(토마스 윌슨)은 '파리평화회의'로 알려진 일련의 회의를 1919년 1월 18일~1920년 1월까지 개최하였다. 이 '파리평화회의'는 최종적으로 국제평화와 안전을 유지하고 경제적 · 사회적 국제협력을 증진시킨다는 명분으로, 1919년 1월 25일 국제연맹 창설을 승인하였다.

이로써 '국제연맹'은 1차 세계대전 결과에 대한 처리 책임을 담당하게 하였다. 이 때 국제연맹이 부과한 영국의 팔레스타인 위임통치 체제는 원주민들의 이해관계를 보호하는 도구로서 창설될 것으로 예상되었다.

그런데 국제연맹 팔레스타인 위임통치 규정은 1917년 11월 영국 정부가 시온주의자에게 이미 약속한 밸푸어 선언 즉, '팔레스타인에 유대민족고향' 건설을 돕는다는 내용을 포함하였다. 위임통치 규정이 밸푸어 규정을 포함하면서, 국제연맹이 내세운 위임통치의 실효성 자체가 의심되었다. 과연 이 위임통치 체제는 팔레스타인 원주민의 권리를 존중하고 보호할 수 있을까?

1919년 2월 3일 시온주의자 기구는 '파리평화회의'에 다음과 같은 '팔레스타인에 관한 시온주의자 기구 성명'을 제출하였다. 다음의 표와 같이 파리평화회의에 제출한 팔레스타인에 관한 시온주의자 기구 성명은 '팔레스타인에 대한 유대인의 역사적 소유권을 선언, 미래의 유대국가영역을 획정하고, 국제연맹의 주권과 영국 위임통치'를 주장하였다. 특히 주목할 바는 '유대민족고향 설립이 최종적으로 영연방 설립'을 목표로 했다는 것이다. 결국 이것은 이 때 '시온주의자를 움직이는 동력이 영국 정부로부터 창출되었으며, 유대민족고향건설 계획은 장기적으로는 팔레스타인을 영연방으로 만들려는 목표의 일환'이었다는 것을 입증한다.

• 1919년 팔레스타인에 관한 시온주의자 기구 성명

1. 팔레스타인에 대한 유대인의 역사적 소유권과 팔레스타인에 유대민족고향을 재건할 권리가 있다.
2. 팔레스타인의 경계들이 계획대로 지도처럼 선언되어야한다.
3. 팔레스타인의 주권은 국제연맹에 있고, 국제연맹은 영국에게 통치를 위임해야한다.
4. 영국 위임통치는 다음과 같은 특별 조건에 따라야한다.
   1) 팔레스타인은 유대민족고향을 설립하고, 최종적으로는 자율적인 영연방 창설(the creation of an autonomous Commonwealth)이 가능한 정치적, 행정적, 경제적 조건들 아래 놓여야한다.
   2) 위임통치 세력이 해야 할 일
      a. 유대이민을 장려하고, 땅에 대한 합의를 마무리하고, 현존하는 비유대인의 기득권을 동등하게 보호해야한다.
      b. 팔레스타인에 유대인 민족고향의 발전을 위하여 설립될 팔레스타인과 세계의 유대인 대표 위원회와 협력하고, 이 위원회에 유대인 교육을 위임해야한다.
5. 1917년 11월 2일 영국 외무부장관 밸푸어가 로스차일드 경(영국인)에게 보낸 서한(밸푸어 선언)으로, 영국 정부는 팔레스타인에 대한 유대인의 역사적 권리를 승인하였다.

유대민족고향 건설계획

한편 히자즈 왕 샤리프 후세인의 아들, 파이잘 후세인은 1919년 1월 3일 시온주의자 기구 의장인 하임 와이즈만과 파이잘-와이즈만 협정을 체결함으로써, 밸푸어 선언을 지지하고, 팔레스타인으로의 대규모 이민과 유대정착촌 건설을 협력하겠다고 약속

• 1917년 12월 예루살렘을 정복한 알렌비 장군과 파이잘 후세인

하였다. 이러한 측면에서 파이잘 후세인은 아랍-무슬림 시온주의자였다.

한 걸음 더 나아가 1919년 3월 3일 파리평화회의 참가 중 파이잘 후세인은 다음과 같은 서신을 파리평화회의에 파견된 미국 대표단의 일원인 펠릭스 프랭크퍼터(Felix Frankfurter)에게 보내면서, 1919년 2월 파리평화회의에 제출된 시온주의자 기구 성명을 지지하였다. 당시 펠릭스 프랭크퍼터는 하임 와이즈만과 연대한 미국 시온주의자 대표였다.

프랭크퍼터씨에게

나는 미국 시온주의자들과 처음 접촉에서 아라비아와 유럽에서 와이즈만에게 말했던 것을 당신에게 말하고 싶다. 우리는 아랍인들과 유대인들이 강력한 자들의 손아귀에서 비슷한 고통을 경험한 사촌들이라고 느낀다.

아랍인들 중에서도 특히 교육받은 사람들은 시온주의 운동에 가장 깊이 공감한다. 우리의 대표는 여기 파리에서 시온주의자 기구가 평화회의에 제출한 제안서를 완전하게 이해하고 있으며, 온건하고 적절한 것으로 간주한다. 우리는 최선을 다해서 이 제안서가 통과되도록 도울 것이다.

우리는 시온주의 운동의 수장인 하임 와이즈만과 가장 가까운 관계를 유지하고 있다. 그는 우리의 대의를 돕는 가장 큰 조력자이다, 나는 아랍인들이 조만간 유대인들의 친절에 보답할 수 있는 위치에 있게 되기를 희망한다. 우리는 근동을 개혁하고 부활시키기 위해 함께 노력하고 있으며, 시온주의 운동과 아랍민족주의 운동은 서로를 완전하게 한다. 우리의 운동은 민족주의 운동이며 제국주의가 아니다. 실제로 나는 어느 것도 다른 것 없이는 성공할 수 없다고 생각한다.

1919년 3월 3일
파리평화회의 히자즈 대표단, 파이잘 후세인

이러한 시온주의자들의 적극적인 활동에 따라, 1919년 파리평화회의는 이 시온주의자 조직 성명을 반영하여 위임통치 제도가 터키지역을 제외한 오스만제국 영토에 적용되어야 한다고 결정했다.

그리고 1920년 4월 25일 이탈리아 산레모회의는 팔레스타인 위임통치를 영국

에게 할당하였다. 영국, 프랑스, 이탈리아, 일본, 그리스, 벨기에 대표가 참석한
산레모회의는 '팔레스타인과 이라크에 대한 위임통치 권을 영국에게, 시리아와
레바논지역에 대한 위임통치 권을 프랑스에게 할당'하고, '팔레스타인에 유대민
족고향을 건설한다고 영국 정부가 약속한 밸푸어 선언(1917년 11월 2일)'을 승인'하
였다. 이로써 파리평화회의와 산레모회의는 '1919년 2월 23일 시온주의자 기구
의 성명'이 요구한 대부분을 승인하였다.

이 산레모결의를 이행하는 과정에서 1920년 7월 1일, 영국 정부는 시온주의자

• 1921년 예루살렘에서 트랜스 요르단 왕 압둘라 후세인–팔레스타인 고등판무관 헐버트 사무엘–식민부
장관 윈스턴 처칠
(https://de.wikipedia.org/wiki/Herbert_Samuel,_1._Viscount_Samuel#/media/File:Winston_Churchill_and_
Abdullah_I_of_Jordan_1921_(restored).jpg)

유대인 헐버트 사무엘을 팔레스타인 고등판무관(재임 : 1920년 7월 1일~1925년 6월 30일)으로 임명하여 군부통치체제를 민간통치체제로 대체시켰다.

그런데 영국이 팔레스타인 초대 민간 통치자로서 시온주의 지도자인 유대인 헐버트 사무엘을 임명한 것은 팔레스타인 무슬림들과 기독교인들을 실망시켰고, 분노를 불러 일으켰다. 그를 임명한 것은 팔레스타인 무슬림들과 기독교인들의 희망에 반대하여 시온주의자들의 민족고향을 창설하려는 영국의 팔레스타인 정책이 실현되는 첫 번째 조치였다. 실제로 그의 정책은 유대인 편향적이었고, 팔레스타인 무슬림들과 기독교인들의 통합정치 기구의 출현을 방해하였다. 게다가 1929년 영국 위임통치하에 팔레스타인 시온주의자 대표기구로 유대 기구가 공식 발족되었을 때, 그는 이 기구의 행정위원이 되었다.

1920년 영국 시온주의자 연맹 의장이었던 하임 와이즈만(영국인)은 자신의 글에서 유대민족고향 건설에 대한 구체적인 계획을 다음 표와 같이 밝혔다.

• 1920년 와이즈만의 유대민족고향 건설 계획

---

o 내가 파리평화회의에서 말 한 것은 영국이 영국인의 것이고, 미국이 미국인의 것인 것처럼, 팔레스타인은 유대인의 것이어야 한다.

o 팔레스타인지역이 발전하면서, 우리는 대단히 많은 이민자들을 쏟아 부을 수 있다. 장래에 팔레스타인은 유대인의 국가다.

o 우리는 지금과 발전을 책임질 기구를 창설해서, 유대인들을 팔레스타인에 정착시켜야한다. 유대인이 정착하지 않은 유대민족고향은 헛소리다.

o 두 가지 근본적인 문제는 땅과 그 땅위에 거주하는 주민이다. 팔레스타인에 6만 명의 유대인이 아닌 50만 명의 유대인이 거주하고, 40개의 식민촌이 아니라 200개의 식민촌이 존재한다고 상상해보라. 그 때 팔레스타인에서의 유대인 문제는 해결될 것이다.

o 약 1백만 파운드가 이후 10년 동안 마련되어야한다. 나는 유대인들이 이 돈을 제공할 것이라고 믿는다.

o 우리는 1920년 현재 팔레스타인에 1만 명의 생산인력을 가지고 있다. 우리가 5~10만 명의 생산인력을 팔레스타인에 가지게 되면, 팔레스타인은 유대인의 것이 될 것이다.

o 30만 명의 유대인이 팔레스타인에 도착하게 될 때, 팔레스타인은 유대인의 것이 될 것이다.

시온주의자들이 팔레스타인으로 유대인 이주활동을 적극적으로 실행시킴으로써, 2차 세계대전 끝 무렵인 1945년경에는 55만 명 이상의 유대인이 팔레스타인 땅에 거주하게 되었다. 이 때, 1920년 와이즈만이 제시한 50만 명이 거주하는 유대민족고향 건설계획은 충분히 성취될 수 있는 환경이 되었다. 게다가 영국인 하임 와이즈만은 1921~1931년과 1935~1946년 두 차례에 걸쳐 20년 이상 시온주의자 기구(ZO) 의장을 역임하였다. 결국, 영국의 팔레스타인 위임통치 기간 동안 시온주의자 기구를 움직이는 주체는 영국이었음을 알 수 있다.

2. 국제연맹의 유대민족고향 건설 승인

1922년 7월 24일 국제연맹회의는 영국에게 팔레스타인 위임통치권을 부여하는 팔레스타인 위임통치안을 승인(1923년 9월 29일 발효)했다.

이 위임통치안 서문은 영국 위임통치 정부에게 1920년 1월 10일 발효된 국제연맹규약 22항을 실행시키고, 1917년 11월 2일 공표된 밸푸어 선언을 실행시킬 책임이 있다고 명시한다.

그런데 1920년 국제연맹규약 22항과 1917년 밸푸어 선언은 양립하기 힘든 모순된 목표를 제시했다. 이 국제연맹규약 22항은 '위임통치 제도의 공식적인 목적은 오스만제국의 영역에 존재하던 특정 공동체들이 각각 독립 국가로 발전할 때까지 관리하고 지원하기 위한 것'이라고 규정함으로써, 과거 오스만제국에 속해 있던 공동체들의 자율성을 증진'시키도록 관리하기 위한 것임을 분명히 했다.

그러나 1917년 영국 외무부장관 밸푸어가 시온주의자 대표이며 영국인 로스차일드 경에게 보낸 밸푸어 선언의 목표는 '팔레스타인에 이주민으로 구성된 유대민족고향을 건설'하는 것이다.

• 1922년 7월 국제연맹의 팔레스타인 위임통치 결의안

○ 서문 : 팔레스타인에 유대민족의 역사적인 관계가 있고, 팔레스타인에 유대민족고향 재건을 승인한다.
○ 4항 : 적당한 유대 기구가 유대민족고향 건설과 팔레스타인 유대주민의 이익에 영향을 줄 수 있는 문제
들과 경제적, 사회적 문제들에서 팔레스타인 행정부와 협력하기 위한 공공단체로서 인정받아야 한다.
시온주의자기구와 영국 정부가 협력하여 유대민족고향 건설하기 위하여 모든 유대인들의 협력을 이끌어
내야 한다.
○ 6항 : 팔레스타인 위임통치 정부는 유대 기구와 협력하여 유대이민을 촉진시키고, 국유지나 불모지를
포함하는 땅에 유대인 정착을 고무시켜야 한다.
○ 7항 : 팔레스타인 위임통치 정부는 국적법을 제정해야한다. 이 법은 팔레스타인에서 영주권을 획득한
유대인들이 팔레스타인 시민권을 취득하는 규정을 포함해야 한다.
○ 22항 : 영어, 아랍어, 히브리어는 팔레스타인의 공식 언어들이다.

1922년 당시 팔레스타인 전체 인구 중 유대공동체 인구는 11%(83,790명), 팔레스타인 무슬림 인구는 78%(589,177명), 팔레스타인 기독교인은 10%(71,464명)를 차지했다.

그럼에도 불구하고, 1922년 7월 국제연맹의 팔레스타인 위임통치 결의안에는 1920년 국제연맹규약 22항을 실행시키라는 간접적인 언급을 제외하고는 무슬림과 기독교인들의 권리에 대한 직접적인 언급은 없고, 대신에 '팔레스타인 위임통치 정부에게 유대이민자를 위하여 밸푸어 선언을 실행시킬 책임이 있다'고 명시한다.

위임통치 과정에서 영국은 1920년 국제연맹규약 22항을 무시하고 원주민 기독교인들과 무슬림 공동체들의 자율성을 훼손시키면서, 대신에 유대인이라고 주장하는 새로운 이주민 공동체의 자율성을 강화시키는 정책을 실행시켰다. 이 과정에서 팔레스타인 원주민 공동체들과 이주민으로 구성된 시온주의자 공동체 간의 긴장과 충돌이 불가피하게 되었다. 최종적으로, 영국 위임통치청의 후원을 받은 시온주의 프로젝트는 매우 성공적이었다.

사실, '1922년 국제연맹의 팔레스타인 위임통치 결의안'은 1919년 2월 3일 시온주의자 조직이 파리평화회의에 제출한 '1919년 팔레스타인에 관한 시온주의자 기구의 성명'을 되풀이한 것에 불과하다.

□ 원주민 아랍공동체 탄압과 이주민 유대공동체 강화

1. 팔레스타인 아랍인들의 정치기구 설립운동과 영국의 탄압

영국이 오스만제국의 통치하에 있던 시리아를 정복했을 당시, 남부 시리아지역에 위치한 팔레스타인에는 무슬림, 기독교인, 유대인들이 자율적으로 각각 종교 공동체를 운영하고 있었다.

1917년 팔레스타인에서 영국 군부통치가 실시되면서, 무슬림-기독교인 협회들이 주요 도시마다 세워졌다. 무슬림-기독교인 협회는 팔레스타인의 민족적 열망을 성취하기 위하여 팔레스타인 아랍의회를 조직하고, 1919년부터 1928년까지 총 7차례에 걸쳐 다음 표가 보여주는 내용으로 의회를 개최하는 등 정치기구 설립 운동을 주도하였다.

• 팔레스타인 아랍인들의 정치기구 설립 운동

	기간	장소	내용
1차	1919.1	예루살렘	밸푸어 선언 거부, 팔레스타인은 독립된 시리아 국가의 일부
2차	1920.5 비밀회의	예루살렘	영국의 팔레스타인 위임통치에 밸푸어 선언 실행을 포함시킨 산레모협정 (1920.4)에 대한 항의 : 영국이 집회금지
3차	1920.12	하이파	민족정부 수립요구, 팔레스타인 민족 운동 지도와 감독할 아랍행정위원회를 선출
4차	1921.6	예루살렘	무사 카짐 알 후세이니가 이끄는 최초의 팔레스타인 대표단 6명을 런던에 파견하여 영국 정부에게 팔레스타인으로의 유대이민에 반대하는 의견 피력
5차	1922.8	나블루스	새로운 헌법 반대, 영국이 기획한 의회선거 거부, 런던 사무소 청설, 유대인에게 땅 팔기 금지, 유대이민 금지, 유대민족고향 설립 반대
6차	1923.6	자파	영국이 기획한 의회선거 다시 거부, 납세거부, 영국이 후원하는 히자즈, 이라크, 트랜스 요르단과 아랍연방을 제안한 앵글로-히자즈 조약 반대
7차	1928.6	예루살렘	대표정부 설립 요구

1920년 무슬림-기독교인 협회를 비롯한 다양한 아랍협회들이 예루살렘 시장이었던 무사 카짐 알 후세이니의 지도아래 아랍 행정위원회로 통합되었다.

그러나 영국정책은 이러한 무슬림-기독교인 아랍인들의 자율적이고, 독립적인 정치통합을 막는 것이었다. 아랍인들의 자율적인 정치기구 설립운동을 저지하기 위하여 팔레스타인 고등 판무관 헐버트 사무엘은 유대인과 아랍인 통합 입법의회를 조직하려고 시도하였다. 그는 이러한 정책의 일환으로 유대 기구에 대응되는 새로운 아랍기구의 창설을 제안하였다.

그러나 이 제안에 대하여 아랍인들은 영국이 팔레스타인에서 시온주의자 기구에게 정치적 합법성을 부여하려는 시도라고 주장하면서 반대하였다. 1934년 무사 카짐 알 후세이니 사망 이후, 아랍행정위원회는 여러 파벌로 해체되었다.

1936년 영국 위임통치에 반대하는 아랍 대 반란이 발발하자, 1936년 4월 초 예루살렘 그랜드 무프티 하지 아민 알 후세이니(그랜드 무프티 재임 : 1921~1937)가 주도하여 아랍고등위원회를 창설하고, 총파업, 유대이민 금지, 유대인에게 땅 판매

• 무사 카짐 알 후세이니
(압둘 까디르 알 후세이니 아버지)

• 하지 아민 알 후세이니

• 아랍고등위원회

• 1936〜1939년 아랍 반란 지도자, 압둘 까디르 알 후세이니(파이잘 후세이니 아버지)

• 1936년 아랍대반란

• 1936년 6월 26일 전투 중 사망한 팔레스타인 여성 파티마 가잘

금지, 납세거부 운동, 아랍 민족 정부 수립을 주도하는 등 팔레스타인 아랍 민족 운동을 통합하고 주도해 나갔다. 이에 따라 4월 16~18일에는 아랍-유대인 충돌이 팔레스타인 전역으로 확산되었다. 4월 25일, 하지 아민 알 후세이니가 아랍고등위원회 위원장으로 선출되었다. 아랍고등위원회 구성원들은 다음과 같다. 하지 아민 알후세이니, 자말 후세이니, 후세인 파크리 알 칼리디, 야콥 알 고세인, 푸아드 사바, 라겝 나사시비, 아흐마드 힐미 압델 바끼, 아흐마드 라티프 살레, 알프레드 록, 아와니 압둘 하디. 그런데 이러한 아랍인들의 정치통합 움직임에 반대하여 영국 위임통치 정부는 1937년 9월 아랍고등위원회를 불법단체로 규정하고, 그 지도자들을 체포하고 추방했다. 이 사건은 팔레스타인 민족운동을 결정적으로 약화시켰으며, 팔레스타인에서 시온주의자 운동이 압도적으로 우세하게 되었다.

2. 유대공동체 강화와 키르쿠크-하이파 석유 파이프라인 보호

영국의 팔레스타인 위임통치 시기 동안에 창출된 주요한 문제는 다음 표에서 보는 것처럼 유대인 대거 이주로 인한 종교인 별 인구비의 커다란 변화다.

• 팔레스타인의 인구 변화

연도	전체(100%)	무슬림(%)	유대인(%)	기독교인(%)	기타(%)
1878	440,850	386,320(88)	13,942 (3)	40,588(9)	
1918	689,000	563,000(82)	56,000 (8)	70,000(10)	
1922	752,048	589,177(78)	83,790(11)	71,464(10)	7,617(1)
1927	917,315	680,725	149,789(16)	77,880	8,921
1931	1,036,339	761,922(74)	175,138(17)	89,134(9)	10,145(1)
1932	1,052,872	771,174(73)	180,793(17)	90,624(9)	10,281
1937	1,401,794	883,446(63)	395,836(28)	110,869(8)	11,643
1938	1,435,285	900,250(62.7)	411,222(28.6)	111,974(7.8)	11,839
1939	1,501,698	927,133(62)	445,457(29)	116,958(8)	12,150
1940	1,544,530	947,846	463,535	120,587	12,562
1941	1,585,500	973,104	474,102	125,413	12,881
1942	1,620,005	995,292	484,408	127,184	13,121
1943	1,676,571	1,028,715	502,912	131,281	13,663
1944	1,739,624	1,061,277	528,702	135,547	14,098
1945	1,764,520	1,061,270(60)	553,600(31)	135,550(8)	14,100(1)

유대인들은 1918년 전체 인구의 8%인 56,000명에서 1945년 전체 인구의 31%인 553,600명으로 영국통치 기간 동안에 크게 증가했다. 이 수는 1920년 영국 시온주의자 연맹 의장이었던 하임 와이즈만이 그의 글에서 밝힌 유대인 문제해결에 필요한 유대 인구수 50만 명을 훨씬 넘어선다.

영국의 유대이민 정책은 팔레스타인에 대한 영국의 이해관계와 직접 관련된다. 유대이민은 위의 표가 보여주는 것처럼, 1932년 이후 5년간 최고조에 달했

• 키르쿠크-하이파 석유 파이프라인(하이파 끝) (https://commons.wikimedia.org/wiki/File:Mosul%E2%80%93Haifa_oil_pipeline,_Haifa_end_at_the_Mediterranean,_1938.jpg)

다. 이 시기에 영국은 영국 위임통치 지역에 속한 이라크에서 팔레스타인으로 연결되는 키르쿠크-하이파 석유 파이프라인을 건설하였다. 이 때 이민자 유대인들은 영국 위임통치 지역을 통과하는 이 파이프라인을 아랍인들의 공격으로부터 보호하는 중요한 역할을 하였다. 영국 정부는 키르쿠크-하이파 석유 파이프라인과 하이파 정제소를 전략적으로 중요한 것으로 간주하였고, 실제로 2차 세계대전 동안(1939년 9월~1945년 9월)에 지중해에서 영국군과 미군이 사용하는 연료의 대부분을 공급하였다.

1932~1934년 이라크 석유회사가[i] 이 키르쿠크-하이파 석유 파이프라인을 건

---

i) 이라크 석유회사(IPC)는 영국, 미국, 프랑스 등의 자본으로 이루어졌고, 이라크 하심왕

설하였다. 이 석유 파이프라인은 이라크 북쪽에 위치한 키르쿠크 유전지대로부터 요르단을 통과하여 팔레스타인 하이파로 연결되었다. 석유가 이 파이프라인을 완전히 통과하는 데는 약 10일 걸렸고, 하이파에 도착한 석유는 하이파 정제소에서 정유되어 탱크에 저장해서 선박으로 유럽으로 운송되었다.

이 파이프라인은 시온주의자들에 대항하는 아랍대반란 동안(1936~1939)에 팔레스타인 아랍인들이 공격하는 표적이 되었다. 반면 1938년 창설된 오르데 윈게이트 소장이 이끄는 영국-유대 합동 특수 야경단의 주요한 목표 중 하나는 아랍인들의 공격에 대항하여 이 파이프라인을 보호하는 것이었다. 놀라운 사실은 영국이 영국-유대 합동 특수 야경단을 창설하는데 협력한 유대 무장단체 하가나(1920~1948)를 공식적으로는 이미 불법단체라고 규정한 상태였다.

3. 유대 무장조직 후원: 영국군과 하가나 공조체제 확립

유대 무장단체인 하가나(1920~1948)는 영국 위임통치하에서 1920년 6월에 창설되어 1948년 이스라엘 국가 건설과 함께 이스라엘 방위군으로 전환되었다.

1920년 아랍봉기 이후, 팔레스타인 유대지도부는 유대인 농장들과 키부츠를 보호하기 위해서 하가나를 창설하였다. 창립 초기에 하가나는 팔레스타인 아랍인들의 공격에 대항하여 유대공동체를 보호하기 위한 것이었다. 1920~1929년 하가나는 강력한 중앙부의 통제력이 부족했고, 거의 농촌이나 키부츠 출신의 농민들로 구성되었다.

그런데 1929년 아랍 봉기 이후, 하가나는 유대 농장이나 키부츠뿐만 아니라 도

국(1921년 8월~1958년 7월) 거의 전역에 이권을 가지고 있었다. 1958년 7월 친 소련 군 부쿠데타 이후, 이라크 정부가 1961년에 IPC이권지역 99% 이상을 몰수하였고, 1972년에는 IPC를 국유화하였다.

시출신의 거의 모든 청년들과 성인들을 포함하는 훨씬 더 대규모 조직으로 전환되었다. 이 때 이 조직은 외국에서 들여온 무기를 소유하였을 뿐만 아니라 수제 폭탄과 간단한 군사 장비를 만드는 공장을 운영하기 시작하였으며, 상당한 능력을 갖춘 게릴라 부대로 전환되었다.

이후 하가나는 영국과 협력하여 아랍봉기를 진압하였다. 특히 1936~1939년 팔레스타인 아랍대반란 동안에, 하가나는 영국의 이익을 보호하고, 아랍반란을 진압하기 위하여 작전을 펼쳤다. 이 때 하가나는 1만 명의 전사와 4만 명의 예비 병력이 있었다. 영국 위임통치 정부가 하가나를 공식적으로 인정하지 않았음에도 불구하고, 영국보안대는 하가나와 협력하여 유대 정착촌 경찰, 유대 예비 경찰, 특수 야경단을 조직하였다. 1929~1937년에 팔레스타인 식민지 행정관을 지낸 휴 풋 경은 특수 야경단이 아랍인들을 고문하고, 채찍을 가하고, 사형을 시키는 등 '극단적이고, 잔인하다'고 설명했다.

영국 위임통치 당국은 위임통치 종결 시까지 이 유대 무장 조직들을 재정지원하고, 무장시켰다. 1939년 9월 말경에는 영국 위임통치 정부는 약 2만 명의 유대 정착촌 경찰, 유대 예비 경찰과 정착촌 수비대 등에게 무기를 소지하도록 허가하였다. 기독교 시온주의자 영국인 오르데 윈게이트 대령이 1938년 특수 야경단을 조직하고 지휘하였으며, 모세 다얀과 같은 하가나 대원들을 포함하는 유대인 시온주의자들은 아랍 반란을 진압하기 위한 조직인 특수 야경단 구성원으로 팔레스타인 아랍반란자들과 전투를 하였다. 이 특수 야경단의 명시적인 업무는 이라크로부터 하이파로 오는 전략적으로 중요한 키르쿠크-하이파 석유 파이프라

• 오르데 윈게이트

인을 보호하는 것이었다.

특수 야경단은 영국–유대인 합동 반란 진압 특수 부대로, 영국군 최초의 특수 야경단이었다. 오르데 윈게이트는 이갈 알론과 모세 다얀 등을 직접 선발하여, 북부 팔레스타인에서 활동하는 기동 매복부대 등을 창설하도록 훈련시켰다. 영국 정부는 아랍반란동안 오르데 윈게이트에게 불법무장단체인 하가나와 협력하여 반란을 진압하였고, 1948년 이스라엘국가 창설과 함께 하가나를 이스라엘 방위군으로 전환시켰다.

오르데 윈게이트는 예루살렘 영국군본부 소속의 정보장교였으며, 북부 팔레스타인에서의 무기 밀수 등을 조사하였다. 1938년 3월, 몇 주 동안의 매복과 순찰 이후, 오르데 윈게이트는 영국군 총사령관, 아르키볼드 와벨로부터 아랍 반란자들에 대항하는 야간작전을 위하여 영국–유대 합동 특수 야경단 창설을 허락받았다. 이 계획에 따라, 1938년 6월 초에 특수 야경단이 작전을 시작하였다.

이 특수 야경단의 주요한 임무는 아랍 반란자들이 공격하는 키르쿠크–하이파 석유 파이프라인을 방어하는 것이었으며, 다부리야와 히르바트–리드 등 아랍반란의 근거지를 공격하였다. 결국 이 부대의 활동으로 키르쿠크–하이파 석유 파이프라인에 대한 아랍인들의 공격이 중단되었다.

이 부대의 작전은 점점 더 빈번하고, 더욱 무자비해졌다. 아랍인들은 윈게이트의 자인하고 가혹한 작전에 항의하였다. 이러한 작전으로, 윈게이트는 무공훈장을 받았고, 그의 부하 장교들도 전공 십자훈장을 받았다. 이 특수 부대를 모델로 발전소 등을 보호하는 제4의 특수 부대 등이 창설되었으며, 1939년에는 팔레스타인 주둔 모든 영국군 부대가 자체 특수 야경단을 창설하였다. 이 특수 야경단은 1939년 1월까지 계속 작전을 하였다. 1939년 영국의 정책이 변화하면서 유대인 예비 병력이 공세적인 작전에 참가하는 것이 금지되었다. 이후, 유대인 특수 야경단는 주로 감옥 수비와 주둔군으로 근무하였으며, 2차 세계대전이 발발하면서 1939년 9월에 해체되었다.

1936~1939년 아랍 대 반란 동안 영국 위임통치 정부는 외딴 지역의 유대 정착촌에도 무기를 분배하였다. 더구나 영국 정부는 영국군과 하가나가 협력 작전하도록 승인하였을 뿐만 아니라, 하가나에게 박격포와 수류탄 등의 무기 제조를 허락하였다. 1937년 하가나 대원은 1만 2천 명 정도였으며, 이러한 영국군과 시온주의자 동맹과 시온주의 무장단체 강화는 영국의 식민주의 정책에서 나왔다.

1937년 6월, 영국은 불법 무기 소지자에게 사형을 부과하였다. 그러나 많은 유대인들은 무기와 군수품 소지를 허락받았다. 따라서 불법 무기 소지 금지 명령은 팔레스타인 아랍인들을 겨냥한 것이었으며, 아크레 감옥에서 사형당한 112명의 사형수 대부분은 불법 무기 소지 혐의로 교수형에 처해졌다.

원칙적으로는, 영국 위임통치 정부가 모든 합동부대를 관리하였으나, 실제로는 유대 기구의 명령을 받았고, 아랍인들과의 불가피한 충돌에 대비해서 영국의 후원을 받는 유대군대의 토대를 만들려는 것이었다. 유대 기구와 영국 위임통치 당국은 새로운 부대의 비용을 동등하게 분담하였으며, 영국 정부는 유대통상을 보호하였다. 이와 같이 영국 위임통치 정부와 시온주의운동은 공동의 이해관계를 가지고, 팔레스타인 아랍인들에 대항하여 공동의 작전을 펼쳤다.

1936~1939년 아랍 봉기 이후, 하가나는 완전한 규모의 명실상부한 군대가 되었고, 1941년경에는 세 개의 주요부대, 즉 야전부대, 방위군, 엘리트 전투 부대로 구성되었다. 이 구성원들이 결국 1948년 5월 이스라엘 국가 창설과 함께 작동하기 시작한 이스라엘 국가 방위군 전투부대의 근간이 되었다.

4. 시온주의자 정치조직 강화: 시온주의자 위원회→팔레스타인 시온주의자 행정부→팔레스타인 유대 기구

1917년 밸푸어 선언 이후, 영국의 팔레스타인 정책은 이 선언에서 밝힌 시온주의 계획을 성취하는 것이었다. 1918년 2월 13일자 뉴욕 타임즈는 이러한 영국의 계획을 '시온주의자위원회 계획: 영국은 유대인의 귀환과 복원을 도울 것이다'라는 제목으로 다음과 같이 공표하였다. "1918년 2월 영국 정부는 공식적으로 시온주의자 기구에게 팔레스타인에서의 유대 식민지 현재 상황을 조사할 위원회를 지명하도록 권한을 부여하였다. 이 위원회는 영국 시온주의자연맹 의장인 하임 와이즈만의 지도하에 시온주의자 대표들로 구성될 것이다." 이러한 일련의 사건들로 볼 때, 시온주의자 조직은 영국 정부와 매우 긴밀한 협력관계였음을 알 수 있다.

이러한 영국의 정책에 따라, 1918년 3월 영국 시온주의연맹 의장인 하임 와이즈만은 영국에서 시온주의자 위원회를 창설하고, 팔레스타인 현지조사를 하여 영국 정부에게 조언하였다. 이 때 와이즈만은 시온주의자 조직 팔레스타인 지부를 농업, 정착촌, 교육, 땅, 금융, 이민, 통계 분과 등으로 세분화하여 활성화시켰다.

1921년 이 시온주의자 위원회는 팔레스타인 시온주의자 행정부로 변경되면서, 유대국가 건설 활동을 강화하게 되었다. 이 때 영국 정부는 팔레스타인 시온주의자 행정부를 팔레스타인 위임통치 규정 4항에 따른 공식적인 유대인 대표기구로 인정하였다. 1920년대 동안, 이 조직은 연간 60만 파운드 이상(Jewish National Fund의 토지 구입 자금 제외)의 예산을 운영하면서, 사실상 정부 체제를 갖추었다. 이 조직은 은행을 소유하였으며, 유대 이민을 조직하고, 유대 정착촌 운영, 학교를 운영하고 보건 서비스를 제공하였다.

1926년 영국 위임통치 정부는 종교 공동체기구 법령을 공포하였다. 이 법령은 팔레스타인의 유대정착민 공동체에게 합법성을 부여하였고, 자선과 교육과정운영을 위한 세금징수권을 부여하였다.

이러한 일련의 사건들은 영국이 주도하여 팔레스타인 시온주의자 운동을 추진하였다는 사실을 드러낸다. 이러한 영국의 정책에 따라, 결국 1929년 스위스 쮜리히에서 개최된 제16차 시온주의 대회는 팔레스타인 시온주의자 행정부를 팔레스타인 유대 기구로 개명하여 재조직하고 공식적으로 발족하였다.

이 유대 기구 운영위원회에 참가한 인사들은 초대 팔레스타인 고등판무관을 지낸 헐버트 사무엘, 폴란드 태생의 미국인 소설가 솔렘 아크, 우크라이나 태생의 시인 하임 나흐만, 독일 태생의 물리학자 알버트 아인슈타인과 같은 시온주의자들과 프랑스 총리 레온 블럼, 헝가리 랍비 임마누엘 로우, 영국정치인 알프레드 몬드 등 국제적인 조직망을 갖추었다.

5. 유대 기구에게 자치권 부여: 유대 기구-나찌 양도 협정

1930년 영국은 팔레스타인 유대 기구를 영국 위임통치 기간 동안에 영국 위임통치 정부와 협력하고, 유대정착민 공동체의 이익을 위해서 대표하고, 지도하고, 협상하기에 적당한 유대 기구로서 공식 승인하였다. 이 유대 기구는 다양한 사회, 경제, 정치기구, 제도와 군대와 보안 조직들을 창설하였다.

영국의 승인을 받은 이후, 유대 기구는 영국 위임통치하의 팔레스타인에서 나찌 독일과 협정을 체결하는 등 자치정부처럼 활동하였다. 예를 들면, 1933년 8월 25일 유대 기구는 히틀러가 총통인 나찌 독일(1933~1945)과 양도 협정(Ha'avara-Transfer- Agreement, 1933년 8월 25일~1939년 9월)을 체결했다. 이 협정은 독일 시온주의자 연맹, 영국-팔레스타인 은행(유대 기구가 통제)과 나찌 독일의 경제부가 3개월 동안 협상한 결과물이었으며, 팔레스타인으로 유대이민을 장려하기 위한 것이었다. 그 결과 양도 협정으로 1933~1939년까지 약 6만 명(독일 전체유대인들의 10%)의 독일 유대인들이 팔레스타인으로 이민 오면서, 본인 재산의 일부를 독일 상품으로 보유하도록 허락을 받았다. 양도 협정은 이 유대이민자들에게 최소한 1천 파운드의 순은을 독일 은행에 넣도록 요구하였고, 이것은 최신형 독일제 농기구 등 팔레스타인으로 수입하는 독일 상품을 사기 위하여 사용되었다. 결국 이 협정은 팔레스타인 유대인 경제를 활성화시키는데 크게 공헌함으로써, 더 많은 유대이민자들을 수용할 수 있는 근거를 마련하였다.

독일 유대이민자들은 팔레스타인 유대인들보다 훨씬 전문가들이고, 금융지식이 있었다. 이들이 1933~1939년 양도 협정으로 팔레스타인으로 가져온 상품의 가치는 약 1억 달러에 이르렀다. 1930년대에 독일은 팔레스타인으로 상품과 자본을 가장 많이 수출한 국가였다. 사실, 1948년 이스라엘 국가 건설당시 존재했던 기반시설과 산업의 대부분은 양도 양도협정의 결과였다.

• 윈스턴 처칠

따라서 양도협정은 1922년 6월 처칠 백서 (식민부장관 재임 : 1921년 2월 13일~1922년 10월 19일)가 요구한 유대이민자 규모를 결정하는 요인, 즉 '팔레스타인의 경제적인 수용능력'을 확장시킨 반면, 1930년 10월 패스필더 백서가 요구한 유대이민제한을 백지화시켰다. 따라서 이 협정은 팔레스타인으로의 유대이민이 급증하는 중요한 명분을 제공한 것으로 보인다. 실제로 유대인인구는 양도 협정을 체결하기 직전, 1932년에는 팔레스타인 전체인구 중 17%를 차지하는 180,793명이었으나, 양도 협정 종결시점인 1939년에는 팔레스타인 전체인구 중 29%를 차지하는 445,457명으로 급격히 증가하였다.

□ 반시온주의 아랍봉기와 영국의 대응정책

1. 반시온주의 아랍봉기

영국의 시온주의 정책과 유대이민 증가로 인해서, 아랍인들과 유대인들 사이에 긴장이 발생하였다. 이로 인해서 다음 표가 보여주는 것처럼, 1920년 이후 1939년 2차 세계대전이 발발하기 직전까지 반시온주의 아랍봉기가 지속적으로 발발하였다.

특히 주목할 만한 사실은 1933년 이후에는 유대 기구-나찌의 양도 협정 체결 등으로 유대이민이 급증하였다는 것이다. 이에 대항하여 1936년 4월 25일 팔레스타인 아랍인들은 예루살렘 그랜드 무프티의 하지 아민 알 후세이니(1897~1974)의 제안으로 팔레스타인 아랍인들의 대표기구로 아랍고등위원회(1936년 4월~1937년 9월)를ii) 조직하고, 유대이민 등 영국의 시온주의정책에 반대하는 아랍대반란을 주도하였다.

• 반시온주의 아랍봉기

날짜	장소와 명칭	결과
1920.4.4~7	나비무사, 예루살렘 봉기 : 예루살렘	○ 5명의 유대인과 4명의 아랍인 사망
		○ 약 300명의 유대인들이 예루살렘 구도시를 떠남
		○ 영국 정부는 예루살렘 시장 무사 카젬 알 후세이니 해임
1921.5.1~7	자파 봉기 : 자파	○ 47명의 유대인 48명의 아랍인 사망
		○ 수천 명의 유대인들이 자파를 떠남
		○ 아랍지도자들이 국제연맹에 독립과 민주주의 요구 청원
		○ 영국 위임통치 정부는 폭동에 연루된 툴카렘, 카콘, 칼킬리야, 카프르 사바, 와디 하와라트 베두인, 아부키식 부족 등, 아랍 마을과 부족들에게 집단적으로 벌금 부과
		○ 영국 고등판무관 헐버트 사무엘이 긴급조치 선언
1921.11.2	예루살렘	○ 5명의 유대인과 3명의 아랍인 사망
1929.8.23~29	서쪽 벽(알 부라끄) 봉기 : 예루살렘, 사페드, 헤브론, 자파	○ 133명의 유대인과 116명의 아랍인 사망
		○ 1930년 6월 17일, 3명의 아랍인들(Atta Ahmed el Zeer, Mohamamed Khalil Abu Jamjum, Fuad Hassab el Hejazi)이 살인죄로 교수형 당함

---

ii) 1945년에 아랍연맹이 아랍고등위원회라는 이름으로 위원회를 재건하였다. 그러나 1948년 아랍-이스라엘 전쟁이 발발하면서, 다시 무력화되었다.

날짜	장소와 명칭	결과
		○ 봉기를 일으킨 아랍지역에 벌금 부과, 거둔 벌금은 희생자들에게 분배, 분배받은 이들 중 90%는 유대인임
1936.4.19 ~1939.9.	아랍 대반란 : 팔레스타인 위임통치 영역	○ 영국 식민통치에 대항하는 팔레스타인 독립투쟁, 대량 유대이민 반대
		○ 5만 명의 영국군대와 1만 5천 명의 유대무장단체 하가나 공조로 아랍봉기 진압
		○ 5천 명 이상의 아랍인, 300명 이상의 유대인, 262명의 영국인 사망
		○ 1936년 4월 25일 예루살렘 그랜드 무프티의 하지 아민 알 후세이니 제안으로, 위임통치 팔레스타인의 아랍공동체 기구로 아랍 고등위원회를 창립하여 아랍봉기 주도
		○ 1937년 7월 7일 필위원회의 팔레스타인 분할 안
		○ 1937년 9월 영국은 아랍고등위원회를 불법조직으로 선언, 이 위원회 의장이며, 예루살렘 그랜드 무프티인 하지아민 알 후세이니를 해임 후 추방
		○ 1937년 10월 1일, 민족 연합(the National Bloc), 개혁당(the Reform Party), 독립당(the Istiqlal Party) 등 팔레스타인 정당들 해체하고 지도자들 추방
		○ 1939년 5월 필위원회 분할안을 폐기하는 맥도날드 백서 공표

영국군과 유대무장단체는 공조함으로써 위임통치하의 아랍봉기를 무자비하게 진압하였다. 이 과정에서 영국은 1937년 9월 팔레스타인 아랍인 통합정치기구인 아랍고등위원회를 불법조직으로 선언하였을 뿐만 아니라, 1937년 10월에는 팔레스타인 아랍정당들을 모두 해체시키고, 지도자들을 추방시킴으로써, 팔레스타인 아랍인들을 정치적으로 거의 완전히 무력화시켰다.

반면, 영국은 1937년 8월 필위원회 보고서 등을 통한 팔레스타인 땅 분할 계획을 통해서 유대인들의 팔레스타인 땅에 대한 권리를 보증하였다. 결국 영국은 시온주의정책을 통하여 유대인들에게 팔레스타인 땅에 대한 현실적인 통치권을 부여함으로써 명실상부한 하나의 국민으로 조직해 냈다.

2. 아랍봉기에 대한 영국의 대응정책

1) 1921년 헤이크래프트 위원회 조사보고서와 1922년 처칠 백서

1921년 10월에 대법관인 토마스 헤이크래프트경이 주도한 헤이크래프트 조사
위원회는 1920~1921년 아랍 봉기에 대응정책으로 다음 표와 같은 '헤이크레프트
조사위원회 보고서'를 내놓았다.

• 1921년 10월 헤이크래프트 조사위원회 보고서

> ○ 1921년 5월 발발한 아랍인들의 자파 봉기의 근본적인 원인과 폭력 행위는 정치적, 경제적 문제로 인한 유
> 대인들에 대한 아랍인들의 불만과 적대감에서 비롯된다. 이것은 유대 이민과 시온주의 정책과 관련되었다.
> ○ 급진적인 투쟁이 아랍인들에 의해서 시작되었고, 급속도로 아랍인들과 유대인들 사이에서 폭력적인 분
> 쟁으로 발전되었다. 아랍인 다수가 공격자들이고, 파괴자들이다. 커다란 무슬림과 기독교인 공동체들
> 은 반유대 폭동을 묵과하였다.
> ○ 경찰들은 무능하였다. 군대의 행위는 전역에서 칭찬받을만 하였다.

1921년 '헤이크래프트경의 조사 보고서'가 나온 이후, 식민부장관이던 '처칠의
백서'를 공표하였다. 1922년 6월에 공표된 이 백서는 밸푸어 선언에 대한 최초의
영국 정부의 공식적인 해석이다. 영국 정부는 1920~1921년에 발발한 아랍반란
에 대한 대응책으로, 1922년 팔레스타인 고등 판무관 헐버트 사무엘이 초안을 만
든 다음 표의 백서를 식민부장관 처칠의 이름으로 공표하였다.

• 1922년 6월 처칠 백서

> ○ 팔레스타인에서의 유대민족고향 건설은 국제적으로 보증되어야 한다.
> ○ 유대이민은 증가되어야 한다.
> ○ 유대이민자 수를 결정하는 요인은 '팔레스타인의 경제적인 수용능력'이다.
> ○ 유대인들은 팔레스타인에 거주할 권리가 있다.
> ○ 요르단의 서쪽 팔레스타인 전체는 1915년 헨리 맥마흔이 약속한 독립 아랍 국가에서 제외된다.

처칠 백서는 유대민족고향 건설, 팔레스타인으로의 유대이민을 장려하였다. 한 걸음 더 나아가 요르단 서쪽을 독립 아랍국가 건설영역에서 제외한다고 명시하는 등 1917년 밸푸어 선언을 재확인하였다. 이것은 기독교인들과 무슬림들의 독립 국가 건설 노력을 반 유대 폭동으로 몰아간 1921년 헤이크래프트 조사위원회 보고서를 그대로 수용한 결과였다.

2) 1930년 패스필드 백서: 경제적 수용력에 따른 유대이민 제한

1930년 10월 21일 공표된 패스필드 백서는 1929년 발발한 아랍봉기에 대응한 영국 정부의 공식 성명이었다. 이 백서는 영국은 아랍인들과 유대인들에 대한 의무를 수행하려고 하며, 이들 사이에 표면화된 분쟁을 해결할 것이라고 주장하였다. 패스필드 백서는 같은 해 3월 쇼우 위원회보고서와 같은 해 8월 제출된 호프 심슨 보고서를 토대로 작성되었다.

팔레스타인 전역에서의 아랍봉기의 결과, 영국은 아랍봉기의 원인을 찾고 미래의 봉기를 막기 위한 정책을 제안하기 위하여 쇼우 위원회를 설립하였다. 월터 쇼우 경이 이 위원회를 주관하고, 1930년 3월에 쇼우 위원회보고서를 제출하였다.

쇼우 위원회는 "이 폭력이 아랍 측의 인종적인 적개심 때문에 발생하였다. 이것은 아랍인들의 정치적, 민족적인 열망에 대한 실망의 결과와 경제적 미래에 대한 두려움에 기인한 것"이라고 밝혔다. 이 보고서는 해외로부터의 무제한의 자금 제공을 가진 것처럼 보이는 집단의 경제적인 지배를 두려워한다고 주장하였다. 쇼우 위원회는 영국이 아랍인들과 유대인들 양 측에게 약속한 것들에 대한 서로 다른 해석에서 비롯된다고 밝혔다.

쇼우 위원회 보고서는 '1925~1926년의 과도한 이민이 되풀이되는 것'을 피하기 위하여 미래 유대이민이 더욱 신중하게 고려되어야한다고 권고하였다. 동시에 땅 보유의 문제는 새로운 땅 경작 방법이 농업 부문의 상당한 성장을 자극한다면, 재평가될 수 있다고 보았다.

1930년 8월 22일에 나온 호프심슨 보고서는 계속된 유대이민을 수용할 수 있는 땅이 충분하지 않다고 밝히면서, 유대이민의 중지를 권고하였다. 이 보고서에 대한 응답으로, 유대지도자들은 "팔레스타인의 미래는 농업부문에만 놓여있지 않으며, 호프심슨 보고서는 산업부분에서의 성장을 무시하였다"고 주장하였다.

패스필드 백서는 경작 가능한 땅 부족 때문에, 유대 정착촌이 엄격한 정부의 감독하에서만 허용될 수 있다고 밝혔으나, 영국이 팔레스타인 유대민족고향 건설을 계속 후원해야한다고 주장했다.

전 세계 유대조직들이 이 백서의 유대이민 제한조치에 항의하였으며, 이 백서에 반대하는 영국인들은 영국정책을 더욱 분명히 밝히도록 요구하였다. 그 결과 1931년 2월 13일, 영국 총리 람세이 맥도날드(재임 : 1929년 6월~1935년 7월)는 하임 와이즈만에게 보낸 편지에서 "패스필드 백서는 유대인들의 땅 획득을 금지시키거나 금지시키려는 의도가 없다. 1920년 이후, 영국의 유대이민정책이 실행되고 있으며, 유대이민 제한정책은 불법적인 유대이민을 막고, 합법적인 유대이민을 촉진시키기 위한 것이다"고 밝혔다.

사실상, 1930년 패스필드 백서는 1922년 처칠 백서의 "유대이민자 수를 결정하는 요인은 '팔레스타인의 경제적인 수용능력'이다"라는 것을 되풀이한 것에 불과하다. 이러한 영국 정부의 정책으로 1932년 이후 유대이민은 급격히 증가하였고, 1936년 4월부터 시작된 아랍대반란의 중요한 원인을 제공했다.

3) 1937년 필위원회 보고서: 두 국가 건설/유대국가와 아랍국가

1936년 4월 아랍인들과 유대인들 사이에 심각한 충돌이 발생한 이후, 영국은 필위원회를 설립하였다. 1936년 11월 11일, 이 위원회는 봉기의 원인을 조사하기 위하여 팔레스타인에 도착하였다. 이 위원회는 봉기의 원인과 양 측의 불만을 판단할 임무를 부여받았다. 1937년 1월 8일 하임 와이즈만은 유대인의 입장을 대표하여 팔레스타인 분할안을 찬성하는 연설하였다. 1937년 1월 12일 필 조사 위원회에게 예루살렘 무프티 하지 아민 알 후세이니는 아랍의 땅을 유대인들과 분할하는 것을 반대한다고 밝혔다.

필위원회는 공식적으로 팔레스타인 왕립위원회로 알려졌으며, 필경이 이끄는 영국 왕립조사 위원회로, 1936년에 위임통치 팔레스타인에서 6개월간 지속된 팔레스타인 총파업이후 팔레스타인에 대한 영국의 위임통치에서 불안정성의 원인을 조사하도록 임명되었다.

1937년 7월, 이 위원회는 1936년 아랍 봉기에 대한 보고서에서 위임통치 체제가 작동이 불가능하게 되었다고 밝히면서, 다음 지도 2와 같이 유대국가, 아랍국가, 영국의 위임통치 영역으로 팔레스타인 땅을 분할하는 제안을 하였다. 시온주의자 행정위원회, 영국 정부와 의회는 이 분할안을 찬성하였다.

• 1937년 필위원회 분할안

사실, 이 분할안의 목적은 팔레스타인 땅에 유대국가를 건설하는 것이었다. 반면 독립된 팔레스타인 아랍국가는 존재하지 않고, 할당된 아랍국가영역은 트랜스 요르단과 통합된 아랍국가를 구성하는 것이다. 그 내용은 다음과 같다.

필위원회 분할안은 "예루살렘, 베들레헴, 자파는 계속해서 영국의 위임통치하에 존재한다. 트랜스 요르단과 팔레스타인 지역을 통합한 하나의 아랍 국가를 건설할 것이다. 이 계획이 실행되는 경우에, 아랍 국가는 유대국가로부터 보조금을 받을 것이고, 영국재무부로부터 200만 파운드를 받을 것이다.[iii] 유대국가에 할당된 지역 내의 팔레스타인인들은 강제로 이주될 것이다. 유대인들은 유대민족 고향이라고 부르는 지역을 유대국가로 전환시킬 수 있다. 이들은 팔레스타인 땅에 유대국가 건설이라는 시온주의의 주요한 목적을 성취할 것이다"고 밝혔다.

오늘날 계속되는 팔레스타인 문제의 주요소를 구성하는 '두 국가 해결안, 땅 분할과 추방된 팔레스타인 난민문제'가 필위원회 분할 안에서 시작되었다.

당연하게도 1937년 7월 23일 아랍고등위원회는 필위원회의 제안을 거부하고, 독립 팔레스타인 국가를 요구하면서, "독립 팔레스타인 국가 안에서 합법적인 유대인들과 소수자들의 권리뿐만 아닐 영국의 이익이 보장될 것"이라고 주장했다. 이와 같이 팔레스타인인들은 전 팔레스타인의 거의 33% 지역에 시온주의자 국가건설이라는 개념과 시온주의자 국가건설이 수반하는 수십만 명 팔레스타인 아랍인의 추방을 단호하게 거부하였다.

1937년 8월 와이즈만을 비롯한 시온주의자 조직은 필위원회 분할안을 '원칙적'으로는 수용하였다. 특히 벤 구리온은 이 분할안을 환영하면서, 그의 일기에 "필위원회의 분할안은 우리가 이전에 결코 가져본 적이 없는 어떤 것을 우리에게 줄 것이다"라고 썼다.

반면 수정주의운동의 지도자인 제브 야보틴스키 같은 이르군(1931년 하가나에서 분리된 무장단체)의 멤버들은 필위원회의 제안을 거부하면서, 밸푸어 선언에서 밝힌 유대고향은 팔레스타인 전역과 트랜스 요르단을 포함한다고 주장하였다.

이후 이 필위원회의 팔레스타인 분할 안이 제기된 이후, 1938년 우드헤드 분할안, 유대인들이 제안한 분할 안 등 다양한 팔레스타인 땅 분할 안 등 다양한 분할

---

iii) 트랜스 요르단은 1921년부터 1937년 7월까지 영국으로부터 총 125만 3천 파운드, 연간 평균 7만 8천 파운드를 보조금으로 받았다(The Peel Commission Partition Plans 1937).

안들이 등장하였다.

4) 1939년 5월 맥도날드 백서: 한 국가 건설/독립 팔레스타인 국가 건설

총리 네빌 챔버레인이 주도하는 영국 정부는 1936~1939년 아랍 반란에 대한 대응 정책보고서로 1939년 5월 23일 하원의 승인으로 맥도날드 백서를 발행하였다. 이 백서는 1939년부터 1948년 영국이 팔레스타인에서 철수할 때까지, 영국 위임통치 정부의 팔레스타인 정책이었다.

1939년 2월 7일 런던에서 영국 정부는 총리 아더 네빌 챔버레인, 외무장관 할리 팍스경, 식민성장관인 말콤 맥도날드와 유대인들, 팔레스타인인들과 이집트, 예멘, 사우디아라비아, 이라크, 트랜스 요르단인들이 팔레스타인으로의 유대이민과 불법적인 땅 판매에 대한 회의를 개최하였다. 영국 정부는 이 회의가 협정을 만들어 낼 수 없다면, 영국이 만들어낸 정책을 실행시킬 것이라고 선언하였다. 이 회의는 끝내 합의를 이끌어내지 못하고, 3월 7일에 끝났다.

결국 팔레스타인인들이나 유대인들과 합의 없이, 1939년 5월 23일 영국하원은 맥도날드 백서를 268-197로 통과시켜 공표하였다. 이 백서는 1937년 필위원회 분할구상을 포기하는 것이었으며, 대신에 인구비율에 따른 팔레스타인 아랍인들과 유대인들이 통치하는 독립 팔레스타인국가 창설을 제시했다.

맥도날드 백서의 포괄적인 목적은 영국 위임통치 종결을 준비하면서, 10년 내에 아랍인들과 유대인들이 인구비율에 따라 공동통치하는 하나의 독립 팔레스타인 국가를 수립하는 것이었다.

이 백서는 팔레스타인인들과 유대인들로부터 강력한 반대에 직면하였다. 팔레스타인인들은 인구비율에 따른 유대인들과의 공동통치가 팔레스타인인들의 주권을 손상시키는 것이라고 반대하였고, 유대인들은 유대인 이민 수 제한에 대하여 반대하였다.

○ 1부. 헌장 : 45만 명 이상의 유대인들이 위임통치 지역에 정착함으로써, '유대민족고향건설'에 관한 밸푸어 선언은 이미 성취됨.
10년 이내에 아랍인들과 유대인들이 인구비율에 따라 공동으로 통치하는 독립 팔레스타인국가건설을 요청.
○ 2부. 이민 : 5년(1940~1944) 동안, 최대 7만 5천 명의 유대이민 할당. 1944년 이후의 유대이민은 아랍인들의 동의에 따름.
○ 3부. 땅 : 유대인의 아랍인 땅 구입권리 제한.

1939년 9월 1일 독일의 폴란드 침공에 맞서 영국과 프랑스가 대독선전 포고를 함으로써 2차 세계대전이 발발하면서, 맥도날드 백서는 효력을 발휘하지 못했다. 1945년 9월 2일, 2차 세계대전이 종결되었고, 1945년 10월 24일 유엔이 창립되면서, 팔레스타인 위임통치 문제는 유엔에 회부되었다.

5) 1946년 7월 영-미 합동 조사위원회 보고서

2차 세계대전 이후 1946년 영-미 합동 조사위원회의 활동 결과 다양한 계획들이 소개되었다. 영국과 미국은 1946년 4월에 팔레스타인 조사위원회를 파견하였다. 영국 노동당 정부를 대표하는 헐버트 모리슨과 미국을 대표하는 헨리 그래디가 이 조사위원회를 이끌었고, 7월에 런던에서 이 조사위원회 보고서, 모리슨-그래디 계획을 작성하였다. 이 계획은 영국 관리 하에 두 영역, 즉 '반(半)자율적인 유대인 영역과 아랍인 영역으로 구성되는 하나의 연방국가 안과 예루살렘과 네게브는 영국의 직접 통치하에 존재한다는 구상'을 제안하였다. 영국 고등 판무관은 국방, 외교, 관세, 이민에 대한 관리권을 갖는다. 이 계획은 1년에 10만 명의 유대인들이 팔레스타인으로 이주하도록 요청하였다. 이 계획은 팔레스타인에 대한 영국 지배의 증가를 의미한다. 그러나 팔레스타인 아랍인들과 유대인들은 이 안을 거부하였다.

□ 성공한 시온주의 프로젝트

영국의 시온주의 프로젝트는 전략적 요충지인 팔레스타인에 대한 지배권을 장악하기 위한 것이며, 명시적으로는 팔레스타인에 유대민족고향 또는 유대국가 건설을 목표로 제시했다. 영국 시온주의자들이 1920년 국제연맹(1920~1946) 활동을 통해서 영국에게 팔레스타인 통치를 할당함으로써 시온주의 프로젝트를 본격적인 궤도에 올려놓았다.

팔레스타인 위임통치 정부는 시온주의 프로젝트에 저항하는 아랍봉기의 원인을 조사하기 위하여 1921년 헤이크래프트위원회, 1930년 쇼우위원회, 1936년 필위원회 등 아랍봉기에 대한 조사위원회를 조직하고, 1922년 처칠 백서, 1930년 패스필드 백서, 1939년 5월 맥도날드 백서 등 영국 정부의 대응정책들을 내놓았다. 이러한 영국대응정책들의 공통점은 대다수가 이주민으로 구성된 유대인에게 하나의 국가구성 단위로서 민족이라는 정체성과 팔레스타인 땅에 대한 합법적인 주권을 부여한 반면, 원주민 팔레스타인 아랍인들의 주권을 박탈하는 것이었다. 따라서 원주민인 팔레스타인 아랍인들은 영국이 제시한 이 모든 정책안을 반대하였다.

이 과정에서 영국 정부의 시온주의 프로젝트 추진에 일진일퇴가 있었다. 그러나 1945년에 이르러 시온주의 프로젝트는 저항하는 팔레스타인 아랍인들을 거의 완벽하게 무력화시키면서, 시온주의자들이 목표로 제시했던 유대이민자 규모를 포함한 '1920년 와이즈만의 유대민족고향 건설계획'을 초과달성하였다.

1945년 10월 새로 발족된 미국이 주도하는 국제연합(유엔)이 팔레스타인문제를 처리하게 되었다. 1947년 11월 29일 유엔은 총회 결의 181호에서 56.47%를 유대국가, 42.88%를 아랍국가, 0.65%를 유엔대표가 관리하는 예루살렘시(City of Jerusalem)로 분할하였다.

이 181호 결의안은 1948년 10월 1일까지 유대국가와 아랍국가건설 완료를 요구하였다. 사실상, 181호 결의는 팔레스타인 땅을 유대국가, 아랍국가, 영국 위임 통치 영역으로 분할할 것을 제시한 1937년 필위원회 분할안의 기본구조를 따른 것이다.

유대인들은 영국 위임통치 종결 8시간 전인 1948년 5월 14일 오후 4시에 국민 평의회 의장인 데이비드 벤 구리온이 이스라엘국가의 창설을 선언하고 12명의 각료로 임시정부를 수립하였다. 이스라엘 국가 창설 다음 날인 5월 15일에 미국이, 3일 후인 5월 18일에 소련이 이스라엘 국가를 공식적으로 승인하였다.

팔레스타인인들도 1948년 9월 22일 아랍고등위원회가 팔레스타인 정부를 구성하여, 10월 1일 가자에서 팔레스타인 민족회의(PNC)를iv) 소집하여 팔레스타인 독립을 선언하고, 팔레스타인 정부 임시법령을 선포하였다. 1948년 10월 15일 이집트, 시리아, 레바논, 사우디아라비아, 예멘은 팔레스타인 국가를 승인하였다. 그러나 미국, 영국 등 강대국들과 트랜스 요르단, 이라크 등은 팔레스타인 국가를 승인하지 않았다. 뿐만 아니라 1948~1949년 전쟁에서 트랜스 요르단이 동예루살렘과 서안을 요르단으로 통합하였고 이집트가 가자를 점령하였다. 이로써 '1937년 필 분할안이 제시한 유대국가와 통합된 아랍국가'라는 두 국가 안이 일부 성취된 것처럼 보였다.

결국 1948년 이스라엘국가 건설과 함께 팔레스타인 땅에 유대국가 건설이라는 영국 시온주의 프로젝트의 명시적인 목표가 달성되었고, 2018년 현재까지 계속되는 이스라엘/팔레스타인의 분쟁구조가 창출되었다.

---

iv) 팔레스타인 민족회의는 1964년 예루살렘 회의에서 PLO를 창설하였다. 현재 팔레스타인 민족회의는 PLO의 입법 기구이며, 전 세계 팔레스타인인들을 대표하는 정책 결정권자로, PLO 집행위원회를 선출한다. 2017년 현재 669명의 회원으로 구성되며, 2년 마다 회의가 개최된다.

제4장
팔레스타인 국가라는 신기루*

□ '두 국가 해결안'이라는 환상

2014년 4월 팔레스타인 자치정부 수반 마흐무드 압바스는 "팔레스타인 국가건설을 위한 이스라엘–팔레스타인 협상이 최종적으로 실패한다면, 팔레스타인 당국을 해체하고 서안 팔레스타인 주민들에 대한 안보, 보건, 교육, 경제 복지에 대한 책임을 이스라엘에게 완전히 넘기겠다"고 이스라엘을 위협하였다.

2015년 12월 21일 마흐무드 압바스는 "더 이상 누구도 '팔레스타인 자치정부'라는 이름을 사

• 팔레스타인 자치정부 여권/여행 증명서

---

* 이 글은 『한국중동학회논총』 제37권 제1호, 2016년 06월, 77~106쪽에 게재된 논문을 수정 보완한 것임.

용하는 것을 용납하지 않을 것이다. 2016년 내에 팔레스타인 자치정부 여권/여행증명서를i) 대체하는 '팔레스타인국가' 여권을 발행할 것이다. 우리는 이미 주요 부처와 공공 부문에서 '팔레스타인 국가'라는 이름을 사용한다"라고 밝혔다.

여권은 국가 사이에서 국가지위를 대변하는 중요한 상징이다. 1995년 5월 이후 팔레스타인자치정부는 서안과 가자에 거주하는 팔레스타인인들의 해외여행을 위하여 여권/여행증명서를 발행하기 시작하였다.

1993년 이후, 팔레스타인 해방기구(PLO)ii)와 팔레스타인 자치정부 소속 팔레스타인 협상 대표들은 '최종적인 이스라엘-팔레스타인 협상 결과가 서안, 가자, 동

---

i) 여권(Passport)은 국적(Nationality)을 명기한 가장 일반적인 여행증명서(travel document)다. 그런데 여권과 구분해서 사용하는 '여행증명서'라는 용어는 보통 난민 여행증명서 등 보통 국적증명을 포함하지 않는 경우에 사용된다.

ii) 1964년 5월 28일~6월 2일 예루살렘에서 개최된 팔레스타인 민족회의(PNC)가 PLO를 창설하였다. PLO는 다양한 팔레스타인 파벌들이 연합한 조직이여, 그 중 가장 큰 파벌은 파타이다.
1974년 10월 14일 유엔 총회 결의 3210호는 PLO를 팔레스타인인들의 단독대표로 인정하면서 '옵저버 단체' 지위를 부여하였다. 같은 해 10월 28일 아랍연맹도 PLO를 팔레스타인인들의 단독대표로 인정하였다. PLO의 목표는 '무장 투쟁을 통한 팔레스타인 해방'이었고, 오슬로 협상 때까지 유지되었다. 1993년 오슬로 협정을 체결과 함께, PLO는 공식적으로 무장투쟁을 포기하고, 유엔 안보리 결의 242호와 338호를 수용하면서 '협상과 외교를 유일한 공식적인 정책'으로 채택하였다. 이 때부터, 이스라엘과 미국은 PLO를 팔레스타인인들의 대표로 공식적으로 인정하였다.

PLO 의장	재임 기간
아흐마드 슈케이리	1964.06.10~1967.12.24
야히야 함무다	1967.12.24~1969.02.03
야세르 아라파트	1969.02.04~2004.11.11
마흐무드 압바스	2004.10.29~현재 * 압바스가 2004년 10월 29일부터 2004년 11월 11일까지 아라파트 PLO 의장을 대신해서 활동

예루살렘 지역에 팔레스타인 국가가 건설'할 것처럼 선전해왔다.

그러나 최근 팔레스타인 여론조사 기구가 보여주는 자료는 팔레스타인인들이 더 이상 팔레스타인 국가 건설을 내세운 이스라엘-팔레스타인 협상을 지지하지 않다는 것을 보여준다.

2015년 10월 라말라 소재 팔레스타인 정책과 조사 연구 센터(PCPSR)가 내놓은 여론 조사 자료는 다음과 같다.

2015년 팔레스타인 여론 조사

○ 팔레스타인인 80%는 팔레스타인이 '제1의 아랍대의'라고 믿지 않는다(사실상, 아랍 국가들은 팔레스타인 문제에 관심 없다).

○ PLO와 PLO 집행위원회에 대한 팔레스타인인들의 불신이 증가하고 있으며, 67%는 팔레스타인 자치정부가 이스라엘 정착민들의 테러리즘으로부터 팔레스타인인들을 보호한다고 믿지 않는다. 게다가 65%는 팔레스타인 자치정부 수반 마흐무드 압바스의 사임을 요구한다. 51%는 팔레스타인 자치정부 해체를 주장하고, 57%는 무장 봉기를 지지한다.

○ 팔레스타인인 52%는 두 국가 해결안(이스라엘과 병존하는 팔레스타인국가 건설)을 가장 중요한 목표로 생각하지 않는다. 즉 30%는 1948년 이스라엘 국가가 창설된 도시와 마을들(현재 이스라엘 내부)로 난민 귀환권을 획득하는 것이 가장 필수적인 목표라고 생각한다. 13%는 이슬람의 가르침을 적용하는 경건하고 도덕적이며, 종교적인 가르침을 존중하는 사회를 건설하는 것이 가장 중요하다고 믿는다. 9%는 팔레스타인인들의 자유와 권리를 존중하는 민주적인 정치제도를 수립하는 것이 가장 중요한 목표라고 믿는다.

○ 팔레스타인인 48%만이 1967년 점령지인 동예루살렘, 서안, 가자에서 이스라엘 점령종식과 동예루살렘을 수도로 서안, 가자에 팔레스타인국가 건설을 가장 필수적인 목표라고 생각한다.

이제 팔레스타인 다수는 이스라엘-팔레스타인 협상을 통한 두 국가 해결안을 현실적이라고 생각하지 않는다. 따라서 1993년부터 이스라엘-PLO, 팔레스타인 자치정부 협상을 실질적으로 이끌어 온 팔레스타인 자치정부 수반 마흐무드 압바스는 체제는 심각한 붕괴 위기에 직면한 것으로 보인다.

그런데, 2012년 10월 전임 미 국무장관 키신저는 "이스라엘은 10년 이내에 더 이상 존재하지 않을 것이다"라고 주장하면서, 현실적으로 이스라엘 역시 해체 위험에 직면해 있다고 예측하였다.

사실, 현재 이스라엘 내부에 있는 이스라엘 국적자 아랍인, 서안 가자 팔레스타인인들을 합치면 이스라엘 유대인과 거의 같은 수다. 게다가 1948년과 1967년 전쟁으로 발생된 팔레스타인 난민을 합치면 팔레스타인인들은 이스라엘 유대인의 2배가 넘는 상황이고, 따라서 팔레스타인 자치정부가 붕괴된다면, 팔레스타인인들은 인구적으로 이스라엘에 폭발적인 영향을 미칠 것이고, 이스라엘의 유대 국가로서의 정체성은 해체될 수밖에 없는 운명이다.

2016년 이스라엘 정부는 팔레스타인 자치정부 붕괴 이후에 출현할 수 있는 다양한 시나리오에 대하여 논의하는 것으로 알려졌다.

이렇게 논의되는 시나리오의 핵심에는 팔레스타인인들의 '국적과 시민권' 문제가 존재한다. 이 문제는 1차 세계대전 이후 영국의 팔레스타인 위임통치 정부가 유대인들을 대거 팔레스타인으로 이주시키고, 유대인들에게 '팔레스타인 시민권'을 부여하면서 촉발되었다.

1925년 영국 정부는 팔레스타인 독립국가가 존재하지 않는 상태에서 팔레스타인 정체성을 부여하는 긴급 팔레스타인 시민권 칙령(the Palestine Citizenship Order-in-Council)을 제정하였다. 그러나 오늘날까지 현실적으로 독립적인 팔레스타인 국가는 존재하지 않으며, 팔레스타인인들의 국적/시민권은 여전히 불안정한 상황에 처해있다.

다음 글은 1차 세계대전 이후, '영국 정부의 팔레스타인 시민 만들기', 2차 세계대전 이후, '이스라엘 국민 만들기', 이스라엘 국적법 발효 이후, '팔레스타인인들의 국적과 신분증', '팔레스타인인들의 국적 및 시민권 취득 가능성'으로 구성된다.

□ 영국 정부의 '팔레스타인 시민' 만들기

1869년 1월 19일 오스만제국이 제정한 오스만 국적법에 따라, 팔레스타인 주민들은 오스만제국의 신민들이 되었다. 1917년 12월 9일 영국 에드몬드 알렌비 장군이 팔레스타인을 정복하면서, 팔레스타인 주민들의 지위

• 1917년 12월 9일, 예루살렘 자파게이트 앞 알레비 장군과 인도인 부대
(http://www.jpost.com/Opinion/1917-and-the-liberation-of-Jerusalem-514659)

는 극적인 변화를 겪게 되었다.

1. 팔레스타인 여행증명서 발행

1917년 12월 9일 영국의 예루살렘 점령 이후, 1925년까지 8년 동안 팔레스타인 주민들의 국적이 변하는 과정에 있었음에도 불구하고, 이 기간에 실행된 영국 정책은 팔레스타인 원주민과 이민자들의 미래를 결정하는 기본 구조를 창출하였다. 특히 영국 정부의 팔레스타인 여행증명서 발행은 팔레스타인으로 유대 이민자들을 유인하는 매우 중요한 정책이었다.

영국 통치 시기별 여행증명서/여권 유형은 다음과 같다.

ㅇ 1918~1920년: 영국의 팔레스타인군부 통치시기에 주로 이집트원정대가 '영국 군정 당국 여행증명서(laissez-passer)'를 발행했으나, 민간 지역 당국이 발행한 증명서들도 있다. 이것은 영국 당국자들이 발행한 최초의 공식 여행증명서였다.

ㅇ 1921~1927년: 영국 민간 정부가 여행증명서를 발행하였다. 영사관이 발행한 증명서는 매우 희귀하다. 군부 통치 종결과 1920년부터 1948년까지 지속된 민간 행정부의 시작이었다. 이 시기 동안에, 여권은 다양한 변화를 경험하였다. 영국은 1920~1921년 말까지 여행증명서를 발행하였고, 이것은 갈색 가죽 겉장으로 접힌 한 장으로 되어 있었다. 처음 위임 통치 시기 몇 년 동안, 팔레스타인 내부와 외부에서 다양한 팔레스타인 여행증명서가 출현하였다. 그 이유는 이민 여행부와 영국 해외 영사관들이 팔레스타인으로 이민 오기를 원하고, 팔레스타인 시민

• 1920년 이집트원정대의 영국군정 당국 여행증명서 (http://www.britishempire.co.uk/maproom/palestine/laissezpasser1.htm)

권을 선택했던 사람들에게 팔레스타인 여행증명서를 발행해 주었다.

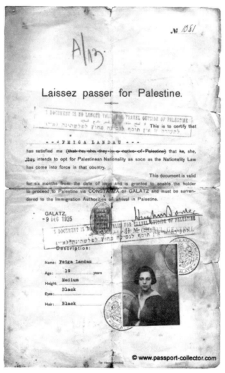

• 1924년 긴급 여행증명서 (https://en.wikipedia.
org/wiki/Mandatory_Palestine_passport#/media/
File:1924_Palestine_travel_document.jpg)

• 1925년 팔레스타인 여행증명서
(https://www.passport-collector.com/palestine-
passport-history/)

    1924년 10월 17일에 영국의 팔레스타인 정부가 러시아 국적자에게 발행한 '긴급 여행증명서'는 발행일로부터 1년간 유효한 단기 여행증명서로, "유럽 여행과 팔레스타인으로의 귀환 용도에만 유효하다"고 명시하고 있다.[13]

    1925년에 발행된 팔레스타인행 여행증명서에는 "이 증명서 소지자가 팔레스타인에서 국적법이 발효되자마자, 그 국적을 선택할 의사가 있다"고 쓰여 있다. 다시 말하면, 팔레스타인 국적을 선택하는 것은 이 여행증명서 발행 조건이었다.

    ○ 1925~1948년: 영국 위임통치가 발행한 갈색 겉장으로 된 팔레스타인 여권

• 1925~1948년 영국의 팔레스타인 여권

이 있다. 1925년 갈색 겉장으로 된 영국의 팔레스타인 여권(British Passport, Palestine)이 발행되기 시작하여 1948년까지 영국 위임통치 팔레스타인에서 표준적으로 사용되었다.

'영국 위임통치 팔레스타인'에서 태어난 사람의 출생증명서에서 태어난 곳은 팔레스타인으로 명기되었다. 예를 들면, 팔레스타인 예루살렘이다. 영국 법에 따르면, '위임통치 팔레스타인'은 영국의 일부가 아니었다.

팔레스타인이 그 자체로 국가가 아니었음에도 불구하고, 영국 군대, 해외 국가 공무원, 식민지 공무원, 외교관 등 영국 공무원들을 제외하고, 그 곳에 거주하는 원주민 아랍인과 이주자 유대인들은 모두 '팔레스타인 시민'이었다. 1926년과 1935년 사이에 7만 개의 위임통치 팔레스타인 여권이 발행되었다. 1948년 5월 15일 영국 위임통치 종결과 함께, 팔레스타인 고등 판무관이 발행한 이 여권들은 무효 되었다.

결국 영국은 팔레스타인 통치 기간 동안에 외국인 유대인들에게 팔레스타인 국적 취득을 조건으로 팔레스타인 여행증명서를 발행하였고, 외국인 유대인을 팔레스타인으로 이주시킴으로써, 이주한 유대인이 통치하는 팔레스타인 독립국가 수립을 목표로 일관성 있는 정책을 실행시켰다.

2. 팔레스타인 시민권 칙령

1) 1922년 팔레스타인 위임통치령

1917년 영국의 팔레스타인 점령시기부터 1925년 긴급 팔레스타인 시민권 칙령(the Palestine Citizenship Order-in-Council) 제정까지 팔레스타인 주민들의 국적은 전환기에 있었다. 1922년 5월 국제연맹이 채택한 팔레스타인 위임통치령과 1923년 7월 체결된 로잔조약은 국제적인 차원에서 팔레스타인 주민에게 국적을 승인하였지만, 당시 팔레스타인 국적에 관한 포괄적인 내부 규정이 없었다.

국제연맹의 다른 위임통치령들과는 달리, 1922년 영국 팔레스타인 위임통치 당국은 분명하게 팔레스타인 국적법 제정을 준비하였고, 팔레스타인 영주권을 가진 유대인들이 팔레스타인 시민권 획득할 수 있도록 특별 규정들을 포함했다. 팔레스타인에서 유대인들을 위한 민족고향 설립은 팔레스타인 위임통치령 서문에 명시된 영국 위임통치의 목표였다.

1922년 당시 팔레스타인 유대공동체 인구는 기껏해야 팔레스타인 전체 인구 중 11%(83,790명), 팔레스타인 무슬림 인구는 78%(589,177명), 팔레스타인 기독교인은 10%(71,464명)를 차지했다. 그럼에도 불구하고, 1922년 7월 24일 국제연맹회의가 결의한 '팔레스타인 위임통치령'은 '비유대 공동체'라는 단어 이외에 아랍인들, 무슬림과 기독교인들의 권리에 대한 특별한 언급은 없다. 반면 '팔레스타인 위임통치 정부에게 유대이민자를 위하여 밸푸어 선언을 실행시킬 책임이 있다'고 다음과 같이 명시하고 있다.

1922년 7월 24일 국제연맹회의 '팔레스타인 위임통치령'

○ 서문 : 팔레스타인에 존재하는 비-유대 공동체의 시민권과 종교적 권리와 다른 나라에서 유대인들이 누려왔던 권리와 정치적 지위를 침해하지 말아야 한다.
팔레스타인에 유대민족의 역사적인 관계가 있고, 팔레스타인에 유대민족고향 재건을 승인한다.
○ 4항 : 적당한 유대 기구가 유대민족고향 건설과 팔레스타인 유대주민의 이익에 영향을 줄 수 있는 문제들과 경제적, 사회적 문제들에서 팔레스타인 행정부와 협력하기 위한 공공단체로서 인정받아야 한다.
시온주의자 기구와 영국 정부가 협력하여 유대민족고향 건설하기 위하여 모든 유대인들의 협력을 이끌어내야 한다.

특히 이 위임통치령 7항이 "팔레스타인 위임통치 정부는 '국적법제정'을 책임 져야한다. 이 국적법은 팔레스타인 영주권을 획득한 유대인들의 '팔레스타인 시민권 취득'을 촉진시키기 위한 규정들을 포함해야 한다"고 명시했다는 것을 주목 해야한다.14)

이 위임통치령 7항은 '국적(nationality)'과 '시민권(citizenship)' 용어 둘 다 사용한 다. '국적'은 개인과 민족(종족) 사이의 관계를 말하는 것이고, '시민권'은 문제의 소 지가 있는 '국적'이라는 단어가 연상시킬 수 있는 소속 '종족 공동체'에 관계없이 같은 정치조직에 소속된 똑같은 개인 구성원들을 지칭한다. 따라서 시민권이 뜻 하는 바는 다른 민족들이, 즉 원주민 아랍인과 이민자 유대인들이 팔레스타인에 서 공존해야 한다는 것이었다. 위임통치령 서문 "팔레스타인에 존재하는 비유대 공동체들의 시민권과 종교적 권리와, 어떤 다른 국가에서 유대인들이 누려왔던 권리와 정치적 지위를 침해해서는 안 된다"는 구절은 단지 1917년 11월 밸푸어 선 언을 되풀이 했을 뿐이었다.

밸푸어 선언은 편지 형식으로 영국 정부를 대신해서 외상 아더 제임스 밸푸어 가 영국 유대인 공동체 지도자 로스차일드를 통해서 시온주의자 연맹(유대인의 민족 고향 수립을 위하여 1899년 창립)에게 보낸 것이다. 이 선언을 영국 내각이 이미 승인했 고, 영국 정부가 팔레스타인에 유대민족고향 건설을 위해서 최선을 다한다는 내 용을 명시하였다. 이것은 위임통치령 서문의 내용과 정확하게 일치한다. 결국 팔 레스타인 위임통치는 영국의 정책인 밸푸어 선언을 실행하는 과정이었으며, 위임통치령의 '국적법과 팔레스타인 시민권 규정' 제정 요구는 이민자 유대인들에게 합법적으로 팔레스타인 국적을 부여하기 위한 것이었다.

2) 1925년 팔레스타인 시민권 칙령
: 원주민과 이민자 유대인에게 팔레스타인 시민권 부여

영국 정부는 팔레스타인 국적법을 만들기 위하여 1923년 7월 24일 로잔조약을 체결하고 집행을 기다렸다. 로잔 조약 30항은 "터키로부터 분리된 영토에 상시적으로 거주하던 터키 신민들은 현지법에 따라 이 영토가 이양된 국가의 국민이 될 것이다"라고 규정함으로써, 오스만제국 신민 국적을 무효화하고, 새로운 국가의 국적을 부여할 수 있는 길을 터놓았다.

이 로잔 조약의 후속 조치로, 1925년 7월 24일, 조지 5세는 긴급 팔레스타인 시민권 칙령을 승인하였고, 1925년 8월 1일 긴급 팔레스타인 시민권 칙령이 발효되었다. 이것은 그 당시 영국의 위임통치 지역에서 영국이 제정한 유일한 시민권 칙령이었다. 이와 같이 팔레스타인에서는 영국 팔레스타인 위임통치 정부가 아니라, 영국 본국정부가 직접 팔레스타인 시민권 칙령을 제정하였다. 그러나 팔레스타인 상황과는 달리, 이라크, 트랜스 요르단에서는 영국 위임통치 당국에 공식적인 구성원인 지역 아랍 당국자들이 국적법을 제정하였다.

1924년 중엽까지, 팔레스타인 시민권을 규정하는 시민권 칙령 초안에 '긴급 팔레스타인 국적 칙령(the Palestinian Nationality Order-in-Council)'이라는 제목이 달려 있었다는 것을 주목할 필요가 있다. 복잡한 문제를 피하기 위하여 1924년 5월에 영국 식민성 관리들이 '긴급 팔레스타인 국적 칙령'을 '긴급 팔레스타인 시민권 칙령(the Palestinian Citizenship Order-in-Council)'으로 변경하도록 권고하였다. 1924년 7월경에, '국적(Nationality)'을 포함한 초안 칙령이 지워지고 '시민권(Citizenship)'으로 대체되었다. 이 칙령이 통과되기 직전에, 영국 식민성(Colonial office)은 '신민(subject)'을 모두 '시민(citizen)'으로 변경하고, 로잔 조약의 '국민(national)'이 시민권 칙령에서는 '신민과 시민'을 모두 의미한다고 기록했다.

1925년 이 팔레스타인 시민권 칙령이 발효됨에 따라, 영국의 팔레스타인 위임통치 정부가 팔레스타인 시민권을 처음으로 만들어 냈다. 이제 팔레스타인 위임통치 영역에 거주하는 오스만제국의 신민들이 팔레스타인 시민권자가 되었다.

1925년 긴급 팔레스타인 시민권 칙령은 1925년 8월 1일 팔레스타인에 거주하던 오스만제국 신민들을 '팔레스타인인들'이라고 명시하면서, 출생과 귀화에 의한 팔레스타인 시민권 취득 요건을 밝히고 있다.

1925년 팔레스타인 시민권 칙령

○ 1항 : 1925년 8월 1일에 팔레스타인에 상시적으로 거주하는 오스만제국 신민들은 팔레스타인인들이다.

○ 2항 : 팔레스타인에서 태어났지만, 1925년 8월 1일에 팔레스타인에 상시적으로 거주하지 않는 오스만제국 신민들은 팔레스타인 시민권을 신청할 수 있다. 영국의 위임통치 팔레스타인 정부는 이 신청을 수용하거나 거부할 권리가 있다.

○ 3~6항 : 출생에 의한 시민권 취득

▶ 아버지가 팔레스타인인이며, 합법적인 결혼에서 팔레스타인에서 태어난 자

▶ 아버지가 팔레스타인인이거나 귀화한자와 합법적인 결혼에서 팔레스타인 밖에서 태어난 자

▶ 합법적/불법적 결혼에서 팔레스타인에서 태어났으나, 다른 국적을 취득하지 않은 자

○ 7~11항 : 귀화에 의한 시민권 취득

귀화한 팔레스타인인은 누구든지 팔레스타인 시민들과 똑 같은 권리와 의무를 갖는다. 고등판무관은 다음을 입증한 사람들에게 귀화 증명서를 발행한다.

▶귀화 신청하기 전에 적어도 2~3년 동안 팔레스타인에서 거주한 자

▶도덕적으로 표준적이고, 세 개의 공식적인 위임통치 정부의 언어들, 영어, 아랍어, 히브리어 중 하나에 대한 충분한 지식이 있는 자

▶귀화 신청이 수용되면, 팔레스타인에서 거주할 의사가 있는 자

○ 12~13항 : 결혼에 의한 시민권 취득

팔레스타인인의 부인은 팔레스타인인이고, 외국인의 부인은 외국인이다.

외국인과 결혼한 팔레스타인 여자는 팔레스타인 시민권을 자동적으로 상실하지 않는다. 그러나 외국인 남편의 시민권을 취득했을 때는 상실한다. 이 규정은 이중 국적을 금지하는 것이다.

1925년 시민권 칙령에 따르면, 팔레스타인에 거주하는 오스만제국의 신민들이 '팔레스타인 시민'으로 간주된다. 그러나 이 칙령은 새로 이민 온 시온주의자들이 팔레스타인 시민권을 획득하고, 오스만-팔레스타인인들이 다른 시민권을 획득하도록 법률적 수단을 부여하였다. 즉, 이 시민권 칙령은 팔레스타인에서 태어난 사람과 귀화한 팔레스타인 시민을 차별하지 않았을 뿐만 아니라, 귀화한 유대인들의 팔레스타인 시민권 획득을 수월하게 만들었다.

팔레스타인 시민권 칙령은 1931년에 다시 수정되었다. 이 수정안으로 1924년 로잔 조약이 발효된 날에 팔레스타인에 상시적으로 거주한 모든 오스만제국 신민들과, 1925년 8월 1일 팔레스타인 시민법이 발효된 날에 해외에 거주한 사람들은 팔레스타인 시민권을 받았다. 그러나 이 수정안은 1924년 8월 6일에 로잔 조약이 발효된 날에 해외에 살던 일부 팔레스타인인들을 포함하지 않았다. 이 규정은 1935년, 1939년, 1941년에 다시 수정되었다. 이 수정안은 다른 국가의 시민권을 획득한 팔레스타인인들에게도 권리를 주었으나, 팔레스타인 시민권을 신청할 수 있는 팔레스타인과의 어떤 관계를 유지해야만 했다. 수정안들은 유대 이민자들이 직면한 문제들을 해결하는 것이었고, 아랍인들에게 거의 혜택을 주지 않았다.

전임 팔레스타인 법무장관 노르만 벤위츠(1930년 팔레스타인 시민권 칙령 수정안 초안 작성)가 시민권에 대하여 쓴 글은 오리엔탈리즘에 근거를 둔 설명을 제시하였다. 1939년 벤위츠는 최종적인 칙령에서 전문용어의 '동양적'인 차이 때문에 시민(citizen)과 시민권(citizenship)이 국민(national)과 국적(nationality)을 대체한다고 썼다. 그에 따르면, 동양 국가들에서 시민권은 국가에 대한 충성을 의미했다. 반면 국적은 인종과 종교의 문제였다. 벤위츠는 "아랍인들과 유대인들은 동등하게 팔레스타인 시민들(Palestinian citizens)이다. 그러나 그들은 둘 다 각각 아랍 국적과 유대 국적을 갖겠다고 주장했다"고 썼다.

팔레스타인 시민권 칙령은 팔레스타인 시민들에게 영국 시민들이 갖는 시민들(citizens)로서 권리들, 경계, 조약, 교육 문제, 공공사업, 선거법, 조세와 무역법 등에 대한 권리와 자국 정부에 대한 통제권 등을 인정하지 않았다.[iii]

팔레스타인 시민권은 지위에 대한 법률적인 증명서일 뿐, 영국의 자유주의적이고, 공화적이며 '서양적' 시민권 개념을 반영하지는 않았다. 팔레스타인인들의 담론에서, 국적은 법률적인 시민권 개념과 첨예하게 대조된다. 팔레스타인인들에게 분명한 것은 영국이 그들의 법률적인 정체성을 결정한다는 것이었다. 팔레스타인으로부터 영국이 철수하면서, 1948년 이스라엘 국가의 창설되었고, 국제적으로 승인받았던 팔레스타인 시민권도 무효화되었다.

�口 이스라엘 국민 만들기

1. 이스라엘 국가라는 이름 만들기

1948년 5월 14일 이스라엘 국가 창설 선언 며칠 전에, 시온주의자 관리들이 새로운 국가 이름을 결정하기 위해서 만났다. 이와 관련하여 2013년 4월 11일(목) 이스라엘 정부가 기밀 해제한 공문서에 따르면, 팔레스타인 아랍인이며 세파르디

---

iii) 일반적으로 시민권은 개인과 국가와의 관계에서 권리 · 의무에 관한 개념이며, 헌법에 의해 보장된 국민의 여러 권리를 의미한다. 영국에서 시민권은 3단계를 거쳐 발전했다. (1) 18세기, 공민으로서의 시민권: 법 앞에서의 평등, 개인적 자유, 언론, 사상, 종교의 자유, 재산소유와 계약체결의 자유. (2) 19세기, 정치적 시민권: 선거권과 공무원이 될 수 있는 권리, (3) 20세기, 사회적 시민권: 복지국가의 사회복지를 향유하는 완전고용에의 참여.

유대인 베코-살롬 시트리트(1895~1967)를 포함하는 세 명의 관리들이 세 가지 이름, 팔레스타인(Palestine), 시온(Zion), 이스라엘(Israel)을 놓고, 다음과 같이 토론하였다.

"유엔 분할 결의안에 따라서, 아랍국가가 유대국가와 나란히 건설될 것이다. 유대국가는 대규모의 아랍인 소수를 포함할 것이고, 그들의 감정이 고려될 필요가 있다. 이스라엘 땅에 건설될 아랍국가는 미래에 팔레스타인으로 불릴 것이다. 이로 인해서 혼란이 초래될 것이다. 시온이라는 이름은 이미 아랍세계에서 경멸적인 의미를 갖고 있다. 시온이라고 부르는 것은 유대국가에 사는 아랍시민들에게 현실적인 어려움을 불러일으킬 것이다."

이 세 명의 관리들은 '팔레스타인' 곧 창설될 새로운 아랍국가의 이름이 될 것으로 생각했기 때문에 팔레스타인을 이름을 거부하였고, 아랍인들이 '시온'을 경멸적인 용어로 사용되기 때문에 유대국가에 사는 아랍인들을 배려하는 차원에서 시온을 거부하였다. 결국 이들은 가장 편안한 '이스라엘'을 선택하였다.

2. 부재자 재산법과 귀환 법: 원주민 권리 박탈/ 유대 이주민 권리 창출

이집트와의 휴전 협정체결 다음날인 1949년 1월 25일 이스라엘 최초 의회(크네세트) 의원선거에서 120명 의원들이 선출되었다. 동시에 초대 총리로 데이비드 벤 구리온(총리 : 1948년 5월 17일~1954년 1월 26일, 1955년 11월 3일~1963년 6월 26일; 임시 국가 평회의장 : 1948년 5월 14일~1948년 5월 16일), 초대 대통령인 하임 와이즈만(대통령 : 1949년 2월 17일~1952년 11월 9일, 임시 국가평회의장 : 1948년 5월 16일~1949년 2월 17일)이 선출되었다.

1950년 3월 14일 크네세트는 '부재자 재산법(The Absentee's Property Law, 5710-1950)'을 채택하였다. 이 법은 "부재자를 유엔 팔레스타인 분할안이 의결된 날

(1947년 11월 29일)부터 임시 국가평의회가 선언한 비상사태가 끝난 날(1948년 5월 19일)에 이스라엘 지역에 위치한 땅에 대한 법률상 소유자들이면서 다음과 같은 상황에 있는 자들"로 규정했다.

이 부재자 법에 따르면, 부재자의 재산은 그 재산의 점유자에게 귀속되며, 당시 재산 점유자들의 권리는 땅 소유자들의 권리와 같다. 점유자들은 전 재산을 이스라엘 정부에게 팔았다. 이스라엘은 이 부재자 법으로써 손쉽게 원주민 팔레스타인인들의 재산권을 강탈했을 뿐만 아니라, 이들이 팔레스타인이나 본인의 집으로 귀환할 근거를 사실상 없애 버렸다.

부재자 재산법이 규정한 부재자란?

○ 레바논, 이집트, 시리아, 사우디아라비아, 트랜스 요르단, 이라크, 예멘의 국민이거나 시민이었던 자.

○ 위 아랍 국가들 중 한 국가에 있거나, 이스라엘 외부에 위치한 팔레스타인 지역에 있었던 자.

○ '팔레스타인 시민'이지만, 팔레스타인에 있는 본인의 일상적인 거주지를 떠났던 자. '팔레스타인 시민'이란 1925년에 제정되고 1941년까지 수정된 팔레스타인 시민권 칙령의 규정에 따르며, 1947년 11월 29일 혹은 그 이후에 팔레스타인 시민이었던 자.

반면, 1950년 7월 5일 크네세트는 유대인들을 위한 '귀환 법(The Law of Return 5710, 1950)'을 채택하였다. 이 귀환법은 "모든 유대인은 새로운 이주자로서 이스라엘로 돌아올 권리를 가지며, 올레 신분증을 받는다. 이 법이 실행되기 이전에 이주한 유대인들과 이 나라에서 태어난 유대인들은 모두 이 법의 적용을 받는다"고 다음과 같이 규정하였다.

귀환법의 유대 이민 규정

○ 모든 유대인은 올레(an oleh, 이스라엘로 이주하는 유대인)로서 이스라엘에 올 권리를 갖는다.
○ 알리야(Aliyah, 유대인의 이스라엘 이민)는 올레 비자에 의해서 시행된다.
○ 올레 비자는 이스라엘에 정착하기를 원하는 모든 유대인들에게 수여된다.
○ 이스라엘에 도착해서 정착의사를 밝힌 유대인은 올레 신분증을 받는다.

결국 이스라엘 정부는 '부재자 재산법'과 '귀환 법' 제정을 통해서 제도적으로 이스라엘로부터 원주민 팔레스타인인들을 추방시키고, 유대인들을 정착시켰다.

3. 1952년 이스라엘 국적법

이후 1952년 4월 1일까지 크네세트는 국적법(NATIONALITY LAW, 5712-1952)을 통과시켰고, 1952년 7월 14일에 국적법이 발효되었다. 1948년 5월 14일, 영국 위임통치의 종결과 함께 영국 정부가 발행한 팔레스타인 시민권은 이미 효력을 상실한 상태였다. 따라서 1948년 5월 14일부터 1952년 7월 14일까지, 4년 동안의 조정 기간 동안, 엄밀히 말해서 이스라엘 시민들은 없었다.

1952년 국적법은 다음과 같이 귀환, 이스라엘 거주, 출생, 귀화에 의해서 이스라엘 국적 취득이 가능하다고 규정한다.

'이스라엘 국적법'의 국적 취득 조건

○ 귀환 : 1950년 귀환법에 따른 모든 유대인 이주자는 이스라엘 국민이다.
○ 이스라엘 거주 : 유대인이 아니면서, 이스라엘 국가 창설 직전, 팔레스타인 시민권자(a Palestinian citizen)는 다음 조건을 만족 시켰을 때, 이스라엘 국적 취득이 가능하다.

그런데 많은 유대인이 아닌 원주민 팔레스타인 아랍인들은 이스라엘 국적 취득 요건을 충족시키기 힘들었다. 그들은 대부분 영국이 발행한 팔레스타인 시민권을 갖고 있지 않았다. 그 이유는 시민권을 갖고 있던 사람들은 전쟁 동안이나 전쟁이후에도 이스라엘 군대에 들어가도록 강요당했기 때문이었다.

1949년 주민등록 법령에 따라 등록된 주민으로서의 지위를 획득한다는 것도 역시 어려웠다. 왜냐하면, 이스라엘 군대는 많은 팔레스타인 마을들을 등록시키지 않으려고 계획적으로 시도하였다. 합법적 지위를 얻는데 실패한 사람들은 이스라엘 내에 국적없는 사람들로 남아있었다.

□ 팔레스타인인인들의 국적과 신분증

1. 이스라엘이 통제하는 팔레스타인인들의 신분증

1952년 국적법이 발효되면서, 이스라엘 신분증 카드는 16만 5천 명의 팔레스타인 아랍인들에게 발행되었고, 이들은 이스라엘 내부로부터 추방당하지 않았다. 이스라엘은 이들을 '아랍-이스라엘인들'이라 부르며 팔레스타인인들은 자신들을 '내부 팔레스타인인' 혹은 '1948 팔레스타인인들'이라고 부른다. 이들은 이스라엘 신분증 카드와 시민권을 부여 받았다. 그러나 추방당했거나 피난한 75만 명의 팔레스타인인들은 '부재자'로 분류되어, 이스라엘 시민권과 귀환 가능성을 부정당했다. 1952년과 1967년 사이에 이스라엘 신분증 카드를 소지한 팔레스타인인들은 이스라엘 내부에 사는 사람들이었다.

요르단이 동예루살렘과 서안을 통치한 1948년부터 1967년까지, 동예루살렘과 서안에 거주하는 팔레스타인인들은 임시 요르단 여권을 발급받았다. 1967년부터 1988년까지 요르단은 서안과 동예루살렘 거주 팔레스타인인들에게 노란색 여권을, 요르단 거주민들에게는 초록색 여권을 발급하였다. 그러나 요르단 내에 거주하는 요르단 시민들에게는 5년간 유효한 여권이 발급되지만, 서안과 동예루살렘의 팔레스타인인들에게 발급되는 여권은 오직 2년만 유효하다. 게다가 1988년 요르단이 서안에 대한 주장을 포기한 이후에는 여행증명서로 격하시켰다.

이집트는 1948년부터 1967년까지 가자를 통치하면서, 가자의 팔레스타인인들에게 여행증명서를 발행하였다. 요르단의 경우와는 달리, 이집트는 가자 출신의 팔레스타인인들에게 임시 여권을 발행하지 않았고 여행 허가서만 발행하였다.

1967년 이스라엘이 동예루살렘, 서안과 가자를 점령한 이후, 이스라엘은 동예루살렘을 제외한 점령지에 사는 팔레스타인인들에게 오렌지색 신분증 카드를 발급하였다. 오렌지 신분증 카드는 여행증명서로 제공되지 않았을 뿐만 아니라, 팔레스타인인들에게 시민권 및 어떤 정치적 권리도 부여하지 않았다. 단지 이 신분증은 팔레스타인인들을 구분하기 쉽게 만들었고, 이스라엘 군대가 팔레스타인인들을 통제하고 감시하기 위한 수단이었다.

1993년 오슬로 협정 이후, 점령지 팔레스타인인들에 대한 신분증 카드 발행에 대한 책임은 1994년 설립된 팔레스타인 자치정부에게 넘겨졌다. 이 새로운 신분증은 초록색 겉장, 아랍어 글씨, 팔레스타인 자치정부 인장이 있다. 그러나 이 카드의 승인과 실행을 위해서는 이스라엘 국가 기구의 결정이 필요하다. 따라서 팔레스타인 자치정부의 인장은 팔레스타인 자치정부가 '주권이 있는 것처럼 보이게 하는 속임수'다. 사실, 팔레스타인 자치정부 인장이 있거나 이스라엘 인장이 있거나 모든 신분증 카드는 이스라엘 국가 기구가 관리한다.

오슬로 협정 체결 이후, 이 협정 이전에 점령지에 거주하던 팔레스타인인들과 그들의 자녀들만이 팔레스타인 시민권과 여권을 취득할 수 있다. 이스라엘은 이 협정 체결 이후, 점령지에 들어오거나 귀환한 사람들에게 팔레스타인 시민권을 획득하도록 허락하지 않았다. 팔레스타인 여권을 소지했음에도 불구하고, 서안 출신의 많은 사람들은 임시 요르단 여권을 계속해서 사용한다. 요르단 여권이 해외여행을 더 편리하게 만들어 주기 때문이다.

1967년 이스라엘이 동예루살렘을 합병했고, 예루살렘 시영역을 확장시키고 있음에도 불구하고, 이스라엘은 예루살렘의 팔레스타인 주민들을 이스라엘 시민으로 통합하지 않고, 그들에게 '임시 거주권'을 부여하고 있다(지난 40년 동안 극히 소수가 이스라엘 시민권을 받았다). 해외여행을 위하여, 그들은 임시 요르단 여권을 사용하거나 이스라엘이 발행한 여행 허가서(travel permits)를 사용한다. 예루살렘의 지위는 최종 지위 협상으로 미루어졌고, 오슬로 협상에서, 팔레스타인 주권 지역으로 포함되지 않았다. 팔레스타인 자치정부는 팔레스타인 예루살렘인들에게 팔레스타인 시민권이나 신분증 카드를 부여하도록 허락받지 못했다. 이스라엘 거주민으로서, 팔레스타인 예루살렘인들은 이스라엘 법을 따르지만, 권리는 없다. 예를 들면, 그들은 이스라엘에 세금을 낸다. 그러나 이스라엘 선거에서 투표할 수 없다. 팔레스타인 예루살렘인들에게 주어진 이스라엘 여행증명서는 국적을 '요르단'으로 표시한다. 오직 소수의 팔레스타인 예루살렘인들 만이 1967년에 이스라엘 시민이 되는 특권을 부여받았다.

1990년대 초에, 이스라엘은 일부 예루살렘 신분증 소유자들에게 완전한 시민권 획득의 가능성을 제시하였다. 히브리어를 유창하게 하고, 안보상의 문제점이 없는 등 여러 조건을 달아서. 오직 소수만이 이스라엘 시민권을 받을 수 있었다.

이스라엘은 팔레스타인 예루살렘인들에게 팔레스타인 시민권을 획득하도록 허락하지 않는다. 이스라엘은 팔레스타인인들이 예루살렘 신분증(이스라엘 영주권)을 소유하는 것에도 점차 도전하고 있다. 원래 이스라엘은 7년이나 그 이상 예루살렘을 떠났고, 그들의 출국 허락을 갱신하지 않은 팔레스타인인들의 예루살렘 신분증을 취소하였다. 1995년에 내무부는 그 규정을 변경하였다. 2006년에 1,360명의 팔레스타인 예루살렘인들의 신분증이 취소되었다. 이것은 2005년 보다 600명 증가한 수다. 2008년에는 4,500명의 예루살렘 신분증이 취소되었다. 대부분의 팔레스타인 예루살렘인들은 이스라엘 시민권이 없는 생활을 하고 있다. 이스라엘 거주민(영주권자)으로서 팔레스타인 예루살렘인들은 겉으로는 이스라엘 시민들로 취급되는 것 같아 보인다. 그러나 팔레스타인 예루살렘인들의 국적(시민권)은 2002년까지는 요르단인으로 등록되었다. 2002년 이후에는 빈칸이다.

2. 서안 신분증을 가진 팔레스타인인

오슬로 협정 이전, 서안에 거주하는 팔레스타인인들은 이스라엘 정부가 발행한 오렌지색 신분증 카드를 소지했다. 오슬로 협정 이후에, 팔레스타인 자치정부가 창설되고, 오렌지색 카드가 초록색 팔레스타인 신분증 카드로 대체되었다. 초록색 신분증으로는 이스라엘뿐만 아니라, 동예루살렘 출입도 허락받지 못한다. 따라서 이스라엘에서 일하기를 원하는 점령지 출신의 팔레스타인인들은 이스라엘 마그네틱 신분증 카드를 발급받아야한다.

팔레스타인 자치정부가 발급한 카드는 위 부분에 팔레스타인 자치정부 인장이 있는 것을 제외하고는 이스라엘 신분증 카드와 거의 동일하다. 팔레스타인 자치정부 카드의 신분증 숫자는 접근과 이동을 규제하는데 필수적이며 이스라엘 컴퓨터 시스템과 연결되어 있다.

팔레스타인 자치정부 인장

태어난곳 - 예루살렘

주소 - 베이트 잘라

발행-베들레헴

종교 - 기독교

• 서안-팔레스타인인 신분증

서안의 신분증 소지자들은 이스라엘과 예루살렘으로 들어가기 위해서는 그린 라인을 따라서 나 있는 수많은 군대 검문소를 통과하기 위해서 허락을 받아야한다. 허락을 획득하기 위해서는 본인이 보안 검사를 통과해야하며, 이스라엘이 발행한 마그네틱 카드를 발급받아야 한다.

2000년 9월 이후, 이 마그네틱 카드를 발급받는 것이 더욱 어려워졌고, 종종 사전 공지 없이 취소되었다. 게다가, 더 심한 이동 제한이 초록색 팔레스타인 신분증 카드 보유자들에게 부과되었다. 현재 팔레스타인인들은 서안에 위치한 정착촌이나 산업지대는 말할 필요도 없고,

서안 내부 팔레스타인 도시들 간의 이동에도 이스라엘 군대의 허가가 필요하다.

각 신분증 카드는 카드 보유자가 무슬림인지, 기독교인인지 말해준다. 카드의 아래 절반은 결혼 여부와 다른 가족 구성원들의 이름이 있다. 이 카드에는 시민권에 관한 정보가 없다.

초록색 신분증 보유자는 1993년 이후 예루살렘 보건과 교육 서비스 접근을 금지 당했다. 이제 그들은 보건과 교육 서비스를 받기 위해서 서안 내부 도시들인 베들레헴과 라말라로 가야만 한다. 그러나 서안 쪽으로 깊숙이 들어온 분리장벽은 분리장벽의 예루살렘 편에 위치한 초록색 신분증 카드를 가진 팔레스타인인

들이 서안에 있는 서비스에 접근하는데 위험을 감수해야한다. 이러한 위험은 분리장벽 넘어 예루살렘 쪽 초록색 신분증을 가진 팔레스타인인들이 고향을 떠나 서안으로 이주하도록 압력을 가한다.

3. 예루살렘 신분증을 가진 팔레스타인인

1967년 이스라엘은 서안 일부를 이스라엘 예루살렘 시 영역으로 통합하였다. 새롭게 예루살렘 시로 규정된 이 지역에 거주하던 팔레스타인인들은 특별한 예루살렘 거주민의 지위(영주권)를 부여받았다. 그들은 청색 겉장이 있는 이스라엘이 발행한 신분증 카드를 발급받았다. 그런데 이 신분증에는 시민권란이 비어있고, 2002년까지 이들의 신분증 카드의 종족(Nationality, 민족?) 부분에 '아랍'으로 등록되었다. 그러므로 이들은 이스라엘 시민이 아니었다.

예루살렘 거주민들로서, 이 팔레스타인인들은 표면적으로는 예루살렘 내부와 예루살렘 밖에서 그리고 서안 전역에서 이동의 자유가 있었다. 그러나 실제로, 그들은 경계와 예루살렘 내에서 이스라엘 군인이나 경찰의 제지를 받는다.

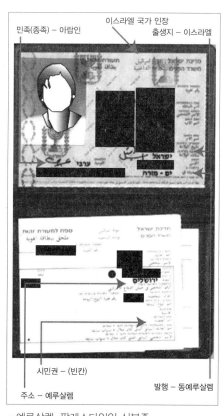

• 예루살렘–팔레스타인인 신분증

예루살렘 거주 신분증을 보유한 팔레스타인인들은 이스라엘에서 일할 수 있고, 이스라엘 정부에 세금을 내고, 국가의 보험 혜택을 받는다. 이들에게 제공되는 서비스는 예루살렘 동부 지역 소재 행정부의 분리된 행정체제로 관리된다. 동예루살렘에 거주하는 이스라엘인들은 서예루살렘 소재 이스라엘 정부의 관리하에 있다.

이스라엘 법으로, 만약 예루살렘 거주 신분증 보유자들이 7년 동안 예루살렘 밖에 거주한다면, 그들은 예루살렘 신분증 카드와 거주권을 상실한다. 동예루살렘과 서안의 분리장벽 건설로, 통로가 막힌 장벽의 서안 쪽에서 예루살렘 신분증를 보유한 수천 명의 팔레스타인인들이 예루살렘을 떠났다. 그들은 예루살렘 지역의 교육과 보건 서비스에 대한 접근권을 잃었을 뿐만 아니라, 예루살렘 거주권도 잃었다.

4. 이스라엘 신분증 카드를 가진 팔레스타인인

이스라엘 신분증 카드를 보유한 팔레스타인인들은 이스라엘 시민이다. 이스라엘 정부는 이스라엘 시민들을 종교와 종족적 유대로 구분한다. 각 이스라엘 신분증 카드는 종족 부분에 이 시민이 유대인, 아랍인, 드루즈 혹은 다른 종족 구성원인지를 기록한다. 그런데 2002년 4월, 이스라엘 내무부는 민족부분을 빈칸으로 남겨놓는 새로운 규정을 발표하였다. 이러한 변화는 새로 발행되는 신분증 카드에만 영향을 주었다. 대부분의 신분증 카드는 여전히 민족, 종족 혹은 종교적인 정체성을 기록한다. 신분증 카드의 하단에는 이스라엘 시민권을 기록한다.

5. 이스라엘 신분증 카드를 보유한 이스라엘-유대인

이스라엘 유대인은 청색 겉장의 신분증 카드를 보유한다. 이 신분증 카드의 종

족 부분은 '유대인'이다. 그러나 이
것은 2002년 4월 이후 발행된 신분
증 카드에서는 빈칸으로 남겨져 있
다. 이스라엘 시민권은 하단에 기
록되어 있다.

2014년 현재 이스라엘 점령민들
약 75만 명이 동예루살렘을 포함한
서안 정착촌에 거주한다. 그들은
이스라엘 신분증을 가지고 서안 전
역을 자유롭게 이동할 수 있다. 예
루살렘 장벽은 이 신분증 소유자
들에게는 거의 영향을 끼치니 않
는다.

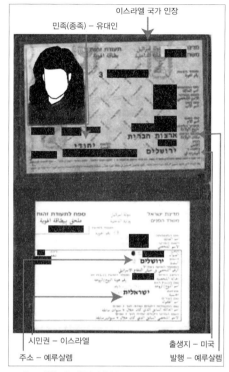

• 이스라엘–유대인 신분증

□ 팔레스타인인들의 국적 및 시민권 취득 가능성

PLO(팔레스타인 해방기구)는 팔레스타인 국민을 어떻게 정의하는가? 1974년 라바
트 정상회의에서 아랍연맹은 팔레스타인인들의 합법적인 단독 대표로 PLO를 인
정하였다. PLO는 1993년 이스라엘 정부와 협상하여, 1994년 5월 가자와 서안 일
부 지역에 팔레스타인 자치정부를 창설하였다.

PLO의 팔레스타인 국민에 대한 정의는 1964년 팔레스타인 국민 헌장에 나와
있고, 제1차 팔레스타인 회의에 의해서 채택되었다. 그것은 다음과 같다. "팔레

스타인인들은 아랍인들이며 1947년까지, 보통 팔레스타인에 거주한 사람들이다. 그들이 팔레스타인으로부터 추방되었던지 팔레스타인에 머물러있던지 관계없이, 1947년 이후 팔레스타인 내부에 있던지 외부에 있던지 팔레스타인 아버지에게서 태어난 사람이다."

1990년대 중반에, 팔레스타인 국적법 초안이 회람되었으나 투표로 이어지지 않았다. 1997년 팔레스타인 의회가 통과시키고, 2002년 팔레스타인 자치정부 수반이 공포한 기본법 7항은 "팔레스타인 시민권은 법으로 규정되어야 한다"고 명기하였을 뿐이고, 사실상 팔레스타인인들은 국적법 혹은 시민권법을 제정하지 않았다.

1995년부터 팔레스타인 자치정부가 가자와 서안에 거주하는 팔레스타인인들을 위하여 국제 여행을 목적으로 여권/여행증명서를 발행하였다. 일반적으로 여권은 국가 지위에 대한 중요한 상징이다. 다른 국가들이 여권을 인정한다는 것은 팔레스타인 국가, 팔레스타인 국민과 시민권을 인정한다는 것이다.

현재 팔레스타인 국가가 아닌 팔레스타인 자치정부가 여권/여행증명서를 발행한다. 미국 정부는 팔레스타인을 국가로 인정하지 않기 때문에, 팔레스타인 자치정부 여권/여행증명서를 모두 여행증명서로 간주하고, 시민권을 인정하지 않는다.iv) 앞으로도 팔레스타인 자치정부가 정상적인 국가로서의 기능을 하면서, 국제사회가 인정하는 국적법을 제정하고, 시민권과 여권 등을 발행할 수 있을 것인가 여부는 매우 불투명하다.

---

iv) 2007년 10월 일본 사법부는 일본은 공식적으로 팔레스타인 국적을 인정할 것이라고 다음과 같이 발표하였다. "팔레스타인 자치정부가 스스로 거의 완전히 성장한 국가로 증진되었고, 자체 여권을 발행하는 것을 고려하여, 우리는 팔레스타인 국적을 수용하기로 결정하였다." 이 결정은 팔레스타인인들이 더 이상 무국적자로 취급되어서는 안 된다는 국적에 관한 여당의 권고를 따른 것이었다(Kuwait New Agency 2007, Oct 5; Yomiuri 2007; Japan News Review 2007).

제5장
누구의 예루살렘인가*

□ **예루살렘 분쟁의 씨를 뿌리다.**

1917년 12월 9일 오스만제국 군대와 당시 예루살렘 시장이었던 팔레스타인인 셀림 에펜디 알 후세이니는 영국 장군 에드몬드 알렌비가 이끄는 군대에게 항복하였다. 1917년 12월 22일 셀림 에펜디 알 후세이니는 항복 문서에 서명하여 영국에게 넘겨주었으며, 이로써 영국의 군부 통치가 공식적으로 수립되었다.[15] 1920년 4월 산레모 회의는 이전의 오스만제국 영토였던 시리아와 레바논의 통치권을 프랑스에, 트랜스 요르단과 메소포타미아의 통치권을 영국에 넘겼다. 1922년 7월 24일 국제연맹 회의는 영국의 팔레스타인 위임통치를 승인하였다. 공식적인 영국 위임통치가 1923년 9월 29일에 시작되면서 영국의 군부통치는 종결되

---

* 이 글은 『한국중동학회논총』 제25-2호, 2005, 129~158쪽에 게재된 논문을 수정 보완한 것임.

• 1917년 12월 9일 영국군에게 오스만 군대 항복(예루살렘)(https://upload.wikimedia.org/wikipedia/commons/5/55/Ottoman_surrender_of_Jerusalem_restored.jpg)

었고, 영국 위임통치는 1948년 5월 14일에 이스라엘 건국과 함께 종결되었다.

오스만제국의 항복과 영국의 군사 점령이후 오늘날까지, 예루살렘은 종교를 앞세운 정치 패권을 징악을 위한 투쟁의 중심지로 변하였다. 투쟁의 핵심은 정치 패권을 보장하는 지리적 영역을 누가 현실적으로 장악할 것인가에 있다. 영국은 예루살렘을 통치하면서 문제를 더욱 복잡하고 해결하기 어렵게 만들었는데, 사실 이러한 영국의 점령은 이스라엘 주권 수립을 위한 토대를 제공하고 팔레스타인인들에게는 정치적 주권뿐만 아니라 토지 소유권 조차 빼앗기는 파국적인 결과를 초래하였던 것이다. 기독교 국가인 영국의 후원을 받으면서 팔레스타인 땅에 유대국가 국가 수립을 추진하는 시온주의 자들은 무력으로 토착의 팔레스타인 기독교인들을 무슬림들과 함께 추방하고, 토지를 강탈하였다.

1948년 이스라엘 건국과 아랍-이스라엘 전쟁의 결과로서 예루살렘은 이스라엘 통치 영역인 서예루살렘과 요르단의 통치 영역인 동예루살렘으로 분할되었다. 동예루살렘을 포함한 전 팔레스타인 지역을 점령한 1967년 전쟁이후 오늘날까지, 이스라엘은 전 팔레스타인 지역에 대한 독점적인 지배권을 행사하고 있으며, 이에 맞서는 팔레스타인인들의 도전은 계속되고 있다. 현재 팔레스타인인들

투쟁의 가장 중요한 주제 중 하나는 예루살렘의 정치적 주권과 토지 소유권 회복이다.

ㅁ 이스라엘 / 팔레스타인인들의 논쟁

1995년 5월 28일 이스라엘 내각은 이스라엘의 수도로서의 예루살렘의 지위를 확언하면서 다음과 같이 결의하였다.16)

> ▶ 예루살렘의 재통합(1967년 전쟁) 28번째 기념일인 예루살렘의 날에, 유대인의 수도로서 예루살렘 건설 3,000년의 시작에, 내각은 재통합 이래 예루살렘의 인상적인 성장과 발전을 만족스럽게 바라본다.
> ▶ 내각은 독점적인 이스라엘의 수도로서 통합된 예루살렘의 지위를 강화할 것이고, 이 지위를 손상시키는 어떠한 시도와도 싸울 것이다.
> ▶ 유대인의 수도로서 예루살렘 건설 3,000년을 축하하고 유대인들의 성공을 확고하게 만들기 위하여 예루살렘 시 당국과 완전히 협력할 것이다.

이와 같이 이스라엘 내각은 이스라엘의 예루살렘 독점권에 대한 정당성을 3,000년 전의 유대 사원의 존재에서 찾고 있다. 즉 이스라엘인들은 바위돔 모스크와 알 아크사 모스크가 있는 사원 산(Temple Mount)의 일부를 지탱하고 있는 '서쪽 벽(알 부라끄 벽, 통곡의 벽)'이 예루살렘 구 도시가 유대교 성지였고, 이 구 도시가 기원전 10세기에 건설된 솔로몬 사원 터였다 것을 증명해 준다고 주장한다. 이와 같은 이스라엘인들의 이 벽에 대한 믿음은 1967년 전쟁의 승리를 신성화시키는 과정에서 널리 확산되었다. 그러나 1968년 고고학적 발굴 결과는 가장 밑에 있는 돌들이 단지 기원전 1세기 로마의 헤롯 왕 시대까지 거슬러 올라간다는 것만을

• 셰이크 아크리마 사브리

밝혔다. 이것은 가장 오래된 연대로 추정되는 돌이 기원전 1세기 로마시대의 것이며 따라서 이 벽의 건축 연대는 기껏해야 기원전 1세기라는 것이다.17)

팔레스타인인들은 예루살렘의 유대 사원들이 존재했었는지를 의심하고 있다. 2000년 7월 캠프데이비드 협상에서 팔레스타인 수석 협상자인 사에브 에라카트는 이스라엘 협상자에게 다음과 같이 질문하였다, "당신은 당신들의 사원이 그 곳에 위치해 있었다는 것을 어떻게 알고 있습니까?" 비르제이트 대학의 팔레스타인 고고학자는 "첫 번째 솔로몬 사원(기원전 10세기 건설)은 허구고, 두 번째 사원(기원전 6세기 건설)도 역시 공상의 세계에 존재한다"고 주장하였다.i) 이러한 팔레스타인인들의 주장은 이스라엘의 건국이념의 토대 자체를 부정하는 것이다.18)

---

i) 유대교 전승에 따르면, "BC.586년 바벨론이 유다왕국을 정복하면서 첫 번째 유대 사원인 솔로몬 사원을 파괴하고, 유대인들을 포로로 잡아갔다. BC.516년 바벨론으로부터 귀환한 유대인들을 이끌고 스룹바벨(?)이 두 번째 사원을 건설하였다. AD.70년 로마 군대가 예루살렘을 정복하면서 두 번째 사원을 파괴하고 유대인들을 추방하였다."
이스라엘이 1967년 동예루살렘을 점령한 이후 발굴 작업을 계속하였으나, 첫 번째 사원과 두 번째 사원의 흔적은 발견된 것이 전혀 없고, 로마시대 헤롯왕(BC.73~BC.4)이 건설한 복합건물 흔적만을 발견하였을 뿐이다. 그럼에도 불구하고, 이스라엘과 시온주의자들을 이곳에 알 아크사 모스크를 대체하는 세 번째 유대 사원 건설을 계획한 것으로 알려졌다.

다음은 2001년 2월 20일, 이스라엘인들이 유대교의 성지라고 주장하는 '서쪽 벽'에 관하여 예루살렘 무프티 아크리마 사브리가 내린 파트와(종교적인 판단)다.19)

'알 부라끄 벽(서쪽 벽, 통곡의 벽)'의 문제는 팔레스타인에서 유대인을 위한 '민족의 고향 건설'에 관한 밸푸어 선언 이후, 20세기 초에 발생하였다. 결국 대량의 유대인들이 팔레스타인에 들어와서 '알 부라끄 벽'이 '통곡의 벽'이라고 주장하면서, 이 벽을 마주보고 기도하기 시작하였다. 유대인들이 이 벽에서 통곡하는 이유에 대한 많은 해석들이 있다. 그 중 하나는 그들이 '우리의 사도 모세'의 십계명을 지키지 않았기 때문에 운다는 것이다. 또 다른 해석은 예언자 무함마드가 아랍인이고, 유대인이 아니었기 때문에 운다는 것이다. 이것이 그들이 '알 부라끄 벽'을 '통곡의 벽'이라고 부르는 이유다.
그러나 국제법에 따르면, 이벽은 이슬람의 성지다. 왜냐하면, '알 부라끄 벽'은 알 아크사 모스크 벽의 일부(알 아크사 모스크를 둘러싼 서쪽 벽)이기 때문이다 …… 그러므로 이 벽은 이슬람에 속한 것이고 유대인들과는 아무런 관계가 없다.

여기에서 주목해야할 것은 '서쪽 벽' 문제가 영국의 팔레스타인 침략과 동시에 발생하였고, 이스라엘 국가 건설을 위한 전주곡이었으며, 이스라엘이 정치적인 실체인 민족 국가 건설을 위해서 '이슬람교 상징물'을 왜곡하고 있다는 주장이다. 따라서 '서쪽 벽 문제'는 20세기의 제국주의시기에 시작된 문제이지 그 이전 시대와는 관련이 없다는 것이다.

또 여기서 아크리마 사브리가 모세를 '우리의 사도 모세'라고 언급한 것은 구약의 신화를 독점하는데 전용되는 유대인의 실체에 대한 문제 제기로 이어질 수 있다. 이는 자신들이 유대인이라고 주장하는 이스라엘인들이 구약을 전유하는 것에 반대하면서, 무슬림들 역시 모세의 후예들이라는 주장이다.ii) 따라서 이것은

---

ii) 이슬람교 경전 코란은 아브라함, 모세, 솔로몬, 다윗, 마리아, 예수 등 고대 유대교와 기독교 성서에 등장하는 인물들에 대한 전승 대부분을 수용하며, 아브라함(14장)과 마리아

• 오리엔트 하우스(구, 예루살렘 소재 PLO 본부)

• 파이잘 후세이니

구약을 근거로 한 이스라엘의 예루살렘 독점권에 대한 반박이다.

PLO 내 예루살렘 대표였으며 팔레스타인 외교의 중심이었던 오리엔트 하우스의iii) 주인이기도 했던

(19장) 등 몇몇 인물들을 독립적인 장에 배치함으로써 매우 중요하게 다룬다. 무슬림들은 아브라함, 모세, 솔로몬, 다윗, 마리아, 예수 등을 자신들의 이름으로 매우 흔하게 사용한다.

iii) 오리엔트 하우스는 1897년 이스마일 무사 알 후세이니가 예루살렘에 건설한 것으로 후

파이잘 후세이니는 이스라엘의 독점적인 주권 주장이 토착의 팔레스타인 유대인들로부터 비롯된 것이 아니라, 정치적인 목적을 띤 이주민 집단들에 의해서 추진되어왔으며 영국제국주의가 그 단초가 되었음을 다음과 같이 밝히고 있다.[20]

팔레스타인 전역에서, 특히 예루살렘에서 분쟁에 대한 더 깊은 이해는 첫째, 팔레스타인인 둘째, 이스라엘인 셋째, 무슬림 넷째, 기독교인 다섯째, 유대인이라는 다섯 가지 관점에서 설명되어야한다. 우리는 종교 이민에 반대하지 않았다. 왜냐하면, 역사적으로 유대인들은 팔레스타인에 살았고, 잘 대우를 받았기 때문이다. 그러나 시온주의자들의 후원을 받는 이민자들은 종교적인 의사일정에 의해서가 아니라 정치적 의사일정에 의해서 이주하고 있었다. 그들의 목적은 밸푸어 약속을 실행하는 것이었다. 밸푸어 약속은 팔레스타인이 민족 없는 땅이며, 그러므로 땅 없는 민족에게 주어져야한다는 것이었다. 그러나 이 선언은 중대한 실수였다. 팔레스타인 민족은 내내 존재하고 있었기 때문이다.

파이잘 후세이니의 이러한 주장은 팔레스타인에 정치적 실체로서 팔레스타인인과 이스라엘인이 존재하고, 종교적 실체로서 무슬림, 기독교인, 유대인이 존재한다는 것이다. 즉 유대인이 곧 이스라엘인은 아니고, 이스라엘인이 곧 유대인이라는 것도 역시 아니라는 것이다. 또 팔레스타인인에는 무슬림, 기독교도는 물론이고 역사적으로 팔레스타인 땅에 살아온 유대인이 포함될 수 있다는 의미다. 따라서 그는 정치적인 시온주의자들과 종교적인 유대인들을 구분한다. 그에 의하면, 이 지역에서 분쟁을 일으킨 주범은 유대국가의 건설이라는 정치적인 목적을 띠고 아랍 이외의 지역에서 주로 이주한 시온주의자들이지 종교적인 토착 유대

세이니 가계의 재산이며, 1980년대부터 1994년 팔레스타인 자치정부 창설시기까지 예루살렘 소재 PLO 본부였다. 그러나 1994년 12월 이후, 이스라엘 법에 따라, 예루살렘에서 팔레스타인 기구들의 정치활동이 금지되면서, 2018년 현재는 폐쇄상태다.

• 시몬 페레스

인들이 아니다. 파이잘 후세이니의 이러한 매우 날카로운 지적은 정치와 종교를 분리시킴으로써 이 지역의 뒤섞여있는 정치, 종교상의 복잡한 논쟁을 해결하는 실마리를 제공할 수 있다.iv)

1993년 7월 이스라엘-팔레스타인 협상을 준비하면서, 이 협상의 주역이었으며, 외무장관 시몬 페레스와 파이잘 후세이니의 다음 텔레비전 대담 내용은 앞으로의 협상에서 예루살렘 문제가 어떻게 다루어질 것인지 잘 보여준다.21)

시몬 페레스 : 지금 예루살렘에는 두 가지 국면이 있다. 임시 해결로 서안과 가자지구 자치(예루살렘 제외)에 관련된 것으로, 요르단 여권을 가진 예루살렘 거주민들의 투표권 문제다. 예루살렘은 이스라엘의 수도일 뿐만 아니라 통합된 도시로 남아있을 것이다. 우리는 예루살렘을 분할할 의도가 전혀 없다. 분할은 우리의 의사일정에 없다. 예루살렘에는 이스라엘 시민이 아닌 요르단 여권을 가진 약 140,000~150,000명의 팔레스타인인들이 있다. 그들은 서안과 가자지구 자치를 위해서 투표할 것이다. 예루살렘에는 팔레스타인 거주민들의 서안과 가자지구 자치를 위한 투표에 관한 문제가 있다.

---

iv) 실제로 팔레스타인 토착 유대인들은 아랍의 생활 풍습을 따르고 아랍어를 사용하는 아랍인이었으며, 팔레스타인 지역에 거주하는 팔레스타인인들이었다. 따라서 아랍인들과 유대인을 구분하는 이분법은 이스라엘 국가건설의 주역들인 시온주의자들이 외부세계로부터 들어오면서 생긴 것이다.

파이잘 후세이니 : 예루살렘은 팔레스타인의 수도이다. 예루살렘은 우리의 종교적 민족적 정치적 수도이고, 이 상황은 어떤 해결에서도 기본 틀이어야 한다. 나는 예루살렘의 분할을 말하지 않는다. 예루살렘은 통합될 수 있다. 그러나 지금은 나뉘어져있다. 만약 당신이 동예루살렘을 방문한다면, 점령된 도시라는 것을 알 수 있다. 그러나 서예루살렘의 상황은 완전히 다르다. 우리는 나누어지지 않고, 이스라엘의 수도와 팔레스타인의 수도를 포함하는 하나의 도시를 원한다. 만약 이스라엘이 지금부터 예루살렘이 이스라엘의 영구적인 수도라고 말한다면, 우리는 전적으로 그것을 거부할 것이다.

이 대담 내용은 2018년 현재까지 계속되는 논쟁이다. 특히, 1993년 당시 좌파 노동당 소속이었던 페레스의 예루살렘 구상은 2018년 현재 우파 리쿠드당 소속 현 총리 베냐민 네타냐후의 구상과 별 차이가 없음을 보여준다.

파이잘 후세이니의 주장은 팔레스타인인들도 이스라엘인들과 동등하게 예루살렘에서 주권을 가져야한다는 것이지만, 시몬 페레스는 예루살렘의 팔레스타인인들이 이스라엘의 시민들이 아니므로 예루살렘을 제외한 서안과 가자지구 자치에 참가할 수 있다는 입장이다. 이것은 페레스가 미래에 서안과 가자지구에 건설될 팔레스타인 자치 지역으로 예루살렘 팔레스타인인들을 퇴출시킬 것을 이미 의도했다는 것을 의미한다. 실제로 이스라엘–팔레스타인 협상이후 예루살렘 팔레스타인인들의 예루살렘 내 거주 조건이 지속적으로 강화되어왔다.

시몬 페레스는 1994년에 인터뷰에서 다음과 같이 다시 한 번 강조하였다. 여기서 그는 예루살렘은 종교적인 부분과 정치적인 부분으로 나뉠 수 있고 정치적으로는 전혀 양보할 수 없다는 입장을 견지하였다.22)

예루살렘은 정치적으로 닫혀있으나, 종교적으로는 열려있다. 예루살렘은 정치적으로 통합되었고, 이스라엘의 수도다. 하나의 도시에 두 개의 수도가 있을 수 없다. 예루살렘은 이스라엘의 주권 아래에 있다.

• 이츠하크 라빈

이것은 예루살렘에서 이스라엘이 종교 주권을 공유할 수는 있지만, 정치주권은 완전히 이스라엘이 장악하고 있어야한다는 의미다. 이는 정치와 종교를 분리시킨다는 주장이며, 유대교 사원 선점권을 토대로 한 예루살렘에 대한 독점적인 주권 장악 주장과는 완전히 모순된다. 이 때 이스라엘의 독점적인 주권 장악을 위한 성서의 토대는 무너진다.

시몬 페레스와 함께 오슬로 협정의 주역으로서 중동 평화의 상징이었던, 당시 총리 이츠하크 라빈도 오슬로 I 협정(가자—제리코 협정, 1994년 5월 4일) 체결 1달 후 다음과 같이 밝혔다.[23)]

> 예루살렘 문제에 관한 광범위한 국민적인 여론은 이스라엘의 주권 아래 통합되어 있으며, 유대인과 이스라엘의 수도라는 것이다. 우리는 어떤 형태로든 동예루살렘과 관련된 어떤 문제들에서도 PLO나 팔레스타인 자치정부에 어떤 지위를 부여할 수도 있는 어떤 것을 첨부하기를 원하지 않았다. 만약 오리엔트 하우스에서 활동하는 파이잘 후세이니가 자치정부의 구성원이 되기를 원한다면, 그는 제리코에 가야만 할 것이다. 만약 그가 예루살렘에 남아있다면, 그는 자치정부 구성원이 될 수 없다. 이미 오리엔트 하우스의 업무에 대한 조사에 착수했고, 내각의 토의를 거친 후에 사법적인 조치를 포함하는 조치들이 이루어질 것이다.

이것은 라빈이 팔레스타인인들과의 협상 계획에서 이미 예루살렘을 협상 대상으로 삼지 않았으며, 예루살렘 팔레스타인인들을 자치지역으로부터 정치적으로 완전히 격리시킴으로써, 예루살렘과 자치지역과의 어떤 관련 고리를 끊는 작업에 착수했음을 보여준다.

뿐만 아니라 1996년 6
월 2일 리쿠드당 소속으로
총리가 된 베냐민 네타냐
후는 예루살렘의 최종적인
지위와 그 영역에 대하여
다음과 같이 분명히 선언
하였다.[24]

• 베냐민 네타냐후

우리는 통합된 예루살렘을 이스라엘 주권 아래에서 유지할 것이다. 예루살렘은 결코 분리될 수
없는 이스라엘의 수도이다. 정부는 예루살렘 통합의 토대를 침식하는 어떤 시도도, 이스라엘의
독점적인 주권에 반대하는 어떤 행위도 막을 것이다. 정부는 건축을 활성화하고 시의 서비스를
강화시키며 메트로폴리탄 예루살렘 지역의 사회 경제적 상황을 증진시킬 것이다.

이는 네타냐후가 이스라엘 정착촌
의 건설을 통하여 현재 통합된 예루
살렘 영역을 넘어서서는 지리적으로
확장된 메트로폴리탄 예루살렘을 선
언한 것이며, 이 지역을 현실적으로
확고하게 장악하겠다는 의지를 분명
히 드러낸 것이다.

이러한 이스라엘의 예루살렘 독점
정책에 반대하면서 동예루살렘의 팔

• 마흐디 압둘 하디

레스타인 국제문제 연구소(PASSIA) 소장인 마흐디 압둘 하디는 팔레스타인인들이

추구하는 예루살렘 분쟁 해결의 기본 방향을 제시하였다.

예루살렘에 대한 이스라엘 국가의 독점적인 주권은 합리적이지 않고, 실제적이지도 못하며 대다수 정부들에 의해서 거부되고 있다. 그것은 팔레스타인인들에게 받아들여질 수 없고, 팔레스타인/이스라엘 분쟁을 해결하는데 도움이 되지 않는다. 팔레스타인인들은 예루살렘에 대한 독점적인 주권을 주장하지도 추구하지도 않는다. 예루살렘이 영원히 분할될 수 없는 이스라엘의 수도라는 주장은 상대방들의 권리를 경멸하는 것일 뿐만 아니라 팔레스타인-이스라엘 분쟁 시작 이래 안보리 결의와 국제 협정들과 지역 협정들을 위반하는 것이다.

마흐디 압둘 하디의 이러한 주장은 예루살렘에는 주권을 주장하는 민족 정체성을 가진 실체로서 팔레스타인인과 이스라엘인이 존재한다는 사실에 토대를 두고 있으며, 이스라엘의 독점적인 주권 주장이 분쟁의 근원이라는 것이다. 따라서 그는 예루살렘에 대한 분쟁을 해결하기 위해서는 두 개의 수도, 두 개의 주권, 두 개의 시 당국이 예루살렘을 공유하는 쪽으로 가닥을 잡아야한다고 주장한다.

□ 예루살렘 독립체제 요구하는 유엔 결의 181호

영국의 위임통치 기간 동안, 66개의 팔레스타인 마을들은 예루살렘 주변 지역을 둘러싸고 예루살렘과 통합된 생활권을 형성하고 있었다. 반면, 이 기간 동안 주로 시온주의자들의 후원을 받은 유대인들은 예루살렘 구 도시와 구 도시의 북서쪽 마을에 집중적으로 이주하였다. 다음의 예루살렘 인구 현황 표는 영국의 위임통치 기간에 얼마나 많은 시온주의자 유대인들이 집중적으로 예루살렘으로 이주해왔는지를 단적으로 보여준다.

• 예루살렘 인구 현황26)

	팔레스타인인 (무슬림+기독교도)	유대교도	합계
1800	6,750 (4,000+2,750)	2,000	8,750
1835	7,750 (4,500+3,250)	3,000	10,750
1840	8,000 (4,650+3,350)	3,000	11,000
1860	10,000 (6,000+4,000)	8,000	18,000
1880	14,000 (8,000+6,000)	17,000	31,000
1900	20,000 (10,000+10,000)	35,000	55,000
1910	25,000 (12,000+13,000)	45,000	70,000
1922	28,200 (13,500+14,700)	34,400	62,600
1946	65,010	99,320	164,330

　그런데, 1918년 팔레스타인 총 인구 689,000명 가운데 무슬림이 563,000명, 기독교인이 70,000명, 유대인은 56,000명으로 전체 인구의 약 8%였고, 1931년에는 팔레스타인 총인구 1,033,314명 중 유대인은 174,606명으로 17%에 불과하였다. 1930년대 유럽으로부터의 유대인 대량 이민에도 불구하고, 1939년에 와서야 비로소 유대인은 팔레스타인 총인구 1,501,698명 중 445,457명으로 30%를 차지하였다는 것을 감안한다면, 지역 인구 분포에서 유대인들의 예루살렘으로의 집중은 매우 두드러진 현상이었음을 알 수 있다.27)

　1947년 4월, 유엔은 팔레스타인 상황을 조사하고 해법을 제안하기 위하여 팔레스타인 특별위원회(Special Committee on Palestine, UNSCOP)를 수립하였다. 이 위원회는 다른 제안들을 포함하는 다수 의견과 소수 의견의 보고서를 발표하였다. 1947년 11월 29일, 유엔 총회는 다수의 제안이었던 아랍 국가와 유대국가로 팔레스타인 지역을 분할하고 예루살렘과 베들레헴을 유엔이 통치하는 유엔 총회 결의 181호를 통과시켰다.28) 당시 전 팔레스타인 지역은 26,323㎢였고, 이 면적의 56.47%를 유대국가에, 42.88%를 아랍국가에, 예루살렘 국제지구에 0.65%(약

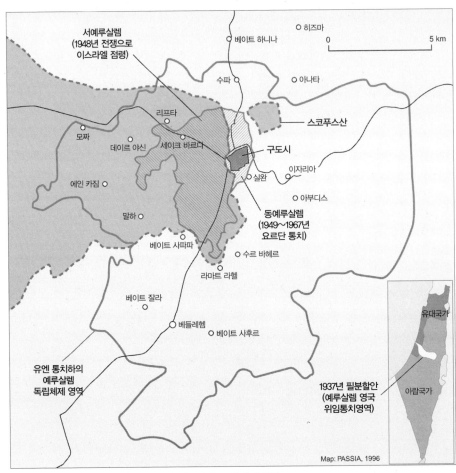

・1947.11.29. 181호 총회 유엔 결의안의 예루살렘 독립체제 영역

171㎢)를 할당하였다.

　예루살렘을 독립 통치지역으로 분류하면서 유엔 총회 결의 181호는 다음과 같이 규정하였다.29)

예루살렘은 특별 국제 통치 아래에 독립된 실체(Corpus Separatum=Separate body)로서 설립되어야하고 유엔이 관리해야한다. 신탁 통치 위원회가 유엔을 대신해서 예루살렘의 통치권을 실행한다. 현재 계획 승인 5개월 이내에, 신탁 통치 위원회는 예루살렘의 구체적인 법령을 만들어 승인해야한다. 신탁 통치 위원회는 예루살렘의 통치자를 지명해야 한다. 통치자는 국적과 관계없이 특별한 자격을 토대로 선발되어야한다. 그러나 통치자는 팔레스타인에 있는 어떤 국가(아랍 국가나 유대국가)의 시민도 아니어야 한다. 예루살렘은 비무장화되어야한다. 모든 거주민들은 그들이 시민이었던 국가의 시민권(아랍국가나 유대국가의 시민권)을 선택하지 않는다면 사실상 예루살렘 도시의 시민들이어야 한다.

181호 유엔 팔레스타인 분할 안의 예루살렘에 대한 입장은 예루살렘을 아랍 국가와 유대 국가로부터 확실히 분리시켜서, 유엔이 통치하는 독립된 행정체계, 사법체계와 입법 체계를 갖는 도시 국가로 수립하는 것이다.

사실, 181호 결의 이전에 영국이 팔레스타인에 관한 몇몇 지도를 만들었는데, 그 지도들의 공통점은 예루살렘을 영국의 직접통치하에 두는 것이었다. 아마도 181호 예루살렘 국제통치의 목적은 강대국들이 예루살렘을 직접 통치함으로써, 예루살렘 무슬림들의 예루살렘 성지 통치권을 박탈하겠다는 뜻으로 해석될 수 있다.

□ 1948년 이스라엘의 서예루살렘 점령

팔레스타인 분할안이 통과된 후 팔레스타인에서의 상황은 급변했다. 특히 서예루살렘과 그 주변지역에서 시온주의자 무장 단체들과 아랍인들의 충돌이 격화되었다. 당시 시온주의자 유대인들은 훌륭한 장비로 무장되었고 잘 훈련되었으나, 팔레스타인인들은 거의 무장되지 않은 시민들에 불과했다. 이스라엘 국가 창설 선언 직전, 유대 군대가 팔레스타인인 마을들에서 일련의 대량 학살을 저지른

• 1948년 4월 9일 데이르 야신 학살

이후, 아랍 시민들은 공황상태에 빠졌다. 예를 들면, 1948년 4월 9일 메나헴 베긴(1978년 캠프데이비드 협정 당시 총리)과 이츠하크 샤미르(1991년 마드리드 회의 당시 총리)가 이끄는 무장 단체인 이르군과 스턴 갱이 서예루살렘에 인접한 데이르 야신 팔레스타인 마을을 공격하여 245명의 팔레스타인인들을 학살하였다.30)

4월 11일 시온주의자 무장단체 하가나가 데이르 야신 마을을 점령하였다. 이와 유사한 팔레스타인인들에 대한 공격이 서예루살렘 인근 마을들과 서예루살렘 내부에서 1948년 4월에 집중적으로 발생하였다. 4월 11일에는 서예루살렘 인근 마을인 콜로니아에서 팔레스타인 주민들이 추방되고 그 가옥들이 폭파되었다. 또 4월 13일 이후 서예루살렘 인근 마을들인 비두, 베이트 수릭, 새리스, 예루살렘 북쪽의 베이트 이크사, 수파와 서예루살렘 내의 수바, 카타몬이 하가나의 공격을 받고 파괴되었다. 4월 30일에 서예루살렘에 있는 모든 팔레스타인인 지구들은 하가나에 의해서 점령되었고, 팔레스타인인들은 추방당했다.31)

국가 창설 선언 보름 전인 4월 30일에 이미 서예루살렘 지역을 폭력적으로 장

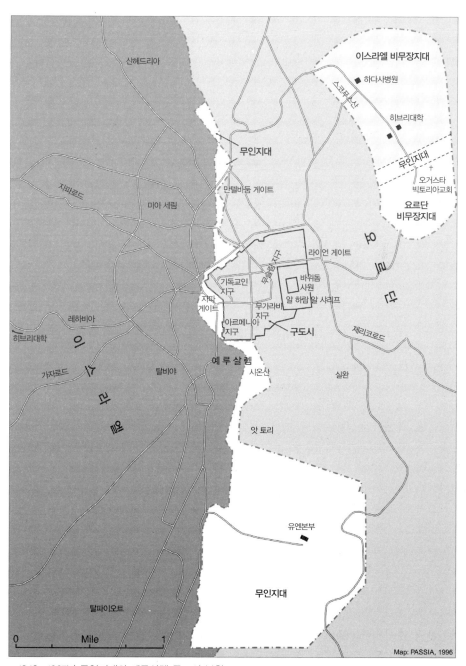

이스라엘 비무장지대

하다사병원

스코푸스산

히브리대학

무인지대

오거스타
빅토리아교회

요르단
비무장지대

산헤드리아

무인지대

만델바움 게이트

자파로드

미아 세림

라이언 게이트

무슬림지구

기독교인
지구

바위돔
사원

자파
게이트

무가라비
지구

알 하람 알 샤리프

아르메니아
지구

구도시

제리코로드

레하비아

히브리대학

가자로드

탈비야

예루살렘

시온산

실완

앗 토리

유엔본부

탈파이오트

무인지대

0   Mile   1

Map: PASSIA, 1996

• 1948~1967년 무인지대와 예루살렘 동 · 서 분할

악한 시온주의자 유대인들의 행위는 예루살렘을 국제지구로 할당한 유엔 총회 결의 181호를 위반하는 것이었다. 따라서 유엔 분할 안 181호에 토대를 두고 이스라엘 국가를 창설을 선언했음에도 불구하고, 시온주의자 유대인들도 181호 결의를 수용할 의사를 갖고 있지 않았던 것이다. 1949년 12월 9일 유엔 총회 결의 303호는 181호를 재확인하면서, 예루살렘 내부와 그 주변 성지를 보호하기 위하여 예루살렘을 영구적인 국제체제하에 두어야한다고 강조하였다. 오늘날까지 예루살렘 문제에 관하여 181호 결의를 대체하는 결의는 유엔에서 이루어지지 않았다. 따라서 국제사회에서 181호 결의는 2017년 현재에도 유효하며, 이런 측면에서 본다면, 이스라엘은 1967년 전쟁에서 요르단으로부터 빼앗은 동예루살렘뿐만 아니라, 서예루살렘의 주권조차도 인정받지 못하는 상황이다.

1948년 전쟁 동안에, 이스라엘 군대는 유엔 총회 결의 181호가 아랍국가 영역으로 규정한 영토 일부와, 예루살렘의 85%를 장악하였다. 이 때 이스라엘이 장악한 예루살렘의 대부분은 서예루살렘과 그 주변 마을들이었다. 반면, 요르단은 서안과 예루살렘의 11%를 차지하였다. 이 때 요르단이 장악한 예루살렘은 구 도시와 그 인접 마을들을 포함하는 동예루살렘 지역이었다. 예루살렘의 나머지 4%는 유엔 본부가 있는 무인지대(No Man's Land)였다. 1947년까지 예루살렘 영역은 59.5㎢였다. 그러나 1차 아랍-이스라엘 전쟁의 결과 체결된 1949년 4월 3일 요르단-이스라엘의 정전 협정은 공식적으로 예루살렘의 중간에 무인 지대를 설치함으로써 예루살렘을 동예루살렘과 서예루살렘으로 분할하였다.[32) 이스라엘 통치 영역인 서예루살렘은 50.5㎢, 요르단의 통치 영역인 동예루살렘은 구 도시 1㎢를 포함하여 6.5㎢이 되었다. 1949년 요르단-이스라엘 정전 협정은 요르단이 서예루살렘을 이스라엘 통치 영역으로 공식적으로 인정한 것이 되었다. 이러한 이스라엘과 요르단의 행위는 예루살렘을 국제체제하에 둔다는 유엔 총회 결의 181호를 전면적으로 거부하는 것이었다.

이제 이스라엘은 서예루살렘에서 더욱 자유롭게 그들의 계획을 추진할 수 있었다. 이스라엘의 점령 직전에, 서예루살렘에서 팔레스타인인들의 개인 재산은 40.0%, 이슬람 종교 재산, 기독교 재산과 정부 재산으로 이루어진 공공 재산이 33.9%, 유대인 재산이 26.1%였고, 서예루살렘 주변 마을에서 팔레스타인인들의 개인 재산은 84.0%, 공공 재산이 14.0%, 유대인 재산이 2.0%였다.[33] 이스라엘 국가 건설과 전쟁이라는 상황에서, 64,000~80,000명의 팔레스타인인들은 서예루살렘과 그 인접 40개 마을들로부터 강제로 추방되었고, 그 마을들은 파괴되었다. 1948년 6월, 추방당한 팔레스타인인들의 재산은 이스라엘 '부재자 재산 관리인'의 통제 아래 들어갔다.[34] 1950년에 3월 14일 이스라엘 정부는 '부재자 재산법'을 채택함으로써 이스라엘 '부재자 재산 관리인'의 통제 아래 있던 팔레스타인인들의 재산 소유권을 이스라엘 국가에 귀속시켰다.[35]

1949년 2월 2일 이스라엘 총리 데이비드 벤 구리온은 예루살렘에서의 군사 통치를 종결하면서, 이스라엘이 장악한 예루살렘은 더 이상 점령지가 아니며 완전한 이스라엘 국가의 일부라고 일방적으로 선언하였다. 1949년 12월 5일 의회 연설에서 벤 구리온 총리는 예루살렘 문제에 관해서 다음과 같이 주장하였다.[36]

> 예루살렘은 본질적으로 분리될 수 없는 이스라엘 국가의 일부, 즉 심장이다. 유대인의 예루살렘은 외국의 통치를 결코 수용하지 않을 것이다. 유대인들은 예루살렘을 위해서 희생을 치룰 수 있다. 영국인들이 런던을 위해서, 러시아인들이 모스크바를 위해서, 미국인들이 워싱턴을 위해서 희생할 수 있는 것처럼.

1949년 12월 13일 이스라엘 의회는 예루살렘을 이스라엘의 수도라고 공식적으로 선언하기 위하여 투표하였다. 투표는 60-2로 예루살렘이 이스라엘의 수도임을 가결하였다. 이에 따라 12월 16일에 벤 구리온 총리 사무실을, 12월 26일에 의회를 서예루살렘으로 옮겼다.[37]

한편 이러한 일방적인 이스라엘의 조치에 대항하여, 1949년 12월 16일 요르단 국왕 압달라 1세는 다음과 같이 동예루살렘에서 연설하였다.[38]

> 예루살렘은 우리의 통치하에 있으며, 계속해서 우리의 통치하에 남아있을 것이다. 나는 예루살렘을 국제 체제하에 두려는 어떤 시도도 좌절시킬 것이다.

• 1951년 7월 19일 압달라 1세와 요르단군사령관 존글럽(영국인)

이스라엘과 요르단 양 측 지도자들의 연설은 분쟁 해결을 위한 유엔 총회 결의안 181호와 303호를 명백히 거부하면서 동 · 서예루살렘 구분없이 각각 오직 예루살렘 주권을 확고하게 유지한다는 것만을 밝혔다. 이로써 예루살렘은 이스라엘 통치하의 서예루살렘과 요르단 통치하의 동예루살렘으로 양분되었다.

□ 1967년 이스라엘의 동예루살렘 점령

예루살렘에 관한 이스라엘의 정책과 목적은 이스라엘이 독점적인 지배권을 확보하고 유지하기 위하여 되돌릴 수 없는 현실을 만드는 것이다. 1967년 전쟁에서 이스라엘은 가자 지구와 동예루살렘을 포함하는 서안을 점령하였고, 1967년 전쟁 직후인 6월 27일 동·서예루살렘 시 경계를 재조정하면서 통합하였다.

이스라엘은 동예루살렘과 동예루살렘 인근 마을 28개 정도를 포함하는 서안 점령지 70㎢와 서예루살렘 38㎢을 통합하였다. 이제 요르단의 통치하에서 6.5㎢

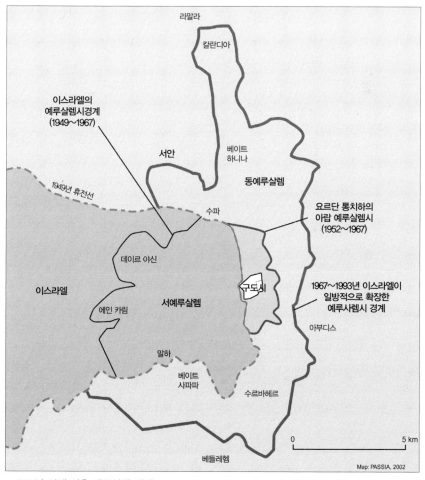

• 1967년 전쟁 이후 예루살렘 경계

에 불과했던 동예루살렘 시 경계는 훨씬 동쪽으로 서안 깊숙이 확장되었다. 이로써 새로 확장된 예루살렘 면적은 108㎢가 되었다[39] 이러한 이스라엘의 정책은 지리적인 통합과 인구수에서 유대인 다수를 확보하도록 고안되었다. 따라서 팔레스타인인 밀집지역인 알 람, 아부디스, 아자리야, 칼란디아 난민 캠프 등은 예루살렘으로의 통합에서 제외되었다.[40]

1967년 6월 11일, 이스라엘은 예루살렘 구도시를 둘러싸고 있는 외벽의 일부인 서쪽 벽(알 부라끄 벽, 통곡의 벽)[41] 근처 무가라비 지구(12세기 후반에 살라딘의 아들이 건설한 무슬림 구역)에 살고 있던 주민들에게 3시간 이내에 집을 비울 것을 명령하였다. 이스라엘은 이러한 조치의 목표가 예상되는 유대 순례자들을 수용하기 위해서 광장을 만들기 위한 것이라고 주장하였다. 결국 이 지구에 있는 135채 이상의 주

• 1967년 무가라비 지구 파괴와 서쪽 벽 앞 광장 만들기

택들이 파괴되고 6천 명 이상의 팔레스타인인들이 추방되었다. 42)

1967년 6월 27일 이스라엘 의회는 '성지 보호법'을 통과시켰다. 이 법은 이스라엘 종교성 장관이 책임을 지고 실행시킬 것이라고 규정하고 있다. 43) 또 같은 날 이스라엘 의회는 행정적으로 시 영역에서 예루살렘을 통합하는 '수정 법률안'을 통과시켰다. 이 법은 예루살렘 영역으로 새롭게 통합된 서안 점령지에서 실행되고 있던 요르단의 법률을 폐기하면서, 1949년 12월 60-2의 투표 후에 1950년 1월 23일 예루살렘을 이스라엘의 수도라고 선언했던 법을 동예루살렘을 비롯한 확장된 예루살렘 영역으로 확대 적용시킨 것이었다. 44) 1967년 6월 28일 이스라엘 의회는 새롭게 설정된 예루살렘 시 영역을 포함한 예루살렘을 이스라엘의 수도라고 다시 한 번 선언하였다. 45)

1967년 전쟁 승리 직후, 이스라엘의 무가라비 지구 파괴, 팔레스타인인 추방 행위와 실행되고 있던 요르단의 법률을 일방적으로 이스라엘의 법으로 대체시킨 행위는 점령지 주민들을 보호하기 위하여 1907년에 제정된 헤이그 협정과v) 1949년에 제정된 제4차 제네바 협정을 전면적으로 위반한 것이다. vi)46) 이 두 국

---

v) 28항: 점령된 도시와 마을의 약탈 금지.
  43항: 점령 세력은 현지에서 실행 중인 법을 존중해야하고, 공공질서와 시민 생활을 가능한 한 회복시키고 보증하기 위해서 모든 조치를 취해야 한다.
vi) 23항: 피 보호주민들은, 모든 환경에서 신체, 명예, 가족의 권리, 종교적 확신과 실행, 그들의 예절과 풍습을 존중하도록 권리를 부여받았다. 그들은 항상 인도적으로 다루어져야하고, 모든 폭력적인 조치들과 취급, 모욕에 대항하여 보호돼야 한다.
  47항: 점령지 점령지의 피 보호주민들은 점령의 결과로서 생긴 변화에 의하여 또는 피 점령당국과 점령 세력간의 어떤 협정에 의해서도, 점령지의 일부나 전체 합병에 의해서도, 어떤 경우에도 어떤 방법으로도 제4차 제네바 협정에서 받는 권리들 중의 어떤 것도 빼앗겨서는 안 된다.
  49항: 점령 세력은 자신의 시민들 중 일부라도 점령지로 이동시켜서는 안 된다.
  146항: 각각의 긴밀한 당사자들은 중대한 위반을 했거나 위반하도록 명령한 사람을 찾

제 법들은 점령 세력에 의한 점령지의 파괴와 약탈을 금지하고 있으며, 점령지 주민들의 인권 보장과 점령 세력이 현지에서 실행중인 법을 존중하도록 규정하고 있다. 이스라엘이 예루살렘에서 취한 우려할 만한 비인도적이며 국제법 위반이라는 조치에 반대하여, 유엔은 1967년 7월 4일 총회 결의 2253호를 통과시켰다. 이 결의는 이스라엘이 예루살렘의 상황을 변화시키는 모든 조치는 무효라고 규정하면서 이미 취해진 모든 조치들을 철폐하고 예루살렘의 지위를 변경시키는 조치를 취하지 못하도록 이스라엘에게 요구하였다.[47]

그러나 이스라엘은 예루살렘 지위를 변경시키는 조치를 철회하기는 고사하고, 예루살렘의 토지 소유권을 변경시키는 정책을 지속적으로 강력하게 실행시켜 왔다. 그 결과, 2003년 현재 확장된 동예루살렘의 34.0%는 공공 용도를 위해서 몰수된 땅이고, 9.0%는 이스라엘 정착촌 확장을 위해서 선정된 땅이며, 44.0%는 녹색 지대로 사용이 금지된 곳이다. 따라서 오직 13.0%만이 팔레스타인인들을 위해서 남겨졌다.[48] 이스라엘 정부는 몰수한 재산에 대하여 각각 재산 당 500~3,000달러에 이르는 보상금을 제시하였으나 팔레스타인 소유주들은 현재까지 보상을 거부하고 있다.[49]

이와 같이, 1967년 점령 직후부터 이스라엘의 예루살렘 정책은 제도적으로 팔레스타인인들의 토지를 합병하면서, 동시에 팔레스타인 주민들을 토지로부터 분리시키는 것이었다. 그 결과 예루살렘 팔레스타인인들은 이스라엘 시민들 (Citizens)이 아니라, 영구적인 거주민들(Residents) 즉 예루살렘에 영구적으로 거주하는 외국인들(Foreigners)로 위치 지워졌다.

는데 책임이 있고, 그들의 국적과 관계없이 그 자체의 법정에 세워야 한다.
147항: 중대한 위반들은 광범한 재산 파괴와 재산의 전유를 포함한다. 이는 군사적인 필요성에 의해서 정당화되는 것이 아니고 비합법적이며 자의적으로 실행되는 것이다.

1967년 예루살렘 점령 직후의 이스라엘 인구조사에 따르면, 새로 조정된 시 경계 내의 동예루살렘에 거주하는 팔레스타인인들은 66,000명으로 추산되었다. 이중 44,000명은 1967년 이전 동예루살렘에, 22,000명은 새로 통합된 지역에 거주하던 사람들이었다. 이들 예루살렘 팔레스타인인들(Palestinian Jerusalemites)은 이스라엘 내에서의 거주를 규정한 1952년 '이스라엘 입국법(the Law of Entry into Israel 1952)'과 1974년 '이스라엘 입국 규정(Entry to Israel Regulations 1974)'에 따라 '예루살렘의 영구적인 거주민들(Permanent Residents of Jerusalem)'로 분류되었다. 그러나 이 법은 발효 당시 예루살렘 밖을 여행 중이거나 해외에서 유학 중인 예루살렘 팔레스타인인들에게는 예루살렘에서의 거주권을 인정하지 않았다.[50]

이에 대해서 PLO 집행 위원회 위원이면서 예루살렘 문제에 대한 책임자인 파이잘 후세이니는 다음과 같이 당시의 상황을 표현하였다. "예루살렘인으로서 나는 갑자기 나 자신이 나의 조국과 나의 도시에서 외국인이란 것을 발견하였다."[51]

이제 예루살렘 팔레스타인인들은 예루살렘 내에서 제도적으로 제거되면서, 정당한 주권을 가진 시민으로서 더 이상 존재하지 않게 되었다.

한 걸음 더 나아가 1980년 5월 14일 이스라엘 의회는 '이스라엘의 수도 예루살렘'이라는 새로운 기본법 채택 요청안을 논의하기 시작하였다. 이 논의에 대해서 많은 국가들이 비난하면서 유엔 결의를 통한 이 법안에 대한 반대를 준비하였다. 그러나 의회 위원회는 이 법안을 압도적인 표차로 6월 30일 승인하면서 최종적으로 공포하기 위하여 이스라엘 의회 전체회의로 회부하였다. 이에 반대하여 같은 날, 유엔은 이스라엘의 국제법 위반 행위를 철폐할 것을 '예루살렘에서 이스라엘이 취한 조치들에 관한' 유엔 안보리 결의 476호를 결의함으로써 다음과 같이 강력하게 요구하였다.[52]

1항 : 1967년 이래 이스라엘이 점령한 예루살렘을 포함한 아랍 영토에 대한 장기적인 점령을 종결하기 위한 최우선적인 필요성을 다시 단언한다.

3항 : 점령 세력인 이스라엘이 취한 성지 예루살렘의 성격과 지위를 변경을 의미하는 모든 입법적인 행정적인 조치들과 행위들은 불법이고, 전쟁시에 시민들 보호와 관련된 제네바 협정의 극단적인 위반이며, 중동에서 광범하고, 공정하고, 지속적인 평화를 성취하는데 심각한 장애라고 확언한다.

4항 : 성지 예루살렘의 지리적, 인구학적, 역사적 특성과 지위를 변경시켜온 모든 조치들은 쓸데없는 것이고 무효다. 이런 조치들은 안전보장 이사회의 관련 결의들에 따라 철폐되어야만 한다는 것을 다시 한 번 강조한다.

그러나 1980년 7월 1일, 이스라엘은 "이 결의가 예루살렘을 포함하는 모든 아랍 영토에 대한 이스라엘 점령의 종결을 요구했으며, 앞으로 이스라엘이 취할 모든 행위가 쓸데없는 것이며 무효라고 선언하였다"고 주장하면서 이 결의를 거부한다고 발표하였다.53)

한 걸음 더 나아가 이스라엘 의회는 1980년 7월 30일 '이스라엘의 수도, 예루살렘 기본법(Basic Law: Jerusalem, Capital of Israel)'에서 1967년 사실상의 합병을 다시 한 번 확인하고 '예루살렘을 이스라엘의 수도'라고 다음과 같이 법률로 공포함으로써 안보리 결의 거부를 명백히 하였다.54)

1항 : 완전하고 통합된 예루살렘은 이스라엘의 수도다.
2항 : 대통령, 의회, 행정부, 대법원은 예루살렘에 위치한다.

이 법률 제정 이전에 이미 이스라엘은 예루살렘 팔레스타인인들 토지를 몰수하고 팔레스타인인들에게 시민권을 부여하지 않음으로써 팔레스타인인들이 이스라엘과 예루살렘 내에서 법적인 권리를 주장할 수 있는 근거를 말살시켜 버렸다. '예루살렘 기본법'은 앞서 1967년 이후 동예루살렘 지역에서 이스라엘이 취한 모든 조치들의 최종적인 귀결이 되었다.

이 '예루살렘 기본법'에 반대하여 1980년 8월 20일 유엔은 안보리 결의 478호를 채택하고 안보리 결의 476호를 다시 한 번 강조하면서 특히 '예루살렘 기본법'을 철폐를 다음과 같이 촉구하였다.[56]

> 성지 예루살렘의 특성과 지위를 변경시켜 온 혹은 변경을 의미하는 이스라엘이 취한 모든 입법적 행정적 조치들과 특히 최근의 '예루살렘 기본법'은 쓸데없는 것이고 무효며, 즉시 철폐되어야 한다.

그러나 이스라엘 정부는 이러한 국제사회를 대표하는 유엔의 요구를 계속 무시하면서 점령지 지배를 제도화하고 현실화시켰다. 2004년 현재도 '예루살렘 기본법'은 이스라엘의 예루살렘 점령 통치의 가장 중요한 토대로서 작용한다.

팔레스타인인들 편에서도, 1988년 11월 15일 팔레스타인 민족의회가 예루살렘을 팔레스타인 국가의 수도로 선언하였다. 이 회의에서 팔레스타인 민족의회는 유엔의 두 국가 분할안인 유엔 총회 결의 181호와 유엔 안보리 결의 242호를 공정하고, 영구적이고, 광범위한 해결책으로서 받아들였다. 그런데 유엔 안보리 결의 242호는 예루살렘 문제에 관해서 구체적으로 언급하지 않고, 이스라엘에게 1967년 6월 전쟁에서 점령한 지역으로부터 철군을 요구한다.[57]

□ 동예루살렘 유대화 정책과 팔레스타인인들

팔레스타인인들 소유의 토지 합병과 팔레스타인인 거주민 감축 정책을 통한 예루살렘의 유대화 정책은 '토지와 평화를 교환'하는 평화 협상을 추진한다고 세계적으로 선전된 1990년대 이후 오늘날까지도 지속적으로 추진되어왔다. 이스라엘-팔레스타인 협상기간인 1993년 이후 이스라엘은 예루살렘 거주민들의 조건을 다음과 같이 한층 더 강화하였고, 예루살렘 거주와 관련한 차별적인 제한 규정들을 오직 예루살렘 팔레스타인인들에게만 적용시켰다.58)

▶ 외국 여행을 원하는 사람들은 이스라엘 재입국 비자를 획득해야한다. 그렇지 않으면, 그들은 귀환권을 상실한다.

▶ 다른 곳에 거주권이나 시민권을 가지고 있거나 신청하는 사람들은 예루살렘에서 그들의 거주권을 상실한다. 이러한 정책은 이스라엘 정부가 1994년에 도입한 '규정'과 관련된다. 그 규정에 따르면, 예루살렘 팔레스타인인들은 그들의 '생활의 중심지'가 시 경계 내에 있다는 것을 증명해야만 한다.

▶ 7년 이상 해외에 거주하는 사람들은 그들의 거주권을 상실한다. 1996년에 이스라엘 정부는 7년 이상 그 영토(서안) 내에 살고 있는 모든 예루살렘 팔레스타인인들도 또한 이스라엘 거주민이 될 수 없다고 결정하였다. 그 결과 1999년에 411명의 신분증이 압수되었다.

▶ 그들의 자녀를 예루살렘 거주민으로 등록하기를 원하는 사람들은 오직 그 아버지가 유효한 예루살렘 신분증을 갖고 있을 때만 그렇게 할 수 있다.

▶ 서안이나 외국 출신의 비거주 배우자와 결혼하는 예루살렘 사람들은 예루살렘에서 그들의 배우자와 함께 합법적으로 거주하기 위해서 가족 재결합을 신청해야하는데, 대부분의 경우 거부된다.

이러한 거주 제한 규정들로 인한 이스라엘의 '조용한 예루살렘 거주민 감축 정책'은 1967년 이래 2001년 4월까지 동예루살렘의 팔레스타인 주민들 6,444개(어린이 제외)의 신분증을 취소시켰다. 한 걸음 더 나아가 2002년 5월에 이스라엘 정부는 팔레스타인 예루살렘인이 제출한 모든 가족 결합 신청을 처리하지 않기로 결정하였다. 2003년 7월 31일 이스라엘 의회는 이스라엘 시민과 결혼한 팔레스타인인들이 이스라엘 시민권이나 영주권 획득을 막는 법안을 통과시켰다.58)

그러나 이러한 이스라엘의 제도적인 팔레스타인인 감축 정책은 실패한 것으로 보인다. 1993년 예루살렘 전체 주민의 27%인 180,000명이던 팔레스타인인들은, 2000년에 33%인 233,000명, 2002년 현재 예루살렘 전체인구 740,366명 중 34%인 약 240,000명이 동예루살렘에 거주하였다. 2003년에 252,948명의 팔레스타인인들이 동예루살렘에 살고 있으며, 이들 중 94%는 무슬림이고 6%는 기독교인이다.59)

2014년 말경 예루살렘 전체인구 849,780명 중 520,710명(61.3%)은 유대인, 315,870명(37.5% : 무슬림-35.7%, 기독교인-1.8%)은 팔레스타인인들이다. 또 서예루살렘 거주인구는 327,900명(38.6% : 유대인-319,540명, 무슬림-2,390명, 기타-5,900명)이고, 동예루살렘 거주인구는 521,890명(61.4% : 유대인-201,170명, 팔레스타인인-313,350명, 기타-7,240명)이다. 따라서 예루살렘 거주 팔레스타인인들의 99% 이상이 동예루살

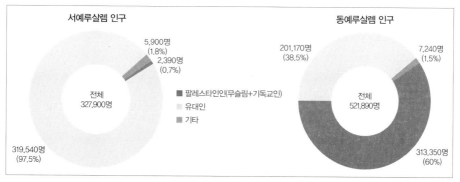

• 2016년 예루살렘 인구(Jerusalem Institute of Israel Studies, Statistical Yearbook of Jerusalem 2016)

렘에 거주한다. 동예루살렘 거주민들 중 38.5%는 유대인들이고, 60%는 팔레스타인인들이다.[60]

□ 2018년에도 유효한 유엔 분할 결의안 181호

현재 예루살렘 분쟁을 결정적으로 격화시킨 계기는 두 국가 분할안과 예루살렘 국제 지구화를 제시한 1947년 유엔 분할 안 181호였다. 181호 채택 이후 시온주의자들은 서예루살렘을 장악하는데 몰두하였으며 1948년 전쟁의 결과 181호가 국제지구로 확정한 서부 예루살렘을 점령하였다. 또 1967년 전쟁의 결과 동부 예루살렘을 장악함으로써 전체 예루살렘을 독점적으로 지배하게 되었다.

이스라엘은 종교적 주권을 사용해서 예루살렘 점령 정책을 합리화시키고 있다. 이스라엘의 정책에 반대하는 유엔의 결의 등은 아랑곳하지 않으면서, 이스라엘은 토지 몰수, 이스라엘 정착민 이주, 팔레스타인인 추방 등을 계속하면서 점령정책을 제도화시키고 있다. 이스라엘정치 지도자들의 일관된 입장은 예루살렘이 이스라엘의 독점적인 수도라는 것이다.

반면, 예루살렘 분쟁 해결을 위해서 국제 사회를 대표하는 유엔은 수많은 결의들을 내놓고 있다. 그런데 팔레스타인 분쟁 해결을 위해서 1947년 유엔이 채택한 분할 결의안 181호를 대체하는 결의안이 2018년 현재까지 채택되지 않았다. 181호 결의는 예루살렘이 국제화된 도시로서 유엔 통치하에 있어야한다는 것이다. 이후 유엔 결의들은 무력을 통해서 예루살렘을 점령한 이스라엘을 점령 세력으로 규정하고 있다. 따라서 이스라엘이 예루살렘에서 취한 토지 몰수, 팔레스타인인 추방, 법률제정 등을 비롯한 각종 조치들은 무효라는 것이 유엔의 입장이다.

팔레스타인인들은 이스라엘의 예루살렘 주권 주장의 종교적 토대 자체가 허구라고 믿고 있다. 팔레스타인인들의 예루살렘 분쟁 해결 방안은 확고한 민족 정체성에 토대를 두고 두 개의 주권, 이스라엘 주권과 팔레스타인 주권으로 양분하는 것이다. 그러나 이들은 이 분할을 구체화시킬 만한 어떤 분명한 계획안을 제시하지는 못하고 있다. 단지 자치정부를 지지하는 팔레스타인인들은 유엔 안보리결의 242호에 근거하여 1967년 전쟁에서 이스라엘이 점령한 동예루살렘을 포함하는 지역을 반환하라고 주장하고 있다.

현재도 이스라엘은 예루살렘에 대한 독점적인 주권을 확보하기 위하여 종교와 인종에 토대를 둔 '우리'와 '그들'을 가르는 정책을 실행하고 있다. 일부의 팔레스타인인들 역시 종교를 앞세워 정체성을 강화시키고 있다. vii)61) 이러한 양 측의 행보는 분쟁을 해결하는 것이 아니라 격화시키는 방향으로 가는 것이다. 사실 주권과 민족 문제는 근대 서구 시민사회의 정치 담론에서 나온 것이고 정치적인 것이지 종교적인 것이 아니다. 그런데 예루살렘 논쟁은 근대가 극복해야할 대상이었던 전근대적인 종교적 · 인종적 요소가 종교로부터 해방된 자유로운 개인의 주권 같은 근대적인 요소를 압도하고 있으며 이것은 문제의 실상을 더욱 복잡하게 만들고 현실을 왜곡시킨다. 따라서 종교 또는 인종 차별에 토대를 두고 이 지역에서 정치 패권을 합리화하려는 시도들은 예루살렘의 분쟁을 더욱 복잡하게 만들고 있다.

---

vii) 1990년대에 오슬로 협상을 하는 동안, 팔레스타인 세속적 민족 지도부가 이스라엘과 타협하면서, 무장 저항 포기를 선택했을 때, 무슬림 형제단은 하나의 대안으로 남았고, 하마스와 이슬람 지하드의 모습으로 무장 저항을 수행하였다. 1967년 이스라엘이 서안과 가자 지역을 점령한 이후 20년간 무슬림 형제단은 모스크를 통해서 획득한 거의 전적인 지배력과 교육 분야에서의 영향력을 통하여 사회적 토대를 건설하고 강화시켰다.

제6장
팔레스타인 난민 축출은 현재진행형

□ **팔레스타인 난민 현황**

 2017년 8월 이스라엘 일간 하레츠에 따르면, 이스라엘이 네게브에 거주하는 수 백 명의 베두인들의 이스라엘 시민권을 취소하면서, 이 베두인들은 국적 없는 사람들이 되었다. 이들 중 일부는 40년 동안 이스라엘 시민이었고, 이스라엘군대에서 복무했으며, 세금을 납부하였다. 그러나 이 베두인들

• 팔레스타인 난민 축출은 현재진행형

의 이스라엘 시민권은 단 한 번 단추를 누름으로써 말소되었다. 이스라엘 내무부는 시민권이 실수로 그들에게 부여된 것이라고 주장할 뿐, 그 이상 설명을 하지 않았다. 이러한 상황은 네게브 베두인들에게 만연되고 있는 현상이며, 이스라엘 시민권을 가진 팔레스타인인들 누구에게나 발생할 수 있는 현실이다.[62]

2016년 현재 약 790만 명 이상의 팔레스타인 난민들이 존재한다. 이는 전 세계 팔레스타인

• 네게브 베두인 마을
(http://sen.wikipedia.orgwikiHura#mediaFileHura)

• 네게브 베두인 마을 전경 (httpsen.wikipedia.orgwikiHura#mediaFileHura_view.)

인 1,210만 명 중 약 65%를 차지한다. 팔레스타인 난민들의 거의 절반은 국적이 없다. 난민들 다수는 점령당한 팔레스타인 영토와 주변 아랍 국가들에 거주하며, 이 난민들 중 약 71%는 난민 캠프 밖에서 생활한다. 2016년 현재 약 560만 명 정도가 운르와(UNRWA, 유엔 팔레스타인 난민 구호사업 기구)에i)63) 등록되어 있으며, 이들은 전 세계 팔레스타인 인구의 약 46%를 차지한다.

현재도 팔레스타인 난민들이 거주하고 있는 주변 아랍 국가들에서도 2차, 3차에 이르는 대규모 난민 축출은 현재에도 발생하고 있다. 2011년 이후, 계속되는 시리아 분쟁으로, 12개(9개-공식 캠프, 3개-비공식 캠프)의 난민 캠프 중에서 5개가 파괴되거나 접근할 수 없다. 2016년 현재 시리아 내부에 남아있는 45만 명(전체 등록된 난민 56만 명)의 난민 중, 28만 명이 다시 한 번 시리아 내부 난민이 되었다. 약 5만 9천 명의 난민은 외국으로 강제로 축출되어, 4만 2천 명은 레바논으로, 1만 7천 명 이상은 요르단으로 이주하였다.

2006년 여름(7월 12일~8월 14일) 이스라엘의 레바논 공격으로 팔레스타인 난민 캠프 난민들이 축출되었다. 이 난민 캠프들이 직접적인 목표물은 아니었으나 캠프 근처에 빈번하게 폭탄이 투하되었다. 약 1만 6천 명의 팔레스타인 난민들이 레바논 내 다른 지역과 그 이웃 국가들로 축출되었다.64)

2003년 이후 2007년까지 미국의 이라크 공격과 점령으로 이라크에 거주하던 약 3만 4천 명의 팔레스타인 난민들 중 50% 이상이 이라크에서 추방을 당했다. 1994년에 리비아는 오슬로 협상에 불만족하다는 표시로 당시에 리비아에 거주하던 약 3만 5천 명의 팔레스타인인들을 추방한다고 발표하였고, 이들 대부분을 추방하였다.65) 1990~1991년 이라크가 쿠웨이트를 침공했을 당시에 팔레스타인 해방 기구(PLO)가 이라크와 동맹을 맺었다는 이유로, 쿠웨이트와 걸프 지역 아랍

---

i) 운르와(UNRWA, United Nations Relief and Works Agency)는 1949년 유엔 총회 결의 302호에 의해서 설립되었다. 이 기구는 1950년 5월에 가동을 시작하였다.

왕국들은 40만 명 이상의 팔레스타인인들을 대거 추방하였다. 이렇듯 중동에서 발생하는 분쟁 중에 팔레스타인인들은 자신들의 의지와는 관계없는 정치적 상황에 의해서 휘둘러지고 있다. 사우디아라비아를 비롯한 아랍 연맹 소속국가들은 팔레스타인 땅으로 귀환을 보장한다는 명분으로 팔레스타인인들에게 시민권을 주지 않으면서도, '팔레스타인 땅으로 귀환'을 위한 실제적인 어떤 조치도 취하지 않고 있다.

뿐만 아니라, 팔레스타인 난민은 이스라엘 점령지와 이스라엘 국가내부에서도 계속 발생하고 있다. 2006년 여름에 이스라엘 군사 작전으로 가자 지역에서 5천 1백 명의 점령지 내부 난민이 발생했다. 2002년 이후 동예루살렘을 포함하는 서안지역에서 분리장벽 건설과 군사 통치와 관련된 사업으로 주민의 17%가 다른 지역으로 강제 이주 당했고, 요르단 계곡에서 폐쇄와 주택 파괴, 강제 퇴거 등으로 수천 명의 팔레스타인인들이 서안의 다른 지역으로 추방당했다. 또 이스라엘 정부는 이스라엘 본토로 영입된 네게브와 갈릴리에서 유대 공동체의 독점적인 이익을 위한 도시 개발 계획의 일환으로 토착의 팔레스타인 공동체들을 파괴

• 1948년 10∼11월 갈릴리를 떠나는 팔레스타인 난민

• 1948년 팔레스타인 난민들

하고 추방하였다.66)

이스라엘/팔레스타인 분쟁의 핵심은 영토와 그 주민들이다. 팔레스타인 난민들은 팔레스타인 땅 분할안인 '1947년 유엔 총회 결의 181호'를 토대로 시온주의자들이 이스라엘 국가를 세우는 과정에서 유대 이민자들을 대거 영입하고, 다른 한편으로 아랍 원주민을 추방하면서 발생한 비극적인 사건으로부터 출현하였다. 그럼에도 불구하고, 이 분할안을 통과시킨 유엔뿐만 아니라 이 분할 결의에 찬성한 미국을 비롯한 열강들은 팔레스타인 난민들 문제를 현실적으로 해결하는 것에는 관심조차 표명하지 않고 있다.

팔레스타인인들은 '팔레스타인 난민 귀환' 문제를 이스라엘/팔레스타인 분쟁 해결을 위한 협상에서 가장 핵심적인 주제들 중의 하나로 협상 테이블에 올리려고 한다. 반면, 이스라엘 측은 '팔레스타인 난민 귀환' 문제에 대한 협상 자체를 거부하고 있다.ii)67)

이 팔레스타인 난민들 대부분은 추방 이후 70년이 지난 현재도 피난처인 아랍 각 국가에서 투표권을 비롯한 정치적 권리, 재산 소유권 등의 경제적 권리, 직

---

ii) 팔레스타인 협상자들은 난민 귀환권을 이스라엘/팔레스타인 국경 획정, 이스라엘 정착촌 제거, 예루살렘 주권, 수자원 지배권 문제와 함께 이스라엘과의 협상에서 해결해야할 최우선 과제로 삼고 있다. 그러나 이스라엘은 이러한 분쟁의 핵심 사안들을 모두 피해가려고 한다.

업 선택 등의 사회적 권리 등을 포함하는 기본적인 인권마저 유린당하고 있다. 또 자의든 타의든 팔레스타인 난민들을 수용한 대부분의 아랍 국가들 내부에서 팔레스타인 난민 문제는 각 국가 내부의 문제들과 얽혀 복잡한 양상으로 전개되었다.

팔레스타인 난민들 대부분은 운르와가68) 지원을 하는 지역인 팔레스타인의 서안과 가자, 요르단, 레바논, 시리아 지역에 살고 있다. 이 밖에도 팔레스타인 난민들은 이라크, 리비아, 이집트와 걸프 연안 국가들, 마그립 지역 국가들과 지부티, 모리타니아, 소말리아, 수단 등 아프리카 지역 국가들에 다양하게 거주하고 있다.

□ 운르와와 팔레스타인 난민들 상황

1949년 12월 수립된 운르와는 '팔레스타인 난민'을 '1946년 6월 1일과 1948년 5월 15일 사이에 팔레스타인에 거주하던 사람들로 1948년 아랍—이스라엘 전쟁의 결과 집과 생계 수단을 잃은 사람들과 부계 후손들'로 규정하였다. 이후 1967년 전쟁에서 난민이 된 사람들이 추가되었다.69)

운르와의 난민에 대한 정의는 1948년에 난민이 된 사람들의 후손을 포함한

• 운르와

다. 팔레스타인 난민은 1947년 11월 유엔 팔레스타인 분할 결의안이 통과된 이후

• 1948년 하이파를 떠나는 아랍인들 (https://en.wikipedia.org/wiki/1948_Palestinian_exodus#/
media/File:%C3%9At%C4%9Bk_z_Haify.png)

본격적으로 전개된 하가나,[iii] 이르군, 스턴 갱단 등 일련의 유대 지하 테러 단체
들의 팔레스타인인들에 대한 공격,[iv] 1948년 전쟁, 1967년 전쟁으로 발생했다.
1948년 전쟁 이후, 유엔 조정 위원회는 팔레스타인 총 인구의 75%에 달하는 72

---

iii) 1990년대 이스라엘-팔레스타인 협상의 주역이며 총리였던 이츠하크 라빈을 비롯한 아
리엘 샤론, 레하밤 지비, 도브 호즈, 모세 다얀, 이갈 알론은 하가나 대원들이었다.

iv) 예를 들면, 유대 테러 단체인 이르군, 스턴 갱 등이 1948년 4월 9일 데이르 야신 마을을
공격하여 245명 이상의 팔레스타인 마을 사람들을 학살하고 마을을 장악하였다. 이후에
도 계속해서 팔레스타인 마을들을 공격하여 점령해 나갔고, 이 유대 테러 단체들의 공격
을 피하기 위해 팔레스타인인들이 피난길에 나섰다. 이스라엘 국가 수립 이전 메나헴 베
긴(1978년 캠프데이비드 협정 당시 이스라엘 총리)과 이츠하크 샤미르(1991년 마드리드
회의 당시 총리)가 이 테러 단체들을 이끌었다.

만 6천 명의 팔레스타인인들이 주변 아랍 국가나 그 밖의 곳으로 피난했다. 이때에 팔레스타인 전체 마을의 50%가 넘는 531개의 마을이 파괴되었고, 유대인들이 이곳으로 이주했다. 이 때 파괴되거나 몰수된 팔레스타인 재산은 2천 9십억 달러로 추산된다.[v]

1948년 전쟁에서 이 난민들 이외에, 이스라엘 내의 다른 지역으로 추방된 3만 2천 명의 피난민이 발생하였다. 이들은 이스라엘 국내에서 토지를 몰수당하고 휴전선내의 다른 지역으로 강제 퇴거된 팔레스타인 난민들이다. 이들은 현재 이스라엘 시민권을 부여받으며 26만 3천~30만 명으로 자연 증가하였다. 이들의 고향 땅에는 대부분 유대 정착촌이 건설되었다. 난민들은 이스라엘 정부에게 자신들의 고향으로 돌아갈 수 있도록 요구하지만, 이스라엘 정부는 계속해서 거부하고 있다.

1950년에 운르와에 등록된 난민의 수는 총 91만 4천 명이었다. 1967년에는 약 40만 명의 팔레스타인인들이 서안과 가자 지역에서 추방됨으로써 2차로 대량 난민이 발생하였고, 이 중 17만 5천 명이 운르와에 등록되었다. 2006년에 운르와에 등록된 총 난민들 수는 4백 4십 5만 명으로 증가하였다. 운르와의 주 업무는 이 기구에 등록되고 원조를 필요로 하는 팔레스타인 난민들을 위한 것이다.[70] 운르와의 구호활동은 이 기구에 등록된 난민들이 거주하는 요르단, 시리아, 레바논, 서안과 가자 지역 등에 한정됨으로써 이라크, 이집트, 사우디아라비아 등 다른 지역에 거주하는 팔레스타인 난민들을 배제시킨다. 운르와의 활동 범위 밖에 있는 지역에 거주하는 난민들은 그 지위가 더욱 불안정하고, 불법 체류자들이 많다. 따라서 정확한 난민 숫자 파악이 어렵기 때문에 자료마다 그 수가 불일치

---

v) 그런데 1948년 전쟁으로 인한 팔레스타인 난민 숫자를 이스라엘이 공식적으로 52만 명으로 발표한 반면, 팔레스타인 측의 난민 추정치는 90만 명에 이른다. 난민 수 발표 주체인, 유엔, 이스라엘, 팔레스타인은 각각 난민 수를 다르게 발표했다.

한다.

　팔레스타인 난민들을 1차로 수용한 주변 아랍 국가들은 이 난민들에게 시민권과 거주 외국인 지위 등의 형태로 영주권을 부여하였다. 요르단은 서안 출신의 팔레스타인 난민들에게, 그 밖의 상당수의 아랍 국가들은 경우에 따라서 선택적으로 시민권을 부여하였다. 예를 들면, 사우디아라비아는 1970년대 후반까지 팔레스타인 출신의 상당수의 장기 거주자들에게 시민권을 부여하였고, 쿠웨이트에서는 의사 등 전문직 종사자들에게, 레바논에서는 기독교인들과 중산층 무슬림 팔레스타인 난민들에게 소규모로 시민권을 부여하였다. 그 외 대다수의 난민은 거주 외국인의 지위로 영주권을 부여받았다.

　그런데 팔레스타인 난민들이 1차 피난처가 아닌 국가로 영주권을 변경시키는 것은 사실상 거의 불가능하다. 수십만 명의 팔레스타인인들이 일자리를 찾아서 걸프 지역 국가들로 이주했지만, 이 지역에서 영주권을 획득할 수 있는 기회는 사실상 없었다. 이것은 1차 피난처였던 국가의 영주권을 잃은 팔레스타인인들에게 커다란 문제를 불러 일으켰다. 그 예로, 1991년 걸프전 이후 쿠웨이트로부터 추방당한 팔레스타인인들 중 '가자 출신들' 수만 명과, 1995년 이후 리비아로부터 추방당한 팔레스타인인들 중 '가자 출신들'이 체류할 장소가 없었다. 가자는 1967년 이후 이스라엘 군사 점령하에 들어갔고 이스라엘은 외국에 나가있는 '가자 출신들'의 입국을 금지시켰다.[vi)]

　요르단은 1948년 전쟁에서 '1차 피난처'로 요르단을 택한 팔레스타인 난민들에게 국민 여권을 발행한다.[vii)] 그러나 비록 '1차 피난처'라 할지라도, 요르단을 제

---

vi)　여러 가지 이유로 첫 번째 피난한 국가를 떠나야만 했던 팔레스타인 난민들은 알제리, 이라크, 수단, 예멘 등으로 갔다.

vii)　요르단은 1988년까지 동예루살렘을 포함한 서안거주 팔레스타인인들에게 요르단 여권을 발행하였다. 2018년 현재까지도 요르단은 동예루살렘 거주 팔레스타인인들(이스라

외한 다른 아랍 국가들은 아랍연맹의 관련 결의들 또는 '카사블랑카 의정서'와71) 일치하여 팔레스타인 난민들에게 '특별 여행증명서'를viii) 발행한다. 그런데 이 여행증명서의 발행과 갱신과 관련하여 빈번하게 문제가 발생해왔다. 여행증명서 발급은 '후속 거주' 국가로 제도적으로 이양되지 않는다. 이러한 점에서 팔레스타인 난민들은 '1차 피난처' 국가에 주로 의존하고 있다. 아랍 연맹의 '특별 여행증명서'는 이 여행증명서 소유자들에게 아랍 연맹국가들에 거주할 수 있는 자율적인 권리를 주지 않았다. 따라서 팔레스타인 난민들은 각 아랍 국가들의 이민 정책에 휘둘릴 수밖에 없다. 이 여행증명서는 그 소지자가 증명서 발행국을 자율적으로 떠날 권리도 주지 않는다. 대부분의 국가들은 팔레스타인 난민들이 특별한 출국 허가를 받도록 요구해왔다.

요르단, 시리아, 후세인 대통령 통치하의 이라크 정부는 전반적으로 팔레스타인 난민들이 자국 국민들과 동등한 환경에서 일하도록 허락하였다. 그러나 이집트와 레바논 거주 팔레스타인 난민들은 외국인들에게 해당하는 법률을 적용 받는다. 그래서 이 두 국가에서 팔레스타인 난민들은 특정 직업에 종사하지 못하고, 각 정부로부터 노동 허가서를 받아야 직업을 가질 수 있다. 그러나 팔레스타인인들이 이 노동 허가서를 받는다는 것은 매우 힘들기 때문에 이들은 대체로 불법적으로 일을 한다.

요르단, 시리아 거주 팔레스타인 난민들은 교육, 보건과 복지 등을 포함하는 정부 서비스를 받고 있다. 정부 서비스 제공의 측면에서 과거 가말 압델 나세르 대통령 통치하의 이집트 거주 팔레스타인 난민들과 사담 후세인 대통령 통치하

엘 영주권자들)에게 요르단 여권을 발행한다. 결국 이스라엘은 1967년 전쟁을 통해서 점령한 서안과 동예루살렘 거주 팔레스타인인들에 이스라엘 시민권을 주지 않으면서, 그들에 대한 관리를 요르단에게 떠넘겼다.

viii) 여행증명서(travel document)는 본국이 발행하는 여권(passport)을 가질 수 없거나 사용할 수 없는 사람들에게 임시로 외국 여행을 허락하는 문서다.

의 이라크 거주 팔레스타인 난민들은 시리아의 팔레스타인 난민들과 거의 동등한 대우를 받았다. 그러나 레바논 정부는 팔레스타인 난민들에게 교육과 보건을 비롯한 정부 서비스를 결코 제공하지 않았다. 현재 요르단을 제외한 모든 아랍 국가들은 팔레스타인 난민들이 부동산을 취득할 수 있는 권리를 금지하고 있다.

요르단에서 80% 이상의 팔레스타인인들은 완전한 시민권을 갖고 있으며, 난민 캠프에 거주하지 않는다. 그러나 레바논에서, 팔레스타인인들은 국적이 없고, 가난하며, 인구 밀집된 난민 캠프에서 생활하며, 광범위하게 고용 제한을 받고, 재산 소유를 금지 당하고 있다. 시리아에서, 팔레스타인 난민들은 대부분 캠프 밖에서 생활하고, 시민권은 없지만, 고용과 사회 서비스에 접근할 수 있다.

2004년 10월 사우디아라비아는 귀화법을 제정하여 10년 이상 장기 거주민들 중 100만 명 이상에게 시민권 취득을 신청하도록 허락했다. 그러나 이 법은 아랍 연맹의 지침에 따라 50만 명에 이르는 사우디 거주 팔레스타인인들을 배제시켰다. 아랍연맹은 '팔레스타인인들의 정체성이 상실되는 것을 피하고 팔레스타인으로의 귀환권을 보장'한다는 명분으로, 팔레스타인 난민들에게 시민권을 부여하는 것을 금지하고 있다. 현재 요르단을 제외한 어떤 아랍 국가도 공식적으로 팔레스타인 난민들에게 시민권을 주지 않고 있다.

2015년 현재 운르와에 등록된 난민들 중 약 28.7%가 서안과 가자, 요르단, 레바논, 시리아, 서안과 가자 지역의 승인된 58개 캠프에 거주한다. 운르와 정의에 따르면, 난민 캠프는 해당 정부가 운르와에게 관리권을 준 지역이다. 이 캠프는 난민들을 수용하고, 난민들의 요구를 충족시켜줄 수 있는 시설들이 구비되어 있다. 운르와가 지정하지 않은 지역은 캠프로 간주되지 않는다. 그러나 운르와는 다마스쿠스 근처의 야르묵과 같은 팔레스타인인들이 밀집해 사는 캠프 밖 지역에서도 학교, 병원, 배급 센터 등을 운영한다.[72]

이 캠프들은 국가 소유지이거나, 대부분은 지역의 지주들로부터 해당 정부가 임대한 토지위에 건설되었다. 이것은 캠프 난민들이 거주하고 있는 땅을 소유할 수 없고, 땅에 대한 사용권만을 가지고 있다는 것을 의미한다. 운르와는 이 캠프들의 설비를 운용하고 서비스를 제공하는 것을 책임진다. 이 기구는 캠프를 소유하거나 운영하거나 치안을 유지하는 책임을 지지 않는다. 이러한 것들은 해당 당국자들의 책임이다. 이 캠프들 중 10개는 1967년 6월 전쟁으로 발생한 새로운 난민들을 수용하기 위하여 건설되었다. 이 캠프들의 사회 경제적 상황은 높은 인구밀도로 가난하고, 주거환경이 열악하고, 도로와 하수도와 같은 기반 시설이 기본적으로 부적당하다.

나머지 2/3 이상의 운르와에 등록된 난민들은 도시 주변지역, 또는 캠프 주변지역에 살고 있다. 학교, 병원과 같은 운르와의 시설 대부분은 난민 캠프 내에 위치해 있고 일부가 캠프 밖에 위치해 있다. 이 기구는 캠프 주민들과 비 캠프 주민들 모두에게 서비스를 제공한다.

운르와 설립 이후, 이 기구는 수만 명의 난민들에게 음식물, 주택, 옷 등을 공급해왔고, 동시에 수십만의 젊은 난민들에게 교육과 보건을 제공해왔다. 운르와는 팔레스타인 난민들에게 지속적으로 도움을 주고 있으며, 팔레스타인 난민들

• 1967년 팔레스타인 난민 (http://www.palestineremembered.com)

의 복지와 발전에 공헌하였다. 원래 이 기구로 예상되었다. 이 기구는 점차 그 프로그램을 난민의 변화하는 욕구를 충족시켜왔다. 오늘날, 운르와는 중동에 있는 약 560만 명의 등록된 팔레스타인 난민들에게 교육, 보건, 구제와 사회생활에 관한 기본적인 서비스를 제공한다.

• 팔레스타인 난민 통계[73]

	서안	가자	요르단	레바논	시리아	총계
1950년	−ix)	198,227	506,200	127,600	82,194	914,221x)
1975년 등록된 난민	292,922	333,031	625,857	196,855	184,042	1,632,707
2006년 12월 통계						
등록된 난민	722,302	1,016,964	1,858,362	408,438	442,363	4,448,429
지난해 대비 증가율	3.2(%)	3.1(%)	1.7(%)	1.1(%)	2.4(%)	2.3(%)
지역별 난민 비율	16(%)	23(%)	42(%)	9(%)	10(%)	100(%)
현존 캠프 수	19	8	10	12	9	58
캠프 거주 난민 수	186,479	478,272	328,076	215,890	119,055	1,327,772
캠프 거주 난민 비율	26(%)	47(%)	18(%)	53(%)	27(%)	30(%)
2015년 1월 통계						
등록된 난민 (전체 대비 %)	942,184 (16.8%)	1,349,473 (24%)	2,212,917 (40%)	493,134 (8.7%)	591,780 (10.5%)	5,589,488 (100%)
캠프 거주 난민 비율	24.3(%)	41.6(%)	17.4(%)	50.6(%)	30.2(%)	28.7(%)

운르와의 운영은 유럽 연합과 미국 등의 자발적인 기부금으로 재정의 95% 정도가 충당된다. 대부분의 기부금은 현금으로 받고, 수입의 5% 정도는 물품, 주로 매우 가난한 팔레스타인 난민들에게 나누어줄 식량 등으로 받는다. 운르와는 정해진 확실한 기부 체계를 가지고 있지 않다.

---

ix) 서안은 1967년까지 요르단에 포함됨.
x) 1952년까지 운르와로부터 이스라엘 내에서 구제를 받은 45,800명은 제외.

□ 운르와가 활동하는 지역의 난민

1. 팔레스타인(서안과 가자)

서안과 가자 지구에 거주하는 난민들은 서안과 가자거주 팔레스타인인들의 약 42.8%(서안 27.3%, 가자 68%)를 구성한다.

서안 지역 난민들 중 약 24.3%가 19개의 운르와 난민 캠프에서 거주하고 있으며, 대다수를 구성하는 나머지 난민들은 도시나 마을에서 살고 있다. 몇 몇 캠프는 주요 도시 근처에 위치해 있고, 일부는 시골 지역에 위치해 있다. 서안에는 운르와가 운영하는 지역 중 가장 캠프 수가 많으며, 가장 큰 캠프는 발라

• 서안의 발라타 난민 캠프

타 캠프다.

1993년 오슬로 협정 이후에, 서안의 난민 캠프는 점차 이스라엘의 통치 구역과 팔레스타인 자치정부의 통치 구역으로 분할되었다. 수파 캠프는 예루살렘의 시 경계 안으로 들어가게 되었고, 이스라엘의 통제하에 있게 되었다. 칼란디아 캠 프는 C지역으로 들어감으로써, 이스라엘의 완전한 통제 아래 놓이게 되었다. 데 이르 아마르, 잘라존, 파와르, 아룹, 파라, 누르 샴스 등 여섯 개의 캠프는 B지역 으로 팔레스타인/이스라엘 공동 통치 지역으로 들어갔다. 나머지 11개는 A지역 으로 독점적인 팔레스타인 자치정부의 통제 하에 들어가게 되었다. 1998년 와이 리버 협약으로 파라와 누르 샴스가 A지역으로 들어왔고, 완전히 팔레스타인 자 치정부가 통제하는 캠프는 13개가 되었다. 캠프 주민들은 이스라엘 당국이 서안 에 부과한 폐쇄조치로 인해서 심각한 곤경에 처해있다. 캠프 주민들의 수입은 대 체로 이스라엘 내부에서의 노동에 의존한다. 실업이 증가하고 있으며, 캠프 내의 사회 경제적 상황은 악화되어왔다.

캠프 주민들은 자신들의 활동을 운영하고 각 캠프 내의 캠프 위원회들이 캠프 주민들을 대표하는 공식적인 실체다. 운르와는 수많은 여성 프로그램 센터들, 사 회 복귀 센터들을 후원한다. 이 기구는 초등학교와 고등학교 등을 운영한다. 그 러나 서안에서 운르와 교육 프로그램이 직면하고 있는 주요한 문제는 한 교실에 평균 50명의 학생이 밀집해 있는 것이다. 학생의 증가와 교실의 부족으로, 24개 학교가 2교대 수업을 하고 있다. 2000년 9월 이후, 많은 학교들은 이스라엘의 주 요한 군사 작전으로 파괴되었다.

운르와는 보건소들을 운영하면서, 칼킬리아에서 43개의 침대가 있는 병원을 운영한다. 이 시설들이 직면한 문제는 과도한 환자들의 수와 의사들과 직원들의 과중한 업무다. 평균 보건소당 하루에 89명의 환자가 방문한다.

• 2016년 서안의 난민 캠프(19개)[74]

구역	캠프 이름	설립 년도	등록된 난민 수
나블루스	아스카르	1950	19,987
	발라타	1950	28,129
	캠프NO.1	1950	8,125
제닌	파라	1949	9,369
	제닌	1953	20,598
툴카렘	누르 샴스	1952	11,658
	툴카렘	1950	23,549
라말라	아마리	1949	13,231
	데이르 아마르	1949	3,003
	잘라존	1949	14,064
	칼란디아	1949	13,730
예루살렘	수파	1965	13,795
제리코	아까바 자브르	1948	8,561
	에인 엘 술탄	1948	2,688
베들레헴	데이쉐흐	1949	16,180
	아이다	1950	6,013
	베이트 지브린	1950	2,605
헤브론	파와르	1949	10,275
	아롭	1950	13,092
합계			238,652

　가자 지역은 운르와가 운영하는 캠프 지역 중 가장 열악한 상황이다. 2016년 현재 190만 명의 가자 주민들 중 약 135만 명이 난민들이다.[75] 가자 주민의 68% 이상이 난민이고, 8개의 난민 캠프에 581,698명, 약 45%의 난민이 거주하고 있다. 가자로 피난한 사람들의 대부분은 1948년 아랍 이스라엘 전쟁의 결과로 자파와 자파 인근의 도시와 마을, 네게브에 있는 비르쉐바 출신들이다. 총 약 20만 명의 난민들이 가자로 들어왔는데, 당시 가자의 원 주민들은 8만 명에 지나지 않았다. 이러한 유입은 오직 360㎢를 차지하는 협소한 땅에 큰 부담이 되었다.

구역	캠프	설립 년도	등록된 난민 수
북 가자	자발리야	1948/49	119,486
가자시	비치(알 사티)	1949	84,077
남 가자	칸 유니스	1949	84,325
	라파	1949	120,526
중앙 가자	데이르 엘 발라	1948	24,525
	누세이라트	1948/9	77,671
	부레이즈	1949	41,088
	마가지	1949	30,000
합계			581,698

　가자의 난민 캠프는 세계에서 가장 인구 밀도가 높은 지역 중의 하나다. 그 중에서도 가장 열악한 곳은 비치 캠프로 84,077명의 난민들이 0.52㎢의 넓이에 위치한 캠프에 살고 있다.

• 가자의 비치 캠프

2. 요르단

트랜스 요르단은 1949년 요르단 강 동안과 서안을 통합하면서, 국명을 요르단 하심 왕국(THE HASHEMITE KINGDOM OF JORDAN)으로 변경하였고, 팔레스타인인들이 요르단 인구의 절반 이상을 구성하게 되었다. 요르단은 '1948년 5월 15일 이전에 팔레스타인 지역에 거주하던 유대인을 제외한 팔레스타인인들 중에서, 1949년 12월 20일부터 1954년 2월 16일에 하심 왕국에 거주하고 있는 사람들을 요르단 시민'으로 규정하는 새로운 국적법을 1954년에 도입함으로써 팔레스타인 난민들에게 확실한 요르단 시민권을 부여하였다.77) 이 법의 제정으로 동안과 서안에 거주하는 모든 팔레스타인인들은 완전한 요르단 시민으로서 군복무 의무를 비롯한 국민의 의무와 권리를 동안 출신 요르단들과 동일하게 누리게 되었다. 그러나 1967년 전쟁 이후 요르단으로 피난 온 가자 출신들은 시민권을 받지 못했다. 팔레스타인인들은 정부의 최고위직, 군대의 장군, 내각, 총리도 역임을 하였다. 팔레스타인 사업가들은 농업, 공업, 상업, 금융 분야에 투자하여 성공하였다. 요르단에서 가장 큰 금융 기구인 아랍 은행(the Arab Bank)은 팔레스타인 알 마스리(Al Masri 가문)의 소유이며, 팔레스타인인들에 의해서 운영된다.

사실상 1950년부터 1988년 사이에는 서안 거주 팔레스타인인들과 동안 거주 팔레스타인인들 사이에는 차별이 공식적으로는 존재하지 않았다. 그러나 1988년 팔레스타인인들은 인티파다 과정에서 요르단이 서안에 대한 통치권을 포기하고 서안을 요르단으로부터 분리시키기를 희망했다. 이에 답하여 후세인 요르단 왕은 1988년 7월 31일 연설을 통해서, "동안과 서안 사이의 법률적 행정적 유대가 단절되었다. 점령지 서안과 서안의 팔레스타인인들은 요르단 하심 왕국에 살고 있는 팔레스타인 출신의 요르단 시민들과 아무런 관련도 없다. 요르단 시민들은 그들의 출신과 관계없이 다른 시민들과 똑 같은 시민의 권리와 의무를 갖고 있다"고 선언하였다. 이로써 서안의 팔레스타인인들은 요르단 시민권을 상실하였으나 동안 거주 팔레스타인인들은 완전한 요르단 시민권을 누리고 있다.

그런데 서안의 팔레스타인인들은 공식적으로 요르단 시민권을 상실했음에도 불구하고, 팔레스타인 자치정부가 수립될 때까지 요르단 여권을 계속해서 사용하였다. 1988년 8월 후세인 국왕은 이와 관련하여 다음과 같이 밝혔다. "서안의 팔레스타인인들이 보유한 요르단 여권은 팔레스타인 국가가 창설될 때까지 유효하다. 팔레스타인 국가 창설 이후에는 팔레스타인 국가의 시민으로서 자신들의 시민권을 가질 것이다." 요르단 정부는 동안 거주 팔레스타인인들을 포함하는 요르단 시민에게는 5년 동안 유효한 여권을 발행해 주는 반면, 1988년 이후 팔레스타인 자치정부가 구성되는 1994년까지 서안 거주 팔레스타인인들에게 2년 동안 유효한 여권을 발행하면서, 이들에게 최대한 한 번에 30일 정도 요르단에 체류할 수 있도록 허락하였다. 그러나 서안에 거주할 수 있도록 이스라엘의 허락을 받은 사람들만 이 2년짜리 요르단 여권을 갱신할 수 있었다. 1994년 팔레스타인 자치정부 수립 이후에는 자치정부가 서안과 가자의 팔레스타인인들에게 5년 동안 유효한 여행증명서를 발급한다.[xi]

요르단에는 10개의 공식적인 팔레스타인 난민 캠프들이 있다. 2006년 12월 현재 이 캠프들은 요르단에서 운르와에 등록된 1,858,362명의 난민들 중 18%인 328,076명을 수용하고 있다. 이 캠프들 중 4개는 1948년 아랍-이스라엘 전쟁이후에 요르단 강 동안에 설립된 것이고, 6개는 1967년 아랍-이스라엘 전쟁 이후에 설립된 것이다. 요르단 정부는 인정하고 있으나 운르와가 인정하지 않은 3개의 난민 캠프들이 암만, 자르까, 마다바에 각각 1개씩 있다. 10개의 공식 캠프와 3개의 비공식 캠프 주민들과 유사한 사회 경제적 환경에서 캠프 주변에서 거주

---

xi) 현재 팔레스타인 자치정부가 발행하는 것은 '여행증명서'이다. 이스라엘 정부는 팔레스타인 자치정부의 여권 발행을 인정하지 않는다. 때문에 서안과 가자에 사는 팔레스타인인들의 여권에는 영어로 '여권'이라는 단어와 '여행증명서'라는 단어가 동시에 쓰여 있다.

하는 난민들은 요르단 팔레스타인 난민들의 65%로 추정된다. 1948년에 최초로 10만 명 정도의 팔레스타인 난민들이 요르단 강을 건너서 임시 캠프, 모스크, 학교, 도시나 마을로 피난했다. 국제적십자 위원회가 운르와가 업무를 시작한 1950년 5월까지 난민들을 위한 긴급 원조를 제공했다.

• 2006년 요르단 난민 캠프(10개)[78]

캠프	설립연도	등록된 난민 수
바까	1968	90,575
암만뉴캠프	1955	50,609
마르카	1968	44,198
자발 알후세인	1952	29,520
이르비드	1968	24,758
후슨	1968	21,441
자르까	1949	18,335
수프	1967	19,429
제라시	1968	23,034
탈비아	1968	6,107
합계		328,076 (전체 등록된 난민의 18%)

최초의 캠프인 자르까는 국제 적십자사에 의해서 1949년에 건설되었다. 이곳에는 이미 수많은 팔레스타인 난민들이 암만 북쪽 약 25㎞에 위치한 자르까 중심지 근처에 모여 있었다. 1951~1954년 사이에 3개의 캠프가 더 건설되었다. 암만 지역에 2개, 요르단 북쪽 이르비드에 1개가 건설되었다. 난민들은 1950년대 후반까지는 텐트에서 수용된 이후, 운르와가 이 텐트들을 더 내구력이 있는 피난처로 대체시켰다. 이 새로운 피난처는 석면 지붕을 한 벽돌로 지은 방이었다. 한 가족 4~5명이 12㎡의 방 1개, 6~8명으로 구성된 가족은 80~100㎡를 넘지 않는 땅의 방 2개에 거주하였다. 난민들은 출생이나 결혼으로 가족 수가 많아짐에 따라서

추가로 방을 건축할 수 있었다. 현재 자연적인 인구 증가에 따라 피난처와 주변의 땅은 완전히 생활공간으로 활용되고 있어서 오늘날 캠프는 고도로 인구가 밀집되어 있다.

현재 많은 캠프들은 주택 지역으로 둘러싸여 있다. 이것은 요르단 인구와 도시의 계속된 성장의 결과다. 캠프들은 주변 지역과 비슷한 모습으로 성장했다. 이것은 난민들이 자신들의 환경을 개선하기 위하여 스스로 열심히 노력하고, 기본적인 기반시설을 캠프에 제공하기 위하여 요르단 정부가 상당량의 자금을 투자했기 때문이다.

운르와는 캠프 개량 위원회뿐만 아니라 요르단 정부의 팔레스타인 업무부(DPA)와[79] 대등하다. 요르단 정부의 팔레스타인 업무부는 캠프 개량 위원회의 구성원들을 공동체 지도자들과 난민 명사들 중에서 선발한다. 캠프의 기반 시설은 1차적으로 요르단 정부의 책임이다. 그러나 운르와의 위생 기술 분과는 도로, 골목, 하수시설 등을 개량하기 위하여 요르단 정부의 팔레스타인 업무부, 캠프 위원회 등과 협력하고 있다. 캠프 안에서 살던지 캠프 밖에서 살든지 요르단에서 운르와에 등록된 모든 팔레스타인 난민들은 운르와의 서비스를 받을 자격이 있으며, 난민들 중 가장 가난한 사람들은 운르와의 서비스를 쉽게 받을 수 있다.[80]

3. 레바논

원칙적으로 1948년 전쟁으로 인해서 직접 레바논으로 들어온 팔레스타인인들만 난민의 지위를 취득했으며, 합법적인 거주자로 간주된다. 그 이후에 들어왔거나 제3국을 거쳐서 들어온 난민들이 레바논에 거주하는 것은 불법이다. 팔레스타인 난민들이 합법적으로 레바논에 합법적으로 거주하기 위해서는 운르와(1950년)나 적십자사(1948년) 등록은 필수적이다.

요르단 정부와 시리아 정부가 팔레스타인 난민들을 각 사회 내부로 통합하려는 정책을 계획적으로 추진했던 것과는 대조적으로, 레바논 정부는 팔레스타인 난민들이 사회 내부로 통합될 수 없도록 했다. 1947~1948년에 팔레스타인 피난민들이 레바논 전체 인구의 10%를 구성하였다. 레바논의 통치 체제는 이 팔레스타인인들이 무슬림과 기독교인들 사이의 미묘한 균형과 정치 사회적인 안정을 위협하는 세력으로 간주하였다. 결국, 레바논의 팔레스타인 난민들은 아랍 국가에 피난한 팔레스타인 난민들 중에서 가장 불안정하고 열악한 상황에 처하게 되었다.

고향땅, 팔레스타인에서 추방당한 팔레스타인인들은 다시 또 피난한 국가들로부터 강제 추방을 당했다. 예를 들면, 1950년대에 걸프 지역의 오일 생산 국가들은 파업하는 팔레스타인 노동자들을 추방했다. 1970년대에 팔레스타인 해방 기구(PLO)가 요르단의 하심 왕가에 도전했을 때, 약 1만 8천~2만 명의 팔레스타인인들이 대거 추방당했고 팔레스타인 난민 캠프들은 무차별로 파괴되었다. '검은 구월' 전쟁으로 알려진 이 내전발발 이후, PLO는 요르단으로부터 추방되어 레바논에 정착하였다.[81]

남부 레바논에서 1974년에 이스라엘 전투기들이 알 나바티야 난민 캠프를 공격하여 파괴하였고, 난민들은 아인 알 힐위 난민 캠프와 베이루트에 있는 다른 난민 캠프들로 추방되었다. 1976년 기독교 무장단체인 팔랑헤가 동부 베이루트 소재 탈라즈-자터르(Talaz-Za'ater) 난민 캠프와 지스르 엘 바사 난민 캠프를 공격했다. 난민들은 다시 아인 알 힐와 난민 캠프와 베이루트에 있는 다른 난민 캠프들로 추방되었다. 1982년 9월 이스라엘이 베이루트를 침공하면서 이스라엘과 동맹한 팔랑헤가 사브라와 샤틸라 난민 캠프의 팔레스타인 난민들 수천 명을 대량 학살 하였다. PLO 본부가 레바논으로부터 추방된 이후 남아있던 PLO 세력과 레바논군 사이에서 발생한 1985~1987년 캠프 전쟁으로 약 4천여 명의 팔레스타인

• 2015년 1월 레바논의 샤틸라 난민 캠프 전경

인들이 재차 추방되었다.[82)]

운르와의 발표에 따르면, 1980년대 동안 이스라엘의 레바논 침공으로 베이루트, 사이다, 티레 소재 8개 난민 캠프의 주택 중 57%가 파괴되었고, 36%가 손상되었다. 이로 인해 이 지역 캠프 거주민의 90%인 약 73,500명의 난민들이 심각한 고통을 받았다.[83)] 이스라엘 침공의 결과로, 1982년부터 1980년대 후반 사이에 20만 명에 이르는 팔레스타인 난민들이 재차 난민이 되었고, 약 3만 명이 살해되었으며, PLO 대원 1만 4천 명이 튀니지, 리비아, 수단, 예멘, 시리아 등으로 떠났고, 내전은 계속되었다. 1980년대 이후 약 10만 명의 팔레스타인인들이 레바논을 떠나 걸프 국가들과 독일, 스웨덴, 덴마크 등 북유럽 국가들에서 정착할 곳을 찾고 있다.[84)]

1960년에 제정된 레바논 외국인 지위에 관한 법령 319호(Decree No. 319)는 팔레스타인 난민들을 외국인으로 분류하고 있다.85) 레바논에서 팔레스타인 난민들의 대다수는 현재까지 국적이 없다. 이 팔레스타인 난민들은 고용, 재산, 세금 등의 문제에서 외국인들에게 적용되는 법률을 따라야하고, 부동산을 취득하기 위해서는 대통령의 허가를 받아야한다. 합법적으로 봉급을 받거나 상업, 제조업, 농업 혹은 법률이나 의학 분야의 전문직을 갖기 위해서는 경제 장관의 노동 허가서를 반드시 받아야만 한다. 따라서 팔레스타인인들이 레바논에서 합법적인 직업을 갖는다는 것은 매우 어렵다.

예외적으로 주로 부유한 기독교도 팔레스타인 난민들은 1952~1958년 카밀레 샤문 대통령 재직시 기독교인들과 무슬림들 사이의 균형을 유지하기 위하여 레바논 시민권을 받았다. 1960년대 중반까지는 중산 계급의 무슬림 팔레스타인 난민들도 만약 변호사 비용을 지불할 수 있고 어떤 연고를 가지고 있다면, 경우에 따라서 레바논 시민권을 획득할 수도 있었고, 1948년 난민들 중 약 1만 5천 명이 레바논 시민권을 획득하였다. 1975년 이후 새로 시민권을 획득한 팔레스타인 난민들의 정확한 숫자는 알려지지 않았으나, 1982년경에 약 5만 명 정도의 레바논 거주 팔레스타인인들이 레바논 시민권을 가지고 있었던 것으로 추정되었다.

레바논의 팔레스타인 난민들은 세 가지 부류로 나누어진다. 첫째 부류는 운르와에 등록된 난민들로 1년간 유효하며 3차례 갱신할 수 있는 여행증명서를 받을 수 있는 사람들이다. 두 번째 부류는 운르와에 등록되지 않았으나 적십자사 연맹 (LRCS)에 1948년에 등록된 난민들로 1년간 유효하며 3차례 갱신할 수 있는 여행 증명서를 받을 수 있고, 이 여행증명서에는 '귀환 유효(Valid for return)'라는 도장이 찍혀있다. 세 번째 부류는 운르와에도 적십자사 연맹에도 등록되지 않은 팔레스타인 난민들은 3개월 유효한 여행증명서를 받으며, 이 증명서에는 '귀환 불가(Not valid for return)' 도장이 찍혀있다.

• 2006년 레바논의 난민 캠프(13개)[86]

캠프	설립연도	거주민 수
마르 엘리아스	1952	616
부르즈 엘 바라즈나	1948	15,718
드바이야	1956	4,025
샤틸라	1949	8,370
아인 엘 힐와	1948	45,967
미아 미아	1954	4,569
엘 부스	1948	9,508
라시다	1963	29,361
부르즈 엘 쉬말리	1955	19,074
나흐르 엘 바레드	1949	31,303
베다위	1955	15,947
와벨	1948	7,668
디크와나, 지스르 엘 바사&나바티야(1973년 파괴) －파괴된 캠프		16,518
합계		215,890
10,246 난민들이 전 캠프에 분산되어 있다		

　레바논에는 16개의 공식적인 팔레스타인 난민 캠프가 있었다. 그러나 3개는 수 년 동안의 분쟁으로 파괴되었고, 다시 건축되거나 대체되지 않았다. 남부 레바논에 있던 나바티야 캠프, 베이루트 지역의 디크와나 캠프, 지스르 엘 바사 캠프가 파괴된 캠프들이다. 레바논에 거주하는 추방된 난민들, 약 6천 가족의 대부분은 원래 이 세 캠프출신들이다. 또 바알벡에 있는 구라우드 캠프는 수년 전에 철거되었고, 그 주민들은 티레 지역의 라시다 캠프로 옮겨졌다.

　따라서 현재 레바논 지역에는 12개의 공식적인 난민 캠프가 존재하며, 이 캠프들은 심각한 문제들로 고통을 받고 있다. 이 캠프들에는 적당한 기반 시설이 없고, 인구가 과밀하며, 주민들은 가난하고 실업상태에 있다. 레바논에는 비참할 정도로 가난하게 살면서 운르와의 '특별 곤경' 프로그램에 등록된 팔레스타인 난민들의 비율이 가장 높다. 레바논에서 운르와에 등록된 팔레스타인 난민들의 수는 2007년 현재 409,714명으로 레바논 인구의 10%를 차지한다.

레바논의 팔레스타인 난민들은 특별한 문제에 직면해 있다. 이들은 사회적 권리도 시민권도 없고, 정부의 보건 설비나 요육 시설에 접근하는 것이 매우 제한되어 있고, 공공 사회 서비스에는 접근할 수 없다. 대다수는 전적으로 운르와에 의존하고 있다. 운르와만이 교육, 보건과 구제, 사회 서비스의 유일한 제공자이다. 외국인으로 간주되는 팔레스타인 난민들은 70개 이상의 통상과 전문직에서 일하는 것을 법으로 금지당하고 있다. 그러므로 난민들의 실업률은 매우 높다. 난민을 대표하는 캠프내의 대중 위원회는 이러한 문제들을 레바논 정부나 운르와와 정기적으로 토론하면서 난민들 생활환경 개선을 요구한다.

4. 시리아

1948년경에 9만~10만 명 정도의 팔레스타인 난민들이 시리아로 들어왔으나, 레바논과는 달리, 이들이 시리아 경제와 사회 구조를 위협할 정도는 아니었다. 시리아는 운르와가 활동하는 국가들 가운데 가장 소수의 팔레스타인 난민을 받아들였으며, 팔레스타인 난민은 총 시리아 인구의 2~3% 이하를 구성하였다. 따라서 난민 발생 초기부터 시리아 정부의 팔레스타인 난민에 대한 입장은 다른 아랍 국가들, 특히 레바논과는 상당히 달랐다.

1948년경 시리아 인구 밀도는 낮았고, 많은 경제학자들은 팔레스타인 난민들의 유입이 경제 발전을 위하여 유용할 것이라고 생각했다. 1949년에 총리였던 후스니 알 자임은 아랍-이스라엘 분쟁의 해결을 위해서 30만 명의 팔레스타인 난민들을 시리아에 정착시킬 수 있다고 밝혔다. 구체적으로 자임은 유프라테스 강 유역의 비옥하지만 인구 밀도가 낮은 자지라 지역에 팔레스타인을 정착시킬 것을 제안했다. 그러나 자임 정부는 이 제안을 한지 5개월 만에 군사 쿠데타에 의해서 전복되었기 때문에 이 제안은 실현되지 못했다.

1949년에 시리아 정부는 팔레스타인 난민들에게 시리아 국민들과 사실상 동등한 지위를 부여하는 일련의 법률을 제정하기 시작했고, 약 3천 5백 명의 팔레스타인 난민들이 공식적으로 시리아 시민권을 획득하였다. 1949년 9월 법령(Decree no.37)으로 팔레스타인 난민들은 공무원이 될 수 있는 자격을 획득하였다. 1951~1952년의 운르와의 연도 보고서는 일련의 입법 조치들은 시리아에서 팔레스타인인들의 경제적 통합을 촉진시키기 위한 것이라고 밝히고 있다.87) 아래에서 보는 것처럼, 1956년의 법(Law no.260)은 팔레스타인 난민들을 시리아인으로 통합하였다.

이 법률의 공포시기에 시리아에 거주하는 팔레스타인인들은 법률이 적용되는 모든 분야에서 시리아 인들과 동등하다. 법률적으로 유효한 규정들은 고용, 통상, 병역에 대한 권리와 결부되지만, 자신들의 원래 민족 정체성을 보전한다.

교육, 여행, 재산 소유, 연금을 포함하는 특정 분야들은 위의 법률의 적용을 받지 않았다. 이 문제들은 다양한 정부 기구들이 결정할 문제였다. 교육 분야에서 팔레스타인 난민들은 시리아인들과 동등한 대우를 받았다. 대부부분의 팔레스타인 난민들은 운르와가 운영하는 초등학교부터 고등학교까지 다녔고, 국립학교에도 다녔다. 시리아의 연구소와 대학들은 팔레스타인 난민들을 시리아인들과 동등하게 대우하고, 시리아 정부는 팔레스타인 난민들이 해외에서 공부할 수 있도록 많은 장학금도 제공한다.

시리아의 팔레스타인 난민들은 특별한 아랍 연맹 여행증명서를 받는다. 시리아를 떠나기를 원하는 팔레스타인 난민들은 시리아 시민들에게 요구되는 것과 똑 같은 시리아 당국의 특별 허가를 필요로 한다. 이들이 시리아 이외 지역으로 여행을 할 수 있는 실제적인 자유는 매우 유동적인 시리아 국내의 상황과 아랍 국가들 사이의 정치적 고려에 달려 있다.

시리아는 팔레스타인 난민들을 군대로 선발해왔다. 1964년 팔레스타인 해방군

(Palestinian Liberation Army, PLA)의 창립으로 팔레스타인인들은 시리아군보다는 팔레스타인 해방군에 입대하는 경향이 있었다. 팔레스타인 해방군는 시리아군 중에서 필요한 요원들을 선발한다. 많은 영역에서 팔레스타인 난민들은 시리아인들과 동등하게 대우를 받아왔지만, 투표권, 농경지를 살 권리, 한 채 이상의 주택을 소유할 권리 등은 제외된다.

• 2006년 시리아 아랍 공화국의 공식 · 비공식 난민 캠프(12개)[88]

공식 캠프	설립 년도	등록된 난민 수
칸 에시아	1949	17,189
칸 두눈	1950	9,024
스베이나	1948	19,182
까브르 에시트	1967	20,601
자라마나	1948	3,767
데라	1950	9,548
홈스	1949	13,628
하마	1950	7,837
네이랍	1948	18,279
합계		119,055
비공식 캠프	설립 년도	등록된 난민 수
라타키아	1955~6	6,534
야르묵-다마스쿠스	1957	112,550
아인 알 탈	1962	4,329

시리아 난민들의 대부분은 1948년 전쟁의 결과로 유입되었으며, 북부 팔레스타인, 주로 사파드, 하이파, 자파 출신들이었다. 1967년에 팔레스타인 난민을 포함하는 10만 명 이상의 사람들이 골란고원으로부터 시리아의 다른 지역으로 유입되었다. 1982년 레바논 전쟁에서 발생한 수천 명의 난민들이 시리아에서 난민의 지위를 획득했다.

• 1948년 시리아 다마스쿠스 소재 자라마나 팔레스타인 캠프

　　시리아에 있는 팔레스타인 난민들은 정부가 운영하는 학교, 대학, 병원 등과 같은 정부 서비스에 접근할 수 있다. 운르와의 서비스는 시리아 정부 서비스를 보완한다. 시리아 정부가 캠프들 내에서의 기본적인 설비들을 제공할 책임을 지는 반면에, 운르와는 하수 처리, 고체 쓰레기 수집과 처리, 곤충과 벌레 등의 예방 등 기본적인 환경 보건 서비스를 제공한다. 그러나 상하수도 설비의 많은 부분이 개선될 필요가 있다. 일부 캠프는 여전히 기본 설비가 매우 부족하며, 불량한 하수처리는 난민들의 건강을 위협하고 있다.

□ 운르와가 활동하지 않는 국가의 난민

1. 이집트

2006년 현재, 이집트에는 약 7만 여명
의 팔레스타인인들이 거주한다. 이들은
운르와의 도움을 받지 못하고 유엔 난민
기구(UNHCR, 유엔 난민 고등 판무관 사무소 유엔 난
민 기구)에xii) 위임되어 있다. 이집트의 팔
레스타인 난민들은 여행 제한과 무상 교
육을 비롯한 정부 서비스의 부재로 가공
할만한 어려움을 겪고 있다. 이 난민들은
원한다면 유엔 난민 기구에 등록할 수 있

• 유엔 난민 기구

지만, 현재 오직 193명만이 이곳에 등록되어 있다.

1950년대와 1960년대, 나세르 대통령 치하에서, 팔레스타인 난민들은 이집트
정부의 후원을 비교적 많이 받았다. 이 때 모든 팔레스타인 난민들은 대학까지
무상 교육을 받았다. 그러나 1970년대 후반 이후 이집트 팔레스타인 난민들의 지

---

xii) 유엔 난민 기구(United Nations High Commissioner for Refugees, 일명 UN
Refugee Agency, 유엔 난민 고등 판무관 사무소, 유엔 난민 기구)는 각국 정부나 유
엔의 요청에 의해 난민들을 보호하고 돕기 위해 설립된 유엔 전문 기구이다. 유엔 난민
기구는 1949년 12월 3일 유엔 총회 결의에 따라, 1950년 12월 14일 스위스 제네바에 설
립되었다. 이 기구는 누구나 비호를 신청할 권리를 누리고, 자발적으로 본국으로 돌아
가거나, 현지 동화 혹은 제3국 재정착의 방법으로 곤경에 처한 난민에 대한 해결책을
찾고자 한다. 이 기구는 무국적자 발생을 방지하며 무국적자의 수를 감소시키고 이들
을 보호해야 한다는 임무가 있다.

위는 계속해서 악화되었고, 1978년 캠프데이비드 협정 이후에 팔레스타인 난민들은 이 무상 교육의 권리를 상실했다. 팔레스타인 난민들에 대한 여행 제한 조치도 문제였다. 팔레스타인인들에게 발급하는 여행허가증은 종종 갱신되지 않아서, 팔레스타인인들은 자유롭게 이집트를 떠날 수 없었다. 특히 1993년 오슬로 협정 이후, 내무부 장관은 팔레스타인인들에게 여행 허가증을 발급하는 것을 더욱 꺼리고 있다. 이와 같이 정치적 수준에서 발생하는 모든 변화들이 이집트 팔레스타인 난민들의 사회 경제 생활에 직접 영향을 끼치고 있다.[89]

1949년 2월 24일 이집트-이스라엘 휴전 협정으로 가자 지역의 원주민들과 1948~1949년에 가자 지역으로 피난한 팔레스타인 난민들은 1967년 전쟁 때까지 이집트의 통치를 받았다.[xiii] 당시 약 1만 1천 6백여 명의 팔레스타인 난민들은 이집트 본토로 피난했다. 이집트 본토로 피난한 이 팔레스타인 난민들은 운르와의 지원을 받지 못했기 때문에, 이집트 정부가 1만 1천여 명의 팔레스타인 난민들에게 엉성한 주택을 제공했고, 주택을 제공받지 못한 나머지 난민들은 개별적으로 숙박시설을 확보해야만 했다.

현재 이집트 거주 팔레스타인 난민과 그 후손들의 정확한 숫자는 공식적으로 알려진 것이 없다. 이집트 주재 팔레스타인 대사인 주흐디 알 쿠드와는 "2000년 말경에 이집트 거주 팔레스타인인은 약 5만 3천 명으로 추정된다"고 밝혔다.[xiv][90] 1948년 전쟁과 1967년 전쟁으로 발생한 난민 이외에도, 특히 1949~1967년까지 이집트가 가자 지역을 통치할 때, 사회 경제적 이유로 가자 지역으로

---

xiii) 이집트 통치 기간 동안의 가자 지역의 팔레스타인 난민의 지위에 관한 자료는 UNRWA, *Annual Report*, 1951~1952, p.48 and Vernant, 1953, 407. 1967년 전쟁으로 가자 지역은 이스라엘의 군사 통치하에 들어왔다.

xiv) 자료마다 달라서 2003년경 이집트에는 약 5만~10만 정도의 팔레스타인인들이 거주하는 것으로 추정되었다.

부터 많은 팔레스타인인들이 교육이나 일자리를 구하기 위하여 이집트로 들어왔다. 이들은 주로, 카이로, 알렉산드리아, 이스마일리야, 포트사이드, 사리키야, 쿠알리비야, 라파, 아리시 등 주요 도시 지역에 소규모로 분산되어 거주하였다.

나세르 시대의 법은 팔레스타인인들을 이집트 국민들과 동등하게 취급하였다. 팔레스타인인들은 대학 교육을 받을 수 있었고, 직업을 가질 수 있었을 뿐만 아니라 정부에서 일하기도 하였고, 토지 등 부동산을 소유할 수도 있었다. 팔레스타인인들은 고등 교육을 받고 의학, 무역, 엔지니어, 교사, 경영 등 전문직에서 일을 했다. 그러나 1978년 캠프데이비드 협정이 체결된 이후 나세르 시대에 팔레스타인인들이 누렸던 권리는 점차 폐지되었고, 팔레스타인인들의 무상 교육, 고용, 거주권조차도 박탈되었다. 팔레스타인인들은 매달 최소한의 외국 통화를 교환해서 사용한 증거를 제출하도록 요구받았고, 대학 등록금을 외국 통화로 지불해야했다. 이로 인해서 1965년부터 1978년까지 이집트 대학에 다니는 팔레스타인 학생은 연간 2만 명 정도였으나 1985년경에는 4천 5백 명 정도로 줄었다. 1997~1998년과 2000~2001년에 공립대학에 등록된 팔레스타인인들은 3천 명 정도였다. 1978년 이전에 이미 정부에 고용되거나 의사, 변호사와 같은 전문직을 가진 팔레스타인인들은 자신들의 지위를 유지하였으나 정부가 팔레스타인인들을 새로 채용하지는 않았다. 이제 팔레스타인인들은 고급 기술을 필요로 하지 않는 사적인 분야에서 일을 하게 되었으나, 이 분야조차도 노동 허가증이 필요하게 되었다. 현재 이집트 거주 팔레스타인인들의 대부분은 빈곤선 이하에서 불안정한 생활을 하고 있다.[91]

현재 이집트 거주 팔레스타인인들은 다른 외국인들처럼 비자를 갱신하기 위하여 비용을 지불해야하고, 귀환할 수 없는 상황임에도 불구하고 이집트에 거주하는 이유를 증명해야한다. 예를 들면, 재학 중이거나, 합법적으로 고용되었거나, 이집트인과 동업하거나, 이집트 여자와 결혼했거나 등의 증거를 제출해야한다. 이러한 증거를 제시하지 못했을 경우, 팔레스타인인들은 5천 달러의 은행 잔

고를 유지해야만 이집트 거주가 가능하다. 이러한 상황은 대다수의 팔레스타인인들이 이집트에 불법적으로 거주하도록 만들고, 종종 이로 인해 상당 기간 동안 억류되기도 한다.92)

이집트에 거주하는 모든 팔레스타인인들은 거주허가 도장이 찍힌 여행증명서를 소지해야하며 해외여행은 제한된다. 만약 6개월 이상 이집트 이외의 지역에 거주하게 되면 이집트 거주권은 무효가 된다. 만약 외국에 더 머물려면, 재입국허가 요건을 갖추어야한다.

2. 이라크

2003년 이후 미국의 이라크 공격과 점령으로 이라크 거주 팔레스타인 난민들이 대거 축출 당했다. 축출당한 팔레스타인 난민들 대부분은 정착할 곳을 발견하지 못하고 이라크 국경 부근에서 머물고 있다. 바그다드에서 축출당한 한 팔레스타인 난민은 "한 무리의 이라크인들이 '너희들은 팔레스타인인들이다'고 외치면서 나와 아버지를 공격했다. 그들은 우리가 바그다드를 떠나도록 강요했다"고 주장했다. 2007년 3월 14일 팔레스타인 난민부는 "이라크에 거주하는 팔레스타인 난민들이 지난 2월에만 31번 공격을 받아서 8명이 살해되었다"고 밝혔다. 이 공격은 미군과 이라크 무장단체들이 주도하였으며, 적어도 15명의 팔레스타인인들이 납치되었다. 이들 중 두 명은 석방되었으나, 다른 두 명은 고문 흔적과 함께 사체로 발견되었고 나머지 사람들의 생사는 알 수 없다.93)

이라크 거주 팔레스타인 난민들의 상황은 2003년 미국의 공격과 점령이후 극적으로 악화되고 있다. 이라크에서 재차 축출된 팔레스타인 난민들의 운명은 미국이 이라크를 공격하여 점령한 과정에서 발생한 가장 비극적 사건들 중의 하나다.94) 이 팔레스타인 난민들은 총체적인 폭력의 희생자들일 뿐만 아니라 팔레스타인인이라는 이유로 주거지 퇴거, 억류, 납치, 고문, 강탈, 살해 등의 위협을 받고 있다. 이라크 거주 팔레스타인 난민들은 운르와에 난민으로 등록되지 않았고, 따라서 이 기구의 원조를 받지 못한다. 미국, 영국, 이라크 당국자들은 이라크 거주 팔레스타인 난민들을 보호할 수 없을 뿐만 아니라 보호할 의지도 없다. 아랍 연맹도 이 팔레스타인 난민들에 대하여 적절한 조치를 취하지 않고 있다.[95] 2003년 현재 3만 4천 명으로 추정되는 팔레스타인인들 중 1만 5천 명이 이라크를 떠났다. 1만 5천 명 이상의 떠날 수조차 없는 팔레스타인인들이 여전히 이라크에 남아있다.[96]

유엔 난민 기구에 따르면, 2003년 미국이 이라크를 공격한 이후, 2007년 현재 수많은 팔레스타인 난민 가족들이 이라크/요르단, 이라크/시리아 국경 지대 난민 캠프에 거주하고 있다. 이 난민들은 텐트에서 불결한 생활을 하고 있으며 희망이 없는 생활을 영위하고 있다.

2007년 6월 말 현재, 이라크와 시리아 국경 지대 사막에 새로 세운 시리아 북동쪽 알 홀 난민 캠프에는 난민 300명이 거주하고 있으며, 이라크 쪽에 사람이 거주하지 않는 사막에 위치한 알 타나프 난민 캠프에는 389명이 거주하고 있고, 알 왈리드 난민 캠프는 655명의 난민들이 거주하고 있다.[97]

요르단은 이라크에서 축출된 팔레스타인 난민들이 요르단 영토로 들어오는 것을 거부하였다. 이라크 국경에서 50km 떨어진 요르단 영역에 위치한 알 루웨이쉐드 난민 캠프는 이라크로부터 축출당한 팔레스타인 난민들을 위한 것이다. 이 캠프에는 2006년경에 97명의 팔레스타인 난민들이 있었다. 이곳의 난민들은 요르단 정부의 허가 없이 이곳을 떠날 수 없고, 아이들을 교육시키지 못한다. 2006년 10월 팔레스타인 난민부 장관인 아테프 아드완은 "요르단은 60만 명의 이라크인 난민들을 수용하였지만, 폭력을 피해 이라크를 떠나온 280명의 팔레스타인 난민들이 요르단에 머무는 것을 거부하면서 캐나다로 이주시키려 하고 있다"고 주장하였다. 실제로 요르단 정부는 이라크로부터 오는 팔레스타인 난민들을 거부하면서, 비팔레스타인 난민은 기꺼이 수용하고 있다. 2006년 11월 캐나다 정부는 알 루웨이쉐드 난민 캠프에 수용된 난민들의 건강 상태와 정치적인 성향을 조사한 뒤, 이들 중 54명을 캐나다로 이주시켰다. 이 밖에 이 캠프 난민들 중 25명이 개인 후원자들의 도움으로 캐나다로 이주했다. 그러나 이라크 거주 팔레스타인 난민들 축출에 책임이 있는 미국은 이들에게 어떤 도움도 제시하지 않았다.[98]

이라크의 팔레스타인 난민들은 세 번의 전쟁 동안에 피난 온 사람들이다. 처음에 피난 온 사람들은 이스라엘 국가 창설과 동시에 이스라엘 국가 영역이 된 하이파와 야파 주변 마을 사람들이었다. 이들은 이스라엘인들의 마을 공격에 대항하여 처음에는 저항을 하였으나, 그 후 제닌(서안)으로 피난 갔고, 이곳에서 성인 남자들은 이라크 특수 부대인 카르멜 여단에 합류했으며, 이 때 여성과 어린이들은 이라크로 피난 갔다. 1948~1949년 전쟁 이후 이라크 군대가 팔레스타인에서 철수할 때, 약 5천 명의 팔레스타인인들이 이라크로 피난하였다. 두 번째는 1967년 전쟁 이후에 팔레스타인 난민들이 이라크로 피난하였으며, 세 번째는 1991년 걸프전 이후 많은 팔레스타인인들이 쿠웨이트와 걸프 연안 국가들을 떠났다. 이 중 상당수, 특히 고향으로 돌아갈 수 없는 가자 출신들이 이라크에 정착하였다.

2003년 이전까지 이라크의 정책은 다른 아랍 국가들과 비교했을 때, 팔레스타인인들에게 비교적 우호적이었다. 팔레스타인인들은 이라크 정부 소유의 집을 제공받았고, 개인 소유 주택을 임대할 때에는 정부로부터 보조금을 받았다. 또 사담 후세인은 토지나 건물 소유자들에게 압력을 행사해서 낮은 가격으로 팔레스타인인들에게 임대해주도록 했다. 이로 인해서 이라크의 가난한 시아파 주민들은 팔레스타인인들이 후세인 통치하에서 특혜를 받았으며, 후세인 통치의 유물이라고 생각한다. 후세인이 몰락한 이후 이라크인 소유자들은 높은 임차료를 요구하면서, 후세인 정권으로부터 특혜를 받아왔다고 생각되는 팔레스타인인들을 축출하였다.[99]

그러나 1950년 이후 현재까지 이라크 정부는 팔레스타인 난민들을 위한 특별 여행증명서를 발행하였고, 시민권을 부여하지 않았다. 특히 팔레스타인인들에게 특혜를 베풀었다고 알려진 후세인 통치하에서도, 이라크에서 태어난 팔레스타인인조차도 이라크 시민권을 부여받지 못했고, 정기적으로 거주권 갱신 신청을 해야만 했으며, 자동차, 집, 토지 등을 소유할 수도 없었다.[xv)]

3. 리비아

리비아에서 수십 년 동안 아랍인들은 특별한 지위를 누렸다. 팔레스타인 난민들을 비롯한 아랍인들은 거주자의 권리, 출입국의 권리, 직업 선택의 권리 등에서 리비아 시민들과 거의 동등한 대우를 받았다. 리비아는 팔레스타인인들이 입국해서 일할 수 있는 자유로운 국가였고, 1차 피난처였던 국가에서 실업과 여행 직업 선택 등에서 제한을 받던 팔레스타인인들이 리비아로 이주하였다.

1992년 4월 유엔 안보리는 리비아 정부에게 팬암기 등 비행기 두 대 폭파에 연루된 혐의가 있는 두 명의 본국 송환을 요구하였으나, 리비아 정부가 이를 거부함으로써 경제 봉쇄를 단행하였다. 이 경제 봉쇄 결과 리비아 경제가 급속하게 악화되었고, 리비아 정부는 외국인 노동자 수를 감축할 계획을 발표하였다.

이러한 상황에서 1994년에 리비아 정부는 오슬로 협상(1992년부터 진행된 이스라엘-팔레스타인 협상으로 1994년에 팔레스타인 자치정부가 수립되었다)에 반대한다는 표시로 3만 5천 명의 팔레스타인인들을 추방한다고 발표하였다. 리비아 정부는 팔레스타인인들의 거주허가를 갱신해 주지 않을 뿐만 아니라 유효한 허가증도 취소하였다. 카다

---

xv) 이라크 국적을 아랍인들에게 부여하는 법, Art. 1, Law No.5 1975은 다음과 같이 규정하였다. "내무부 장관은 이라크 국적을 신청한 모든 아랍인들에게 이라크 국적을 줄 수 있다."

피 대통령은 1995년 9월까지 모든 팔레스타인인들은 리비아를 떠나야한다고 선언하였다. 이 선언을 전후하여 수천 명의 팔레스타인인들이 배와 트럭에 실려 리비아 영토로부터 추방되었다. 유효한 여행허가증을 가지고 있는 일부 팔레스타인인들은 요르단, 이스라엘 군사 점령지, 시리아, 레바논으로 입국하도록 허락받았으나, 유효한 여행허가증이 없는 많은 팔레스타인인들은 이집트와 리비아 국경에 있는 살로움 난민 캠프에서 극단적으로 가혹한 상황에 처하게 되었다.[100] 이 팔레스타인 난민들은 1차 피난처였던 국가의 거주권을 상실하고 다시 난민이 된 사람들로 돌아갈 곳이 없는 사람들이었다. 마침내 1997년 4월 리비아 정부는 16개월 동안 오도 가도 못하는 상황에 처해있던 팔레스타인인들이 리비아로 돌아올 수 있도록 허락하였다.[xvi][101]

4. 쿠웨이트

1961년 영국으로부터 독립한 쿠웨이트 정부는 외국 노동자의 유입을 촉진하기 위하여 다른 아랍 국가들과 비자 면제 협정을 조인하였다. 쿠웨이트는 요르단과의 협정으로 1958~1959년에 요르단 시민이었던 사람들에 대한 비자를 면제해주었다. 이것은 동안과 서안 출신의 팔레스타인인들의 유입으로 이어졌다. 쿠웨이트에서 자리를 잡은 가족과 친지들을 쿠웨이트로 불러들여서 팔레스타인 공동체를 30년 이상 유지하였다. 이 팔레스타인 난민들 중에는 비숙련 노동자들뿐만 아니라 교사, 공무원, 의사 등 전문직 종사자들이 많았다.

---

xvi) 유엔 난민 기구와 운르와는 살로움 난민 캠프에 좌초된 팔레스타인인들에게 원조를 제공하였다. 두 단체는 공동으로 해결책을 강구하였고, 이 캠프로 운르와의 조사단을 파견하였다.

• 1957∼1995년 쿠웨이트의 팔레스타인인 통계102)

연도	남성	여성	전체	쿠웨이트 총인구 대비(%)
1957	11,616	3,557	15,173	7.3
1961	25,741	11,741	37,482	11.7
1965	49,744	27,968	77,712	16.6
1970	79,934	67,762	147,696	20.0
1975	107,770	96,408	204,178	20.5
1981	–	–	299,710	20.9
1990	–	–	400,000xvii)	18.7
1995	–	–	26,000103)	0.01

1965년경에 팔레스타인인들은 쿠웨이트 총 인구의 16% 이상, 외국인들의 1/3을 구성하였다. 1965년과 1975년 사이의 쿠웨이트 거주 팔레스타인인들은 거의 3배가 되어 20만 4천 명 정도에 이르렀고, 1990년 8월 이라크의 쿠웨이트 침공 시에는 40만 명 이상의 팔레스타인인들이 쿠웨이트에 살고 있었으며, 이 규모는 걸프 지역에서 가장 큰 팔레스타인 공동체였다. 1964년 세이크 알 살렘 외무장관은 쿠웨이트를 방문한 PLO 의장 아흐마드 알 슈케이리에게 다음과 같이 이야기 하였다. "팔레스타인인들 중에는 최고의 의사들, 박사들, 행정가들이 있다. 이러한 기술이 없다면, 이들이 현재의 지위를 차지할 수 없었을 것이다." 이 때 성실성을 인정받은 약 2천 명의 팔레스타인 개척자들이 쿠웨이트 시민권을 받았다.xviii) 그러나 쿠웨이트에 장기간 거주한 팔레스타인인들을 비롯한 외국인들이

---

xvii) Al-Yahya, 1993: 114에 따르면, 1990년 쿠웨이트 팔레스타인인들은 40만 명으로 전체 인구의 18.7%를 구성했다. 그러나 전쟁 이후 언론 보도에 따르면, 쿠웨이트 정부 관리는 그 수를 45만 명으로 밝혔다(The New York Times, March 14, 1991; USA Today, April 3, 1991).

xviii) 쿠웨이트 시민권을 받은 사람들 중에는 최초의 교육 사절단 구성원들, PLO 지도자가 된 Khaled al-Hassan과 같은 행정가들, 주미 대사가 된 Tal'at Al-Ghussain, 1965∼1969년에 PLO 군 사령관이 된 Wajih Al-Madani 장군이 포함되었다. 여성들 중에

시민권 혹은 영주권을 보장받는 것은 아니었다. 쿠웨이트 국적법은 시민권 획득에 관해서 엄격한 제한 조치를 두고 있으며, 10년 이상 쿠웨이트에 거주한 아랍인들이 시민권을 신청할 수 있다. 그러나 시민권을 획득한 귀화 쿠웨이트인들과 원주민 쿠웨이트인들 사이에는 확실한 차별이 존재한다. 귀화 쿠웨이트인들은 공무원으로 일할 수 있고, 재산권, 교육권 등을 향유할 수 있지만, 귀화한 후 20년이 지날 때까지 투표권을 가지지 못하며, 이들은 의회 의원이나 내각 등에 기용될 수 없다.

쿠웨이트는 1991년 걸프전 동안에 PLO가 이라크를 지지한 것에 대한 집단 처벌로 팔레스타인 난민 35만~40만 명의 대부분이 쿠웨이트를 떠나도록 압력을 행사했다. 쿠웨이트인들은 신문과 TV 등을 동원한 체계적이고 폭력적인 인종 청소 캠페인을 사용하여 팔레스타인인들을 쿠웨이트 밖으로 몰아내었다. 이 캠페인의 근거는 이라크의 쿠웨이트 침공 동안에 팔레스타인이 공식적으로 이라크를 지지했다는 것이었다.[104]

이 때 요르단 여권을 소지한 25만~28만 팔레스타인 난민들이 요르단으로, 이스라엘 점령지(서안)의 거주권을 가진 3만~4만 명 정도가 서안으로 돌아갔다. 그러나 가자 출신으로 이집트 여행증명서를 소유한 5천 명 정도의 팔레스타인 난민들은 돌아갈 곳이 없었다. 이들은 1967년 전쟁 이전에 쿠웨이트에 온 사람들이었고, 1967년 전쟁으로 가자가 이스라엘의 군사 점령하에 들어가면서 가자 거주권을 이미 상실하였다.[105] 이들은 가자로 돌아갈 수 없고, 이집트로 들어갈 수 없었고, 원천적으로 쿠웨이트 거주 허가증을 갱신할 수도 없었다. 따라서 이들은 불법적으로 쿠웨이트에 남아있거나 이라크로 떠나는 것 이외에는 다른 선택의 여지가 없었다.

1991년 중반에 쿠웨이트 정부는 쿠웨이트에 거주하는 외국인의 수를 감축하려

서는 쿠웨이트 여성 교육에 주요한 역할을 한 Muyasser Shahin, Fayzeh Kanafani, Ulfa Qutaini 등이 포함되었다.

는 정책을 실행했고 이러한 정책은 팔레스타인인들에게 초점이 맞추어졌다. PLO 에 따르면, 이러한 정책으로 인해서 1쿠웨이트 거주 팔레스타인인들이 1995년경 에는 2만 7천 명 정도로 대폭 감소한 것으로 추정된다.106) 이 때 수천 명의 팔레 스타인인들이 이라크로 강제 추방되었다. 쿠웨이트 정부가 유엔 난민 기구, 운르 와와 몇 몇 서방 국가들에게 팔레스타인인들을 이라크로 더 이상 추방시키지 않겠 다고 다짐했음에도 불구하고, 쿠웨이트에 남아있는 팔레스타인인들은 지속적으 로 쿠웨이트를 떠나도록 요구하는 사회적, 경제적, 심리적인 압박을 당하였다.xix)

□ 불투명한 난민 해결 전망

아랍 지역에 거주하는 팔레스타인 난민들의 대다수는 1948년에 이스라엘의 영 토가 된 지역 출신들이다. 이 난민들은 1952년 4월에 난민들의 귀향을 불허하는 '이스라엘 국적법'107)이 발효되면서 국적을 박탈당했다. 이스라엘 내부에서 난민 이 된 사람들은 이스라엘 시민이 되었지만, 이들 역시 귀향은 금지되었다. 국적 법 발효에 앞서 1950년 3월에 '부재자 재산법'으로 이스라엘 정부는 모든 난민들 의 토지와 재산을 몰수하여 유대인들이 영구히 사용하도록 하였다.108)

나머지 난민들은 1967년 전쟁 이후 이스라엘이 점령한 영토에서 추방당한 사 람들이다. 이 난민들 중 소수만이 적십자사의 도움으로 점령지로 귀환을 허락받 았다. 이스라엘은 이 점령지인 동예루살렘, 서안, 가자에 살고 있는 팔레스타인 인들을 거류 외국인으로 간주하면서 이 지역에서 팔레스타인인들이 소유한 땅의

---

xix) 1992년경에 쿠웨이트 거주 허가증 없이 이집트 여행증명서를 소유한 팔레스타인인들 이 5천 명 정도였다. 계속되는 압박으로 이들은 주로 이라크로 떠났고, 수백 명은 수단 이나 예멘 등으로 떠났으며, 나머지 사람들은 불법적으로 쿠웨이트에 남아있었다.

2/3를 유대인을 위하여 몰수했다. 1948년 이전에는 팔레스타인인들이 현 이스라엘 국가 영역을 포함하는 팔레스타인 전체 땅의 90% 가까이 소유했었지만, 오늘날은 오직 10%의 땅에만 접근이 가능하다. 추방과 몰수가 처음 시작된 1948년 이후 70년이 경과하고 있지만, 주변 아랍 국가들로 추방된 난민들과 이스라엘 국내에서 난민이 된 사람들은 여전히 계속되는 격심한 고통에 시달리고 있으며, 이들에 대한 2차, 3차 추방은 현재에도 계속되고 있다.

이러한 난민들의 고통에 결정적인 원인을 제공한 유엔은 총회 결의와 안보리 결의 등을 통해 이들의 귀환권을 되풀이해서 보장하였다. 1948년 12월 11일자, 유엔 총회 결의 194호,[109] 이후 1967년 7월 4일자, 유엔 총회 결의 2252호, 1981년 12월 16일 유엔 총회 결의 36/146호 등[xx])과 1967년 6월 14일 유엔 안보리 결의 237호[110] 등이 그것들이다. 그러나 유엔은 '귀환권 보장'이라는 같은 내용의 결의만 되풀이할 뿐, 이 결의를 현실적으로 실행할 의지는 보이지 않았다.

현재 이스라엘은 인종적, 민족적, 종교적 뿌리를 근거로 1948년에 난민이 된 사람들이 이스라엘 국가와 점령당한 팔레스타인 영토로 귀환하는 것을 거부하고 있다. 이스라엘은 1967년 이후 군사 점령 상태에 있는 서안, 동예루살렘, 가자 지역으로부터 추방된 난민들이 이들 점령지로 귀환하는 것도 역시 가로막고 있다. 유엔을 비롯한 국제사회도 팔레스타인 난민 문제와 관련된 유엔 결의와 국제법에 따라서 이 문제를 해결하려는 적극적인 조치를 취하지 않고 있다. 이러한 이유로 난민의 귀환 문제는 1990년 이후 계속돼 온 이스라엘-팔레스타인 협상의 주제가 된 적은 단 한 번도 없다. 그러나 이 난민 문제가 해결되지 않고는 이스라엘/팔레스타인 분쟁의 해결과 이 지역의 평화 정착은 거의 불가능해 보인다.

---

xx) 다음은 194 (III) of 11 December 1949의 이행을 요구하는 유엔 총회 결의들이다.
http://domino.un.org/unispal.nsf/85255a0a0010ae82852555340060479d/41f2c6
dce4daa765852560df004e0ac8!OpenDocument

제7장
팔레스타인 정치사 50년, 1967~2017

마흐디 압둘 하디(PASSIA 소장)

□ 1967년 6월 전쟁

1967년 초, 창설된 지 20년도 채 안 된 이스라엘 국가가 시리아와의 경계에서 긴장을 강화하기 시작하였다. 국방장관 모세 다얀에 따르면, 그것은 다음과 같은 방법이었다. "우리는 비무장지대에 있는 곳을 경작할 트랙터를 보냈다. 우리는 시리아인들이 총을 쏠 것이라는 것을 이미 알고 있었다. 만약 그들이 총을 쏘지 않는다면, 우리는 시리아인들이 총을 쏠 때까지 그 트랙터가 더 앞으로 나가도록 명령했을 것이다. 그리고 그때 우리는 포병대를 사용하고 그 후에 공군을 사용할 것이다. 이것이 긴장을 강화하는 방법이다."[111] 1967년 4월, 이스라엘 제트기들이 다마스쿠스 상공에서 6대의 시리아 비행기를 격추하였고, 한 달 후에 이스라엘군 참모총장 이츠하크 라빈은 신문 인터뷰에서 다마스쿠스를 정복하겠다고 위협하였다.

이집트 대통령 가말 압둘 나세르는 힘을 보여줄 필요가 있으며 시리아와 이집트 방위 조약을 실행에 옮겨야겠다고 생각했고,[112] 시나이 반도에 군대를 재배

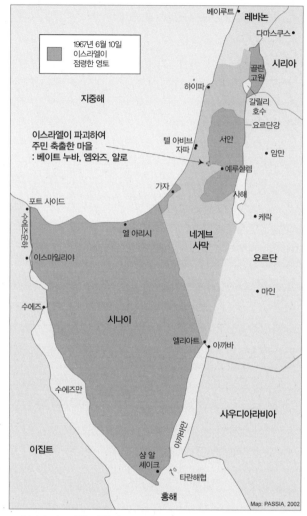

• 1967년 이스라엘 점령지

치하고, 이스라엘 선박에 맞서 티란 해협을 봉쇄하였다. 미국은 어떤 긴박한 아랍 침공 징후도 보지 못했으나, 특정 사건에서, 이스라엘은 아랍인들을 강력하게 위협하면서, 전후 시나리오로 재무장을 약속하였다.113) 6월 5일, 이스라엘은 지상에서 이집트 군대를 공격하고, 2시간 이내에 이집트 군대를 완패시켰다. 시리아와 요르단 군대는 동부에서 교전을 시작하였고, 그들의 공군들도 유사한 운명에 처했다. 단 하루 만에 약 400기의 비행기들이 파괴되었다. 이후 5일 만에, 동부 전선이 무너졌다. 시나이에서의 공격은 잘 계획된 반면, 다른 영토들에 대한 점령은 잘 계획되지 않았다.114) 그러나 정보부 보고서들이 요르단 후세인 왕이 요르단 군대에게 요르단 강을 넘어 철수하라고 명령했다는 것을 폭로하자마자, 이스라엘이 서안을 장악하였다. 시리아가 휴전을 요구한 몇 시간 이후, 모세다얀은 참모총장을 무시하고 골란고원을 공격하였다. 이후 다얀은 참모 총장의 모험주의를 직무 태만이라고 불렀고, 총리인 에쉬콜은 그를 '비열한 사람'이라고 불렀다.[115]

이 전쟁에서, 이스라엘은 예루살렘 구도시의 모로코 지구를 따라서 라트룬 지역에 속한 임와스, 얄로와 베이츠 누바 지역의 팔레스타인 마을들 전체를 파괴하였다. 그리고 1948년에 창출된 난민들 수에 약 30만 명의 팔레스타인 난민들을 보탰다. 이 전쟁은 모든 전선에서 이스라엘에게 엄청난 예기치 않은 이익을 초래했고, 에쉬콜을 고무시켜서 '중동의 새로운 현실'을 선언하도록 하였다.[116] 6월 10일 휴전 이후, 이스라엘 군대는 시리아 골란고원, 이집트의 시나이 반도, 팔레스타인의 서안과 가자를 점령하고, 9만 ㎢ 영토에 대한 지배권을 획득하였다. 유엔 안보리는 이스라엘에게 제4차 제네바 협정을 준수하고, 난민이 된 주민들의 귀환을 허락하도록 요구하였다.[117] 그러나 이스라엘은 어느 것도 하지 않았다.

□ 패배의 충격(1967~1970)

1967년 6월 5일 이스라엘의 선제공격은 아랍군대를 파괴시키는 것이었을 뿐만 아니라, 아랍민족주의를 굴욕적으로 좌절시키고 패배시키는 것이었다. 팔레스타인인들에게는 두 번째 재앙이었다. 첫 번째 재앙인 1948년 전쟁에서 약 75만 명의 팔레스타인인인들이 강제로 고향을 떠나 추방되었고, 1967년 추가로 30만 명의 난민이 발생하였으며, 약 130만 명이 이스라엘의 군부 통치하에서 살게 되었다. 1967년에 남아있던 사람들은 두 지역, 동예루살렘을 포함하는 서안과 가자지구에 살게 되었고, 이 두 지역은 점령당한 팔레스타인 지역으로 알려졌다. 1967년 6월 27일 이스라엘은 법, 사법권과 행정권을 동예루살렘을 포함하는 점령당한 팔레스타인 지역으로 확장시켰다.

1967년 전쟁 이후, 서안과 동예루살렘 소재 도로, 시장, 호텔, 영화관 등 대부분의 지구들은 황폐해졌고, 원주민 팔레스타인인들은 이스라엘 점령자들이 부과하는 추방, 투옥, 재산 몰수, 여행 금지, 물과 전기 단절, 군 포고령과 허가장과 같은 새로운 제도에 직면하였다. 그 동안 이스라엘 군대는 새로운 난민 유입으로 허덕이는 가자지구를 봉쇄된 군사지역으로 선언하고, 이 지역의 땅과 수자원에 대한 통제권을 독점하였다.

초기에는 1956~1957년 가자에 있었던 군사 점령처럼, 이스라엘 군사 점령이 단기간에 끝날 것이라는 일반적인 확신이 있었다. 그래서 팔레스타인인들은 점령자들과 비협력 정책으로 대응했고, 요르단과의 관계를 수정한 이후 이전 상태

• 알 아크사 모스크 앞 무가라비 지구 파괴 이전 모습

로 복귀와 더불어 이스라엘 점령 종식을 요구했다.118) 에루살렘에서 이슬람 와
끄프 관리들은 알 아크사 모스크 일상 관리의 현상 유지를 존중하겠다는 모세 다
얀의 동의를 확보했다.119) 그 보답으로, 비무슬림들은 알 아크사 모스크를 방문
하도록 허락받았으나, 알 아크사 모스크에서 기도하는 것을 허락받지는 못했다.
그러나 국방장관 모세 다얀은 서쪽 벽/알 부라끄 벽과 벽 앞 광장에 대한 완전한
이스라엘 권한을 선언하였고, 이스라엘이 이 광장을 확장하면서 무가라비 지구
팔레스타인 주택 135채와 두 개의 모스크를 파괴하였다.

전후 초기에 이스라엘 입장은 새롭게 정복한 영토로 무엇을 할 것인지 불확실
했다. 1967년 7월 한 연구소 회의에서, 이스라엘 창건자 중 한 명인 데이비드 벤
구리온은 6일 전쟁 이후에 유대인 세계를 휩쓴 도취감에 대하여, 청중들에게 경
고하면서, "이 영토들을 장악하는 것은 유대 국가를 왜곡시킬 것이고, 궁극적으
로는 파괴할 수도 있기 때문에, 획득한 모든 영토들을 곧 되돌려 주어야한다"고
주장하였다.120) 그는 "이스라엘은 예루살렘 전체에 대한 통제권을 버려서는 안
되고, 아랍인들과 즉각적인 평화를 기대해서도 안 된다. 그러나 실행할 수 있는
자체 휴전 협정에 대한 보답으로 매우 빨리 이 영토들을 돌려 주어야 한다"고 덧
붙였다.121)

• 알 아크사 모스크와 서쪽 벽(알 부라끄 벽, 통곡의 벽)과 확장된 광장

비슷하게, 랍비 교수인 이사야후, 레이보미츠는 1968년 그의 글 「영토들(The Territories)」에서 '대 이스라엘'이라는 개념은 '괴물'이라고 다음과 같이 설명하였다. "150~200만 명의 적대적인 외국인들을 통치하는 국가는 반드시 비밀경찰 국가가 될 것이다. 모든 식민 통치에서 특징적인 부패가 이스라엘 국가 안에서 만연할 것이다."122)

이 문제에 대한 해결책으로, 노동당의 정치 강령은 점령당한 영토에 거주하는 팔레스타인인들을 암만을 수도로 하는 요르단 시민들로서 고려하는 '요르단 옵션'을 촉진시켰다. 이러한 생각에 기반을 두고, 노동당은 1968년 중반에 알론 계획으로 알려진 정치계획을 채택하였다.123) 알론 계획은 점령당한 팔레스타인 땅을 몰수하고 유대 정착촌을 건설함으로써, 현실적으로 존재하는 사실들을 창출하는 것이었다.

이 개념에 따라, 국방장관 모세 다얀은 다음 두 가지 의도를 가지고, 아랍세계에 출입하는 팔레스타인인들에게 제공하기 위하여 요르단 강 위에 다리들을 개방할 것을 구상하였다. 하나는 이스라엘 경제를 위한 노동자들의 송금을 위하여 사용하는 것이다. 다른 하나는 9개월 동안 귀국을 허락받지 못하며, 최대 3년 이내로 외국에서 거주하거나 일하는 것을 제한(이것을 지키지 않으면, 그들은 점령당한 팔레스타인 거주권을 상실한다)함으로써 타국으로의 이민을 촉진시키는 것이다.

이스라엘 정부는 알론 계획을 공식적으로 승인한 적이 없고, 요르단의 후세인 왕은 이 개념을 거부하였다. 그럼에도 불구하고, 알론 계획은 현재까지 계속되는 이스라엘 정부들의 정착촌 정책의 개념적인 토대를 구성하였다. 오늘날까지도 알론 계획을 토대로 이스라엘 정부들은 이스라엘 정착촌 사업을 발전시키고 강화시킨다.

역내 수준에서, 카르툼에서 1967년 9월 개최된 아랍연맹 정상회담은 이스라엘 침략의 영향을 제거하기 위한 계속적인 투쟁과 이스라엘이 점령한 땅으로부터 즉각적인 철수를 요청하면서, 이스라엘을 승인하거나 협상하거나 평화를 초래할 가능성을 배제하였다. 동시에, 더 넓은 국제적인 수준에서, 유엔 안보리는 "최근 분쟁에서 점령된 영토로부터 이스라엘 무장 세력 철수를 요구하고, 난민 문제의 공정한 해결책을 성취할 필요성을 확인하고, 역내 모든 국가들의 정치적 독립과 영토 불가침성을 보증하는" 242호 결의안(1967년 11월 22일)을 통과시켰다.124)

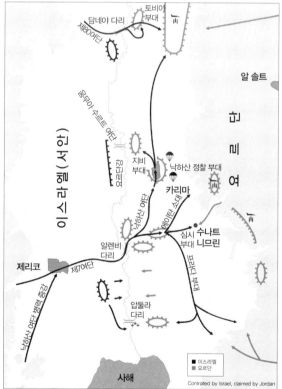

지중해
아크레
하이파
나자렛
제닌
나블루스
요르단과 연결하는 회랑
라말라
텔 아비브
자파
예루살렘
베들레헴
가자
헤브론
사해
칸 유니스
비르쉐바
네게브

요르단계곡 정착촌지대

1967년 이전의 이스라엘
이스라엘 정착촌 건설 예정지
해결보류된 서안

Map: PASSIA, 2002

• 1968년 알론 계획

토비아 부대
담네야 다리
제80여단
제800여단
알 솔트
이스라엘(서안)
욤무아 수르트 여단
지비 부대
낙하산 정찰 부대
카리마
수나트 니므린
심시 부대
요르단 여단
알렌비 다리
제리코
제7여단
압둘라 다리
낙하산 부대
사해

이스라엘
요르단

Controlled by Israel, claimed by Jordan

• 1968년 3월 21일 카라마 전투 지역

• 카라마 전투 이후, 버려진 이스라엘 탱크와 요르단 국왕 후세인

　　1968년 3월, 후세인 왕의 요르단 군이 지원하고, 파타가[i] 이끄는 PLO(팔레스타인
해방 기구)는 요르단 카라마 계곡에서 이스라엘군과 처음으로 주요한 전투를 수행
하였다. PLO는 카라마 계곡에서 이스라엘 군대의 요르단 침공을 중단시켰다.

　　이 전투 직후, PLO는 처음으로 민족헌장을 수정하고, 이스라엘에 맞서는 무장
저항을 합법적인 투쟁 수단으로 기입하였다.

---

i)　1959년 쿠웨이트에서, 야세르 아라파트가 팔레스타인 민족해방운동 조직으로 파타를 창
　　설하였다. 파타는 연합조직인 PLO(1964년 예루살렘에서 창설)를 구성하는 가장 큰 파
　　벌이며, 파타 지도자 야세르 아라파트가 1969년 카이로에서 개최된 제5차 팔레스타인
　　민족회의(PLO 입법기구이며 정책 결정자)에서 PLO 통제권을 장악하였다.

1969년 2월, 카이로에서 개최된 제5차 팔레스타인 민족회의(PNC) 동안에, 파타 지도자 야세르 아라파트를 의장으로 한 새로운 PLO 집행위원회가 선출되었고, PLO는 모든 저항 단체들, 노동조합, 청년조직들과 무소속의 개인들을 포함하였다.

• PLO 의장 야세르 아라파트

1970년 미국 국무장관 윌리엄 로저와 그의 팀, 요셉 시스코와 로이 알케르톤은 이 분쟁을 해결을 국제적으로 주도할 것을 처음으로 제안하였다. 당시 워싱턴 주재 이스라엘 대사인 이츠하크 라빈, 이집트 관리들, 요르단 관리들과 의견을 교환한 이후, 이들은 '로저 플랜'을 도입하였다. 여러 번 수정을 거친 이 계획은 이스라엘 군대의 철수, 간접 대화, 난민 문제에 대한 '공정한 해결'을 위한 시간표를 제안하였으나, 팔레스타인인들을 위한 국가나 어떤 다른 형태의 민족자결권을 포함하지 않았다.

골다 메이어 이스라엘 정부는 이 계획을 즉시 거부하였다. PLO는 이것을 비난하였다. 요르단인들은 이 의견에 대하여 기꺼이 협상할 의도를 보였다. 반면 이집트는 처음에는 계획을 거부하였지만, 두 번째 로저 플랜이 제안한 휴전에 동의하였다. 휴전은 1970년 8월 7일 효력을 발생하게 되었다.

1970년 9월, 통치권 문제를 놓고 요르단 군대와 요르단에 기반을 둔 PLO 파벌들은 군사적인 대결을 시작하였다. 이 사건으로 약 2천 명(주로 팔레스타인인)이 사망하고, PLO가 요르단으로부터 추방당했다.

□ 확고함(1970~1982)

두 번째 국면, 1970~1982년 사이에, 팔레스타인인들이 채택한 전략은 확고함이다. 확고함은 개인의 입장과 권리를 확고하게 지킨다는 개념이다. 실제적인 수준에서, 확고함은 시민사회와 그 조직들이 기능하고, 발전하도록 만든다는 것을 의미한다. 동시에, 확고함은 국제적으로 유엔이나 초강대국들 혹은 역내 아랍 국가들이나 PLO 등 외부로부터 오는 해결책을 기다린다.

이 시기 동안 '내부' 지도부는 요르단과 긴밀한 관계를 가진 지역 유명 인사들이 종언을 고하고, 민족 전선의 발흥, 민족지도 위원회(대부분의 민족 그룹들과 세력들의 결합)의 형성으로 특징 지워진다.

점령당한 팔레스타인 영토 내에서 몇 몇 지도자들은 외부로부터 오는 '구원'을 믿었으나, 해결하는 방법에서는 분열되었다. 정치협상보다는 해방투쟁을 요구하는 나블루스의 까드리 투칸 등 몇 몇 인사들이 있고, 라말라의 함디 타지 파루끼와 같은 일부 사람들은 1947년 유엔 분할 결의안에 토대를 둔 팔레스타인 국가건설 안을 지지하였다.125) 당시 레바논 베이루트에 기반을 둔 PLO는 이 안을 비난하였다.

두 번째 그룹은 내부로부터 나오는 투쟁을 지지하였다. 이 전략은 처음에는 선출된 시장들에 의해서 조장되었다. 엘리아스 프레지(베들레헴), 셰이크 알리 자바리(헤브론), 라사드 사와(가자) 등 실용주의자들은 모두 협상을 위한 요르단-팔레스타인 공동 대표단에 관심이 있었다. 파흐드 까와스마(헤브론), 힐미 하눈(툴카렘) 등 온건주의자들은 강력하게 PLO를 지지하였다. 바쌈 사카(나블루스), 카림 칼라프(라말라), 이브라힘 타윌(알 비레) 등 강경파 민족주의자들은 이스라엘 군부 통치를 거부하고, 현실적으로 PLO의 저항 전략을 수행하기 위하여 점령당한 팔레스타인에서 민족지도 위원회를 설립함으로써 내부 행동을 요구하였다.

그 동안 PLO '외부' 지도부는 레바논에서 스스로 재건하는데 바빴다. PLO 지

• 1979년 레바논 베이루트 PLO(파타) 무장대원

도부는 요르단으로부터 추방된 이후 레바논으로 이동하였다.126) 레바논은 재빨리 이스라엘과 전 세계 이스라엘 과녁에 맞서는 PLO 작전이 시작되는 새로운 기지가 되었다.

점령 초기에, 이스라엘 당국자들은 유대 정착촌 건설과 확장을 위해서 대체로 예루살렘 내부와 그 주변에 있는 엄청난 팔레스타인 땅의 몰수를 명령하였다. 이것은 팔레스타인 주택의 대규모 파괴와 알 아크사 모스크 건물 아래 굴착을 포함하였다. 동시에, 이스라엘 군대는 수많은 팔레스타인 청년들을 체포하였다. 이러한 점에서, 이스라엘 감옥들은 팔레스타인 활동가들을 졸업시키는 교육, 민족, 정치적인 기관이 되었다.

이 기간에 이스라엘 내부에 거주하는 팔레스타인인인들(1948년 전쟁 동안에 자신들의 집에 남아있던 사람들)에 맞서는 이스라엘의 불의와 억압을 비난하는 최초의 광범위한 시위가 발생하였다. 갈릴리 대중 시위에서 정점에 도달했다. 1976년 3월 30일 이 시위들은 팔레스타인 땅 몰수에 의해서 촉발되었다. 이 시위동안 이스라엘 군대는 6명의 주민들을 살해하였고, 수십 명이 부상당하였으며, 300명 이상 체포되었다. 그 때 이후, 매년 3월 30일 '땅의 날'을 기념한다.

1977년 12월 이스라엘 의회 크네세트 연설에서, 이스라엘 총리 메나헴 베긴은 군사 점령 종결을 요구하면서, 자치 계획을 제안하였다. 이 제안에 따르면, 선출된 팔레스타인 '행정 위원회'가 교육, 교통, 통상, 보건 등 시민 문제들을 책임질 것이고, 이스라엘은 안보와 공공질서에 대한 지배권을 유지할 것이다. 팔레스타인인들은 이스라엘이나 요르단 시민권을 수용할 수 있다. 팔레스타인인들은 이 계획을 거부하였다. 왜냐하면, 이 계획은 단지 제한된 자치만을 제안하였고, 민족 자결권을 반대하였기 때문이었다.

국방부장관 아리엘 샤론은 서안에 분리된 민간 행정부를 수립하였다. 이 민간 행정부는 1967년 이스라엘이 수립한 군사 정부를 대체하기 위하여 1978년 캠프 데이비드 협정에 반영되었다. 민간 행정부의 최초 조치 중하나는 비르제이트 대학과 아랍 신문들을 폐쇄하고, 팔레스타인 시장들을 해임하고, '민족지도 위원회'를 해체하고, 대신에 소위 '마을 연맹'을 수립하는 것이었다. 지방 자치 기능을 갖추고, PLO에 맞설 세력을 설립하는 것을 의미하는 마을 연맹들은 부역자들로 폭넓게 간주되었으나, 결코 PLO에 도전하지 않았다.

이 국면에서 팔레스타인인들의 저항과 이스라엘과의 무력 충돌은 계속되었고, 내부와 외부의 팔레스타인인들은 정치적 해결책을 향한 출발점으로서 상호 입장, 이익, 필요성을 분명하게 밝히기 위하여 이스라엘인들과의 회의라는 도전들을 수용하기 시작하였다. 확고함의 국면 동안, 팔레스타인인들은 점차 공존과 상호 승인에 토대를 둔 평화적 해결을 위한 자신들의 열망을 표현하기 시작했다. 두 국가 해결안에 대한 초기 옹호자들 중에서, PLO 대표들인 사이드 함마미(런던), 이즈 에진 알 칼락(파리), 나임 카데르(브르셀) 등이 있었다. 이들은 모두 1978~

1981년 사이에 이스라엘에 의해서 암살당했다. 점령당한 팔레스타인 지역 내 팔레스타인 지도자들은 이 시기에 표적이 되었고, 1980년 6월에 세 명의 서안 시장들에 맞서는 구쉬 에무님 극단주의자 정착민 운동가들에 의한 폭탄 공격으로 정점에 도달했고, 이 세 명의 서안 시장들은 심하게 부상당했다.

확고함의 시기 동안, 유엔 총회(1974년 10월 14일 옵저버 지위를 부여한 유엔 총회 결의 3210)와 2주 후 아랍 연맹이 PLO를 팔레스타인인들의 합법적인 대표로서 승인하는 업적을 성취하였다. 1974년 11월 13일, PLO의장 야세르 아라파트는 뉴욕 유엔 총회에서 연설하였고, 1975년 PLO에게 유엔 안보리에 접근할 수 있는 권한을 부여하였다.

국제적으로, 1978년 9월 미국 대통령 지미 카터와 이

• 1974년 야세르 아라파트의 유엔 총회 연설

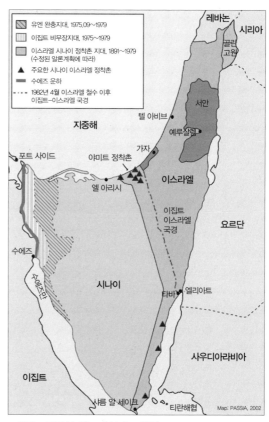

• 1978~1979년 캠프데이비드 협정

스라엘 총리 베긴과 이집트 대통령 사다트 사이에 캠프데이비드 회담은 시나이를 이집트에 반환하는 이스라엘–이집트 평화안과 점령당한 팔레스타인에서 5년 동안의 자치정부 설립을 향한 협상안으로 귀결되었다.

역내에서, 1981년 8월 사우디 왕세제 파흐드는 아랍–이스라엘 분쟁을 해결하기 위한 8개 항의 평화 계획을 제안하였다. 이것은 '팔레스타인국가 창설과 아랍 국가들이 이스라엘의 존재 권리 승인하는 내용'을 포함하였다. 그러나 1982년 6월 6일, PLO를 파괴하기 위한 이스라엘의 레바논 침공 이후 PLO가 튀니스로 탈출하면서 분쟁 국면이 종결되었다.

ㅁ 무력 충돌에서 정치적 대화로(1982~1987)

1982년 6월, 이스라엘의 레바논 침공과 계속된 3 개월 동안의 베이루트 포위는 PLO 추방과 튀니스로의 이전으로 종결되었다. 당시 이스라엘 국방장관 아리엘 샤론의 말에 따르면, 이스라엘의 명백한 목표는 PLO를 축출하고, 이스라엘이 온건한 서안의 팔레스타인인들과 해결책을 추구하는 것이었다. 이 침공은 수많은 레바논인들, 팔레스타인인들, 시리아인들 사상자를 초래했고, 이들 대부분은 시민들이

• 1982년 9월 16~18일 레바논의 샤브라와 샤틸라 캠프 대량 학살

• 이스라엘 정착촌

었으며, 수만 명이 퇴출되었다. 이것은 또한 베이루트 소재 사브라와 샤틸라 팔레스타인 난민 캠프에서 악명 높은 학살을 동반하였다.[127]

그동안 이스라엘은 국제법 혹은 결의들을 존중하지 않고, 점령당한 팔레스타인 영토와 주민들 전반에 대한 완전한 지배권을 유지하였다. 국제법의 주요한 침해는 점령당한 팔레스타인 영토 내에서 유대 이스라엘 시민들을 위한 계속된 정착촌 건설과 관련된다.[128]

1983~1989년 사이에, 점령당한 팔레스타인 영토에서 전체 이스라엘 정착촌 인구는 10만 명에서 19만 명으로 증가하였다.[129] 임시적이었던 군사 점령이 확고해졌다는 것을 보여주었고, 점차 돌이킬 수 없는 것으로 만들었다.

점령당한 팔레스타인 영토에서의 폭동과 폭력적인 사건들이 1982년 1월 이후 더욱 빈번해졌고, 수백 명이 체포, 구금, 통행금지 되고, 수십 개의 학교들이 폐쇄되고, PLO 지지자들이 추방되었고,130) 수 백 만 세켈 벌금이 부과되었다. 팔레스타인 대학들은 점차 점령 당국의 표적이 되었고, 상당 기간 동안 폐쇄되었다.

1982년에 몇 몇 새로운 평화안들이 제안되었고, 이 평화안들은 다양한 형태로 팔레스타인의 자치권과 이스라엘의 안보의 중요성을 인정하였으나, 대부분이 보류되었다.

• 레이건 계획(1982년 9월 1일)은 요르단과 연결된 고향에서 팔레스타인인들을 위한 '자치'와 점령당한 팔레스타인 영토에서 유대 정착촌 동결을 촉구하였다.131)

• 사우디 왕세제 파흐드가 제시한 8개 항의 평화계획에 토대를 둔 아랍 연맹의 페즈 계획(1982년 9월 9일)은 점령지 전역에서 이스라엘의 철군을 요청하고, 모든 정착촌의 제거, 예루살렘을 수도로 팔레스타인 국가 건설을 요구하였다.132)

• 브레즈네프 계획(1982년 9월 14일)은 아라파트에게 레이건 계획을 거부하도록 요구하면서 PLO에 대한 지지를 확약하고, 독립 팔레스타인 국가 창설을 포함한 중동 분쟁에 대한 6개항의 계획을 제시하였다.

• 아라파트-후세인 왕 합의(1985년 2월 11일)는 중동 평화 협정을 향한 공동 접근을 명확하게 만들었다.133) 이 합의는 국제회의 환경에서 '땅과 평화'의 교환과 요르단-팔레스타인 연방을 요구하였다. 이스라엘 관리들은 이 제안을 그 다음 날 거부하였다.

• 팔레스타인-이스라엘 선언(1986)은 이스라엘 국회의원인 아바 에반과 PLO 대표인 한나 시니오라와 파예즈 아부 라흐마(둘 다 팔레스타인-요르단 공동 대표)가 시작한 국제회의를 찬성하였다. 이 선언은 나란히 살아야 하는 팔레스타인인들과 유대인들의 운명을 언급하면서 협상, 폭력과 테러리즘 종결, '팔레스타인인들의 합법적인 대표'와 민족의 권리의 상호 인정을 요구하였다. 튀니스 PLO 외부 지도부는 이 제안을 거부하였다.

• 런던 문서(1987년 4월 11일)는 런던에서 개최된 시몬 페레스와 후세인 왕의 회

의에 토대를 둔 요르단과의 정치적 해결을 위한 초안 계획을 제시하였다. 이것은 또한 유엔 안보리 결의 242호 338호와 요르단-팔레스타인 대표가 함께 한 국제회의에 토대를 둔 협상을 요구하였다. 그러나 미국, 페레스와 후세인 왕은 모두 요르단-이스라엘 제안으로서 그 계획을 공개를 꺼렸다.

• 아미라브-누세이바 문서(1987년 7월)는 헤루트 당원인 모세 아미라브와 새리 누세이바, 살라 주하이카, 파이잘 후세이니가 회의한 결과였다. 이 모임은 '두려움과 희망'의 저자인 데이비드 이시 살롬에 의해서 시작되었다. 이 저서에서 그는 PLO가 통치하는 점령당한 팔레스타인 영토에서 팔레스타인 비무장 실체 설립을 제안하였다. 이 협상 채널은 양 국가들내에서 매우 논쟁적이었고, 명백한 결과를 성취하지 못했다.

그럼에도 불구하고, 아랍-이스라엘 외교적 접촉은 계속되었고, 이 시도들은 외부 PLO 지도부와 이스라엘인들 사이에 대화를 수립하기 위해서 시도하였다. 이스라엘인들은 주로 점령당한 팔레스타인 영토에 대한 이스라엘 정부 정책을 반대하는 자유주의적인 정치인들과 전문가들이었으나, 이들이 이스라엘 정부 정책을 변경시킬 위치에 있지 않았다.134)

이 모임들의 대부분은 점령당한 팔레스타인 영토 밖에서 이루어졌고, 옥스퍼드 역사가 왈리드 알 칼리디와 이스라엘 전임 외무장관 압바 에반 혹은 1984~1986년 동안에 팔레스타인 학자들과 유럽과 미국 유대인 학자들 사이에서 이루어진 사적인 양자 모임들이 그것들이었다. 이스라엘 의회는 1986년 8월에 이러한 모임을 금지시켰다. 이러한 모임 대부분은 어느 한 편에 전념하지 않고 폭력 종결, 협상 그리고 평화적 해결을 요구하였다. 현실적으로, 양 측에는 찬성하지 않는 사람들이 존재했고, 격한 반작용으로 이끌었다. 이츠하크 샤미르는 리쿠드당 출신의 모세 아미라브를 축출하였고, 이츠하크 라빈 국방 장관은 파이잘 후세이니 체포를 명령하였고, 새리 누세이바 교수는 비르제이트 대학 학생들의 공격을 받았다. 이 사건들은 현상 유지가 더 이상 용납될 수 없다는 강한 인식에 토대를 두고, 팔레스타인 사회에 새로운 정치적 각성을 상징하였다.

□ 제1차 인티파다(1987~1990)

1967년 6월 전쟁 발발 20년 후에, 이스라엘의 야만적인 점령 실행이 약화되지 않았고, 더 많은 땅이 몰수되고, 정착촌이 확장되고, 인권 위반이 주민들의 일상 생활이 되었다. 그러나 팔레스타인 문제는 -적어도 당분간- 국제적이고, 역내 적인 의제에서 빠졌다.

국제적인 장은 초강대국들, 미국(로날드 레이건)과 소련(미카일 고르바초프) 사이에서 새로운 협력의 장을 목도하였다. 이 때 그들은 1987년 12월 핵무기 비축을 감축 하기 위한 최초의 협정을 체결하였다. 역내에서, 1987년 11월, 암만에서 개최된 아랍 수뇌 회담은 아랍 화해의 시작이었다. 이 집트는 캠프데이비드 협정 체결 이후 처음 으로 초대받았다. 시리아(하페즈 아사드)와 이 라크(사담 후세인) 사이에 화해를 향한 시도들이 있었고, 경제 협력을 위한 새로운 아랍 위

• 1988년 1차 인티파다 : 장갑차에 맞서는 팔레스타인 어린이

• 1988년 1차 인티파다

원회가 구성되고 있었다. 점령된 팔레스타인 영토 밖에 있는 팔레스타인인들은 주변으로 밀려났고, 그들의 지도부는 소외되었으며, 점령된 팔레스타인 영토 안에 있는 팔레스타인인들은 희망을 잃고, 좌절하고, 화가 났다. 이것은 그들이 더 이상 잃을 것이 없다고 느끼도록 만들었다. 전임 예루살렘 부시장인 메론 벤비니스티는 다음과 같이 말했다. 최상의 조건하에서, 팔레스타인인들은 점령된 팔레스타인 영토에서 자신들의 땅을 유지하기를 열망할 수 있다.[135]

이스라엘의 군사 점령에 직면한 주민들의 좌절과 분노를 보내기 시작한 불꽃은 1987년 12월 9일 가자에서 불붙었다. 이 날 이스라엘 트럭이 팔레스타인 노동자들에게 돌진해서 4명을 살해하고, 몇 몇 다른 사람들에게 상처를 입혔다. 이후 이스라엘 운전기사에게 던진 돌이 점령자들에게 맞서는 상징이고 도구가 되었다.

팔레스타인인들은 그들을 구하고 점령을 종식시키기 위하여 외부로부터 오는 해결을 더 이상 기다리지 않기로 결정하였다. 대신에 그들은 점령에 저항하기 위한 일련의 독창적인 방법들을 사용하기 시작하였고, 첫 번째 민중봉기 인티파다가 발발하였다.

인티파다의 목표는 현재 상태를 변화시키는 것이다. 예를 들면 이스라엘 점령을 종결시키고, 점령당한 팔레스타인 영토에 새로운 독립 사회를 건설하고, 자유, 독립과 국가 건설을 향해서 나가는 것이다. 이 목적을 수행하기 위하여 세 가지 넓은 방법들이 채택되었다.

(1) 군사 점령자들과 직접 대결: 돌을 사용하기, 타이어 불태우기, 파업, 시위, 벽에 낙서, 주간 프로그램을 실은 정치 전단 배포하기. (2) 사회의 팔레스타인화: 장소 이름 개명하기, 시간을 이스라엘 시간과 다르게 만들기, 이스라엘 상품 불매운동, 이스라엘 당국에게 세금 지불 거부하기, 이스라엘 질서와 법 지키지 않기. (3) 정치 프로그램 만들기: 예루살렘에서 1988년 1월 14일에 '14개 조항'으로 출판했다.136)

갑작스런 봉기에 이스라엘 지도부와 외부 팔레스타인 지도부는 놀랐다. 이스라엘 국방장관 이츠하크 라빈은 이 상황을 "며칠 내에 종결될 평범한 혼란"이라고 설명하였다. 반면 팔레스타인 지도부는 이 인티파다가 지속되기를 원했다.137) 그들은 시민 불복종 전략 -1988년 2월 8일 카릴 알 와지르(아부 지하드)의 '예루살렘 문서'로 알려진- 을 실행시키고, 내부 지도부가 스스로 민족 연합 봉기 지도부(the Unified National Leadership of the Uprising)를 세웠다. 대중들은 민족 연합 봉기 지도부의 지시를 따랐고, 교육, 보건, 사회복지, 경제, 기반 시설을 포함하는 팔레스타인 문제들을 운영할 공공 위원회를 구성하였다.

몇 몇 중재자들이 이 분쟁의 단계적인 확대를 피할 수 있는 제안과 생각을 제시하였다. 1988년 1월 최초의 제안이 카이로에서 나왔고, 정착촌 건설 동결의 대가로 점령된 팔레스타인 영토에서 6개월간의 '휴전'을 요구하면서, 국제 평화 회의를 준비하기 위하 시간을 허용하였다.

두 번째 제안은 미 국무 장관 조지 술츠로부터 나왔다. 1988년 3월 그는 이스라엘이 정착촌 활동을 중단하고, 팔레스타인인들은 인티파다를 중단하고 즉시 협상을 시작하라고 제안했다. 이 제안은 대체로 캠프데이비드 협정 규정들에 토대를 두지만, 팔레스타인 자치가 5년이 아니라 1년 후에 성취되도록 한다는 것이었다. 이스라엘 총리 샤미르와 팔레스타인 내부 대표단은 이 계획에 반대했다.

다른 중재자들도 역시 성공하지 못했다. 이스라엘 장군 아브라함 타미르는 아라파트 부관 바삼 아부 샤리프와 회의를 시도했으나, 만나지 못했다.[138] 1988년 4월, 소련 미하일 고르바초프는 공개적으로 PLO 의장 야세르 아라파트에게 이스라엘의 존재할 권리를 인정하라고 촉구하면서 개입하였다.[139]

1988년 4월 16일, 카릴 알 와지르가 튀니스에 있는 그의 거주지에서 이스라엘 첩보원에게 암살당했다. 팔레스타인인들은 자신들이 기로에 서있다는 것을 발견했고, 인티파다의 미래에 대한 다음과 같은 세 가지 선택에 직면했다.

(1) 아랍 지도자들이 결정권을 가졌던 1936년 팔레스타인 아랍반란과 유사하게 '아랍화'되는 것. (2) 사람들에게 무장 투쟁을 고취시키고, 점령군대와 일상적인 대결을 강화하도록 허락함으로써, 무장 세력화하는 것. (3) 비무장 민족 투쟁으로 남아있는 것.

게다가 내부 지도부는 투쟁의 팔레스타인화를 유지할 수 있는 방법을 토론했고, 다음 두 가지 제안에 찬성하였다. 독립선언서를 발표하고, 임시 망명 정부를 구성하는 것이

• 파이잘 후세이니(내부지도부-예루살렘)와 야세르 아라파트(외부지도부-튀니스)

다.140) 동시에 외부의 PLO 지도부는 다음과 같은 정치적 해결안을 공개적으로 제시하기 시작했다.141)

> ▶ 지중해와 요르단 강 사이에 두 국가를 설립하는 것, 원칙적으로 팔레스타인 국가와 병존하는 이스라엘 국가를 수용.
> ▶ 이스라엘 관리들과 기꺼이 협상.
> ▶ 협상 조건 만들기 : 만약 이스라엘이 점령한 팔레스타인 영토로부터 철수한다면, PLO는 기꺼이 이스라엘과 함께 협상할 수 있다.

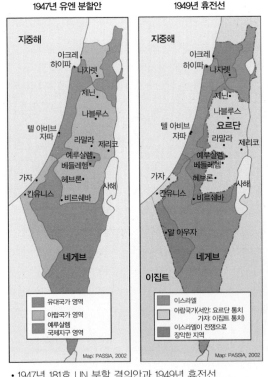

• 1947년 181호 UN 분할 결의안과 1949년 휴전선

이 점에서, 내부와 외부 지도부들은 나란히 일하면서 정치적 해결에 대한 각자의 개념을 강조하였다. 1988년 8월 후반, 야세르 아라파트 의장은 팔레스타인 국가 독립을 요구하는 내부 지도자들로부터 9개의 초안을 받았다. 이 초안들 중에는 1988년 6월 바쌈 아부 샤리프 문서가 있었고, 이 문서는 내부 지도자들이 승인한 것이었고,142) 상호 승인에 토대를 둔 평화를 향한 팔레스

타인의 전망을 요약한 것이고, 두 국가 해결안과 팔레스타인 독립 선언을 요구하는 '파이잘 후세이니 문서'는 1947년 유엔 총회 팔레스타인 분할 결의안 181호에 토대를 둔 것이었다.143)

인티파다 3년째 되는 해에, 내부 지도부가 비례대표에 토대를 둔 선거를 통한 팔레스타인 민족회의(PNC) 개혁과 임시정부 구성을 요구하였다. 이것은 독립이라는 개념을 합법화시키고 정상화시키기 위한 수단이었다. 이것은 1948년 이스라엘 임시정부가 된 유대 기구(the Jewish Agency)의 경험과 비교된다. 그러나 미국과 러시아는 강력하게 이 개념에 반대하였고, 외부의 PLO 지도부 또한 꺼려했고, 이 개념이 PLO를 해방운동 기구로부터 아직 준비가 되지 않은 유사 정부로 변형시킬 수 있다는 것을 두려워했다.

동시에 팔레스타인 내부 지도부는 이스라엘 여론에 영향을 끼치고, 팔레스타인인들의 자유와 독립 요구를 이해하기 위하여, 이스라엘인들과의 접촉과 대화를 수립하기 위한 정책을 옹호하였다. 그들은 이스라엘 미디어에 기고문을 쓰고, 이스라엘 TV에 출현하고, 대중강연에서 이스라엘 청중들에게 연설하였다. 1990년 8월 2일, 팔레스타인과 이스라엘 주류 대표들이144) 예루살렘 노트르담 호텔에서 만났다. 이 모임은 상호 승인과 직접 협상 요청을 포함하는 공동 성명서에 서명하기 위한 것이었다. 그러나 같은 날, 이라크가 쿠웨이트를 침공하면서, 걸프 위기가 시작되었다. 이 시점에서 이스라엘 대표단은 절연을 선언하고, 이 성명서에 서명하지 않았다.

□ 협상들(마드리드, 워싱턴과 모스크바, 1991~1993)

1991년 10월, 평화 협상이 결국 마드리드에서 시작되었다. 그러나 분위기는 이상적이 아니었다. 걸프전의 반향, 분열된 아랍 세계, 소련 붕괴와 동유럽권이 모두 협상 분위기에 영향을 끼쳤다. 팔레스타인인들과 그들의 점령당한 팔레스타인 영토에 있는 지도부뿐만 아니라 외국에 나가있는 지도부도 포위공격을 받고 있었다. 동시에, 미국은 유엔 결의안 242호와 338호에 토대를 둔 '땅과 평화의 교환'을 촉진시키는 의제를 밀어붙이고 있었다.

점령당한 팔레스타인 영토 내부에서, 팔레스타인인들은 예루살렘을 고립시키고, 서안과 가자를 작은 구역들로 분할하는 이스라엘 국방장관 모세 아렌스의 정책에 맞섰다. 그는 팔레스타인 지도부를 억압하고, 미디어 보도 정치 등을 부과하면서, 땅 몰수와 정착촌 건설을 진척시켰다. 정착민들은 권력을 강화시키면서, 점차 정부와 군대 다음으로 중요한 세 번째 권력이 되어갔다.

인티파다가 진행된 4년은 사회적 경제적 고통으로 이끌었고, 생활수준 저하를 초래했다. 이것은 팔레스타인 기구들에 대한 국제적인 지원의 감소, 권위와 영향력의 계속되는 상실과 나란히 왔고, 팔레스타인 기구들에게 매우 제한적인 선택을 남겨놓았다.

점령당한 팔레스타인 영토 밖에서, 팔레스타인인들은 일련의 광범위한 변화를 적응해야만 했다. 아마도 가장 중요하게 공산주의의 몰락과, 소련 원조의 종결과 군사적인 선택권에 대한 어떤 희망뿐만 아니라, 이스라엘 승인을 포함하는 동유럽 국가들의 정치적인 입장의 급격한 변화에 적응해야만 했다. 동시에, 1991년 걸프 전쟁에서 아라파트의 사담 후세인 지지로 인해서 크게 아랍 정부 지원의 감소한 것은 PLO뿐만 아니라 걸프 국가들에서 팔레스타인 영향력의 상실을 초래했다. 점차, PLO 지도부를 우회하기 위한 시도들이 증가했다.

대조적으로, 이스라엘 국가는 두 가지 방법으로 걸프 전쟁으로부터 이익을 얻었다. 한편으로, 이 전쟁은 이스라엘이 역내에서 최강의 군사력을 유지할 수 있도록 만들었고, 다른 한편으로, 이스라엘은 세계 수도들로부터 거대한 재정적인 원조를 받았고, 그 중 많은 부분은 이스라엘 정착촌 사업을 촉진시키는데 사용되었다.

이러한 배경에 맞서, 1991년 3월 6일 하원 연설에서, 미국 대통령 조지 부시는 '땅과 평화 교환'의 원칙, 팔레스타인 주민들의 합법적 권리 인정, 이스라엘을 위한 안보와 평화, 유엔 안보리 결의 242호와 338호 실행에 토대를 두고 국제회의를 요구하였다.[145]

이스라엘은 팔레스타인의 참가에 관한 다음의 요구들을 마드리드 회의에 이스라엘 참가 조건으로 내세웠다. 독립적인 팔레스타인 대표가 없고, 예루살렘 출신의 팔레스타인인들도 없고, PLO 구성원들도 없고, 팔레스타인 깃발도 없고, 팔레스타인 국가 승인이 없어야 한다.

팔레스타인인들은 이러한 조건들을 수용하였고, 초대받은 사람들이 가는 것을 막을 수도 없었고, 조건들을 변화시킬 수도 없다는 것을 인정하였다. 그들은 협상으로부터 거리를 두거나 유럽 국가들을 소외시킬 수 없었다. 그들의 희망은 참가함으로써 이 조건들을 변화시키거나 다른 회의 참가자들에게 그들의 대의에 대하여 진실과 정당성과 현재 상태를 변화시킬 필요성을 납득시키고, 팔레스타인인들에게 세계무대에서 이스라엘인들과 동등한 관계를 허락하기를 희망했다. 궁극적으로, 마드리드 팔레스타인 대표는 튀니스에 있는 PLO 지도부에 의해서 임명되었다. 모두가 PLO 지도부를 환영한 것은 아니었다.

회담이 워싱턴에서 계속되었으나 외교적인 게임으로 변화되었다. 결국 팔레스타인인들은 팔레스타인인 9명과 요르단인 2명으로 구성되는 대표단을 수용하였다. 이것은 점령을 끝내고 국가 권력 세우는 과도적인 단계를 의미했다. 그러나 이스라엘 편은 이러한 시나리오에 관심이 없었고, 팔레스타인인들을 우회하여, 아랍세계와 관계 정상화를 위한 시도로 요르단, 시리아, 레바논에 접근하고 싶어했다.

두 번째 팔레스타인 대표단 −점령당한 팔레스타인 영토와 해외 출신의 유명한 활동가들로 구성− 은 모스크바에서 다자간 협상을 위해서 구성되었다.

워싱턴에서 양측 회담 개최 22개월 후에, 이스라엘인들은 과도적인 단계에 대한 그들의 시각인 오래된 자치계획을 제안하였다. 즉, 제시한 과도 단계 동안에, 12개의 형식적인 시민 부문들이 점차 이스라엘로부터 팔레스타인 수중으로 이양될 것이고, 점령된 팔레스타인 영토의 단지 1/3 지역 내에서 실시될 팔레스타인 자치를 준비하기 위하여 이스라엘 군대는 철수할 것이고, 땅, 물 그리고 예루살렘에 대한 팔레스타인인들의 권리는 인정될 것이지만, 정치 당국이나 주권에 대한 언급은 없을 것이다. 정착촌건설 사업은 계속될 것이고, 정착민들은 점령지 전역에 관한 문제들에서 발언권을 가지게 될 것이다. 이 제안은 팔레스타인 편에서 수용될 수 없는 것이었을 뿐만 아니라, 캠프데이비드 협정에서의 이스라엘 입장으로부터도 후퇴하는 것이었고, 이스라엘이 점령지 전역을 떠나거나 팔레스타인인들의 권리를 인정할 의도가 전혀 없다는 메시지였다.

반면, 팔레스타인 편은 팔레스타인 민족회의(PNC) 결정에 토대를 둔 자체의 제안과 인티파다의 14개 항을 제시했다. 이 문서는 팔레스타인 임시 자치정부 당국 계획(the Palestinian Interim Self-Government Authority Plan)으로 알려졌고, 자치정부와 사회 경제적 발전을 위하여 정착촌 건설 사업 동결, 점령지 전역의 지리적인 보전, 민주적인 선거, 필수적인 자유를 요구하였다. 이 문서는 제안된 팔레스타인 임시 자치정부 당국에 대한 책임을 상세하게 설명하였다. 그러나 이스라엘은 이 문서를 흔쾌히 고려하지 않았고, 양 측 사이의 간극을 좁혀줄 영향력 있는 중재자 없이 협상은 곧 끝이 났다.

□ 오슬로 채널(1993)

마드리드에서의 9개월 협상, 미 국무부에서의 5회의 회담, 어떤 합의도 없고, 중재자들로부터의 유효한 영향도 없는 양 측의 입장을 요약한 수많은 문서 교환 이후, 교착상태에 도달한 것처럼 보였다.

협상에서 PLO의 어떤 역할도 강력하게 반대하면서, 공동 팔레스타인-요르단 대표를 주장하는 이스라엘 총리 샤미르(리쿠드당)는 암만에 홍해(아까바-엘리아트)에서 공동 경제 관광 프로

• 1991년 3월, 파이잘 후세이니 팀과 제임스 베이커

젝트를 제안하는 메시지를 보냈고, 서안에서의 요르단의 역할을 위한 오래된 리쿠드 계획을 재도입하였다. 이중 어느 것에 대해서도 암만은 심각하게 고려하지 않았다.

그 사이에, PLO 의장 아라파트는 노동당과 다양한 비밀 채널을 열기 위하여 시도하였다.146) 그러나 워싱턴 회담들은 샤미르 정부의 붕괴와 새로 선출된 총리 이츠하크 라빈이 집권하면서 비로소 재개되었다. 합의안을 지킬 수 있는 사람이 미래의 팔레스타인 정부를 이끌 것이라는 것을 깨달은 외부자들(해외파)인 야세르 아라파트 의장과 그의 비공식 내각은 워싱턴 파견 팔레스타인 대표단장 파이잘 후세이니와 같은 내부 지도자들에 관하여 우려하기 시작하였다. 파이잘 후세이니는 제임스 베이커 미 국무부 장관과 직접 접촉하고 있었고, 여덟 번째 회담이 끝나기 전에 백악관의 조지 부시 대통령의 초대를 받았다. 동시에, 야세르 아라파트 지도부에 반대하는 급진 팔레스타인 파벌들에 대한 시리아의 지지, 요르단 왕 후세인의 상승하는 인기, 1988년 초에 창설된 하마스와ii) 이슬람 지하드가

---

ii) 하마스는 1987년 1차 민중 봉기 발발 직후에 무슬림 형제단 분파로, 팔레스타인 해방을 위하여 창설되었다.

• 파이잘 후세이니(무사카짐 알 후세이니-할아버지, 압둘까디르 알 후세이니-아버지)

조종하는 점증하는 내부의 반대는 외부의 야세르 아라파트의 우려를 가중시켰다. 따라서 야세르 아라파트는 팔레스타인 주민들의 공식적인 대표이며, 지도자로서의 합법성을 유지하기 위하여, 다른 협상 채널을 열고, 결과들을 실행시켜야 할 필요성을 깨달았다.

유사한 태도로, 라빈과 그의 비공식 내각은 파이잘 후세이니가 이끄는 '공식적인' 팔레스타인 대표단과 어떤 합의도 도출할 수 없다는 것을 깨달았다. '공식적인' 팔레스타인 대표단은 또한 PLO의 입장에 충성하였으나, 점령지 전역에서 임시 당국을 운영하고 통제할 수 있는 강력한 합법적인 팔레스타인 지도부를 필요로 하였고, 이슬람 세력들을 통제할 수 있었다.

따라서 '내부자들인' 파이잘 후세이니와 하난 아쉬라위가 이끄는 워싱턴에서 개최되는 공식적 회담과는 별도로, PLO와 라빈 정부 사이에서 다른 접촉 채널이 열릴 기회가 생겼다. '내부자들' 역시 야세르 아라파트의 지시를 받았고, 야세르 아라파트에게 직접 보고하였다. 다음과 같은 4개의 비밀 채널들이 있었다. (1) 아라파트 자신과 그의 비밀 내각 구성원들에 의하여 카이로와 함께 그리고 카이로를 통한 간접 접촉. (2) PLO 집행위원회 위원인 마흐무드 압바스(아부 마젠) 시아와 함께 그리고 러시아를 통한 접촉. (3) 루마니아에서의 회의들. (4) 노르웨이 응용 과학 연구소(the Norwegian Institute for Applied Science) 창설자 테르제 라르센이 부추긴 회담.

4번째 채널은 만성적인 사회적, 경제적, 안보 문제 때문에, 가자지구에 집중하였고, 포괄적인 합의를 향한 최초 단계로서 '가자 최우선'을 제안하였다. 처음에, 테르제 라르센은 가자를 주요한 문제로 생각하는 이스라엘 노동당 정치인인 요시 벨린에게147) 파이잘 후세이니와 이 문제를 토론할 것을 제안하였다. 1992년 6월 이스라엘 선거 직전에, 요시 벨린과 파이잘 후세이니는 가자 문제를 토론하였다. 그러나 요시 벨린이 라빈 정부에서 차관이 되고, 파이잘 후세이니가 점증하는 언론의 주목을 받은 이후, 이스라엘 측은 야세르 아라파트가 내부 지도자들과의 접촉을 환영하지 않는다는 것을 깨달았다.

따라서 1992년 12월 3일, 4일 런던에서 다자간 회의 동안에, 요시 벨린은 그의 학문적인 동료인 하이파 대학의 야이르 히르시펠드로 하여금 PLO 재정 전문가인 아흐마드 꾸레아(아부 알라)에게 접근하도록 허락하였다. 팔레스타인 대표단 구성원인 파이잘 후세이니와 하난 아쉬라위는 런던 주재 PLO 대표 아피프 사이피와 함께 튀니스에 있는 PLO 대표들이 그랬던 것처럼 꾸레아를 고무시켰다. 이 회의는 분수령이 되었고, PLO와 이스라엘 사이의 직접, 비밀 협상의 시작이었다. 그러나 이 지점에서부터, 외부 지도부가 내부 대표단(파이잘 후세이니, 하난 아쉬라위, 하이다르 압델 사피 등)이 오슬로의 비밀 채널에서 추후의 진행 상황을 인식하지 못하도록 만들었다.148) 야세르 아라파트, 마흐무드 압바스(아부 마젠)와 아흐마드 꾸레아(아부 알라)가 이 오슬로 비밀 채널을 지휘하였다. 이스라엘 편에서, 협상자들은 시몬 페레스와 그의 측근들,149) 그리고 요시 벨린과 그의 학술팀을 포함했다.150) 노르웨이 중재자는 그들의 내용에 개입하지 않고, 이 회의들을 도왔다.

이스라엘의 의사일정은 다음의 세 가지 주요한 요소로 구성되었다. 이 세 가지 요소들은 이스라엘 측이 오슬로를 기획된 실험으로 생각한다는 사실을 반영하였다. (1) 가자를 시작으로, 팔레스타인 영토로부터 부분적이고 단계적인 이스라엘의 철수, (2) 가장 어렵고 복잡한 문제들(예루살렘, 난민, 정착촌, 경계, 안보, 다른 이웃들과의 관계와 협력)을 나중 회담 단계로 연기하기, 나중 회담에서 점령지의 최종 지위가 결정될 것이다, (3) 강력한 경제 협력의 토대 건설하기,151) '가자–제리코 최우선' 접근은 팔레스타인 자치의 미래가 독립 팔레스타인 국가를 발전시킬 수 있는 팔레스타인의 능력에 달려있고, 그렇지 않으면, 팔레스타인 영토는 법적으로는 아니더라도 사실상 이스라엘 통치권으로 뿔뿔이 흩어진 반투스탄에 변하게 될 것이라는 것을 확실히 하였다.152)

반면에 팔레스타인 의사일정은 다음과 같은 4개의 주요한 개념으로 구성되었다. (1) 협정을 성취한다는 것은 상호 승인이라는 견지에서 역사적인 돌파구를 의미할 것이다. (2) '가자–제리코 최우선' 방식은 대중들에 대한 마케팅 도구로 제공될 수 있으며, 제안된 원칙 선언은 공식적으로 승인받은 PLO 당국을 팔레스타인 땅에 건설하게 될 것이다. (3) 어려운 문제들을 쉬운 문제들로부터 분리시키는 것은 이후 타협할 수 있는 기회를 제공한다. (4) 팔레스타인–이스라엘 협정은 시리아, 레바논, 요르단과의 다른 협정들을 위한 문을 열 것이다.

• 1993년 9월 13일 임시 자치정부 원칙 선언

노르웨이 중재자들은 오슬로 채널에 상당히 많이 공헌하였다. 오슬로 채널은 1993년 9월 13일 백악관 잔디밭에서 이스라엘과 팔레스타인인 최고위급 지도자들 사이에서 최초로 악수를 하도록 이끌었다. 이 날 체결된 임시 자치정부 원칙 선언(Declaration of Principles on Interim Self-Government Arrangements, DOP)의 주요 내용은 다음과 같다.

임시 자치정부 원칙 선언(1993. 09. 13)

1항: 현재의 중동 평화과정 내에서 이스라엘–팔레스타인 대표들의 목표는 서안과 가자 지구에 있는 팔레스타인인들을 위한 팔레스타인 임시 자치정부와 선거를 통한 의회의 수립이다. 또 그 목표는 5년 이내의 임시 기간 동안, 유엔 안보리 결의 242호와 338호에 토대를 둔 영구적인 해결책으로 이끌고, 242호와 338호 결의를 이행할 것이다.

5항: 1. 5년의 임시 기간은 가자와 제리코로부터 군대가 철군하면서 시작할 것이다.

2. 최종 지위 협상은 가능한 한 빨리 시작될 것이고, 임시 기간 2년 내에 이스라엘 정부와 팔레스타인 대표들 사이에서 이루어질 것이다.

3. 최종 지위 협상은 예루살렘, 난민, 정착촌, 안보 협정, 경계, 주변국과의 관계와 협조 그리고 다른 공동의 관심사들을 포함한다.

4. 최종 지위 협상의 결과는 임시 기간에 합의된 협정들에 의해서 손상되거나 선취되지 못한다.

임시 자치정부 원칙 선언은 본질적으로 '땅과 평화'의 교환이었고, 임시 기간 동안 제한된 팔레스타인의 자치였다. 최종 지위 협상이 영구적인 해결책을 제시할 것이고, 나머지 문제들은 최종 지위 협상으로 미루어졌다.

□ 오슬로 협정들(1994~1999)

임시 자치정부 원칙 선언은 서안(동예루살렘 제외)과 가자에 거주하는 팔레스타인인들에 대한 5년 동안의 임시 자치기간 동안 뿐만 아니라 미래 협상들에 대한 지침을 제공하였다. 유엔 안보리 결의 242호와 338호에 토대를 둔 영구적인 해결책이 뒤따를 것이다. 그러나 이스라엘은 협상 팀의 대부분을 군사 전략가들로 교체하고, 임시 자치정부 원칙 선언 실행은 오슬로 협상의 분위기와는 전혀 다른 분위기에서 협의되었다.

PLO 의장 아라파트의 주장으로, '가자 최우선'은 서안에서 PLO의 발판을 확보하기 위하여 '가자-제리코 최우선'으로 확장되었다.153) 그러나 오슬로의 모호함은 이스라엘인들에게 서안에 대한 제한을 부과할 수 있는 충분한 공간을 남겨주었다. 게다가 이스라엘 정착촌 건설이 계속 확장됨으로써, PLO는 무능력함에 대한 더욱 더 많은 비판에 직면하게 되었다.

1994년 2월 25일, 키랴트 아르바(Kiryat Arba) 정착촌 출신의 정착민 바루치 골드스타인(Baruch Goldstein)은 헤브론 소재 이브라힘 모스크에서 예배드리는 19명의 무슬림에게 총을 쏴서 살해하였다.154) 이 사건은 PLO를 자극하여 접촉을 중단하도록 만들었다. 회담은 헤브론에 비무장 민간 감시단-임시 국제 주둔군(Temporary International Presence in Hebron, TIPH) 창설을 위한 협상에서 재개되었다.155)

• 헤브론 이브라힘 모스크   • 이브라힘 모스크에서 필자

미국과 기부자 국가들의 압력은
PLO를 협상 테이블로 되돌아오도
록 만들었으나, 어떤 의미있는 성과
도 내지 못했다. 그럼에도 불구하
고, 이스라엘 내부에서 몇 몇 팔레
스타인인들의 복수 공격에도 불구
하고,156) 협상은 계속되었고, 1994
년 4월 29일 파리에서 처음으로 경
제 관계에 대한 의정서를 체결하고,
1994년 5월 4일 카이로에서 오슬로
I 협정으로 알려진 가자-제리코 협
정을 체결하였다. 8일 후에, 최초
로 팔레스타인 경찰이 가자와 제리
코 자치 지역으로 들어갔고, 7월 1
일 야세르 아라파트 의장은 거의 30
년간의 추방생활 이후 팔레스타인
으로 귀환하였다. 그러나 이 협정은
곧 팔레스타인의 정치 전반으로부
터 비난을 받았다.157) 이 협정은 궁
극적인 국가 지위에 대한 약속을 거
의 제시하지 않은 반면, 이스라엘은
수자원, 땅 사용, 지역 개발 계획 등
에 대하여 통제하고, 동시에 정착촌
을 보유하고 계속해서 건설하고, 정
착민들을 위한 관통도로를 건설함

• 1994년 5월 4일 오슬로 I(가자-제리코) 협정

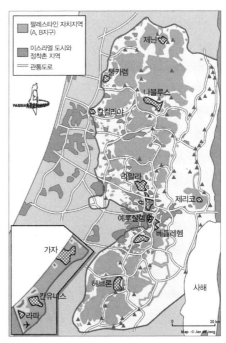

• 관통도로

으로써 정착촌들을 연결시키고, 기반시설을 발전시키면서, 핑계로 '안보문제'를 활용하였다.

이 협정은 가자와 제리코에서의 팔레스타인 자치의 1단계의 윤곽을 그린 것으로, 이 지역에서 팔레스타인 자치정부 당국의 설립과 이스라엘군의 재배치를 포함했다. 그러나 이 협정에서도 이스라엘은 정착촌, 군사 지역, 안보 문제들에 대하여는 계속해서 지배권을 확보하였다.

1994년 10월, 아라파트, 라빈, 페레스는 노벨 평화상을 받았고, 이스라엘과 요르단은 평화 협정을 체결하였다. 1994년 12월 26일, 이스라엘 의회는 가자-제리코 협정 실행 법(활동을 제한하는 법)을 통과시켰다. 이 법은 동예루살렘에서의 팔레스타인인들의 정치활동을 금지하였다. 페레스가 노르웨이 외무장관 홀스트에게 이스라엘이 동예루살렘 기구들의 활동을 방해하지 않을 것이라고 확인한 페레스의 보증 편지와도 모순된다.158) 대신에, 예루살렘은 나머지 점령지로부터 절단되었고, 수많은 팔레스타인인들이 예루살렘 출입을 부정당하였고, 따라서 수입, 의료, 교육, 경제 업무와 예배의 자유를 박탈당하였다.

• 1994년 10월 아라파트, 페레스, 라빈 노벨 평화상 수여

오슬로 I 협정(1994. 05. 04.)

5항 : 권한

1. 팔레스타인 당국의 권한

a. 영토권은 가자 지구와 제리코 지역을 포함한다. 그러나 정착촌과 군사 기지는 제외된다.

b. 영토권은 이 협정의 조항들과 일치해서 토지, 하층토, 영토의 수자원을 포함한다.

c. 공적 업무 권한은 이 협정에서 명기된 모든 권력과 책임을 포함한다. 그러나 이 외교관계와 정착촌 · 군사기지 · 이스라엘인들 내부의 안보 및 공공질서 · 외부의 안보는 제외된다.

d. 주민에 대한 통치권은 그 영토에 있는 모든 개인들에게 미치지만 이스라엘인들은 제외된다.

2. 팔레스타인 당국은 이 협정에서 제시하는 권한 내에서 입법권, 행정권, 사법권과 책임을 갖는다.

3. 이스라엘의 권한

a. 이스라엘은 외부 안보와 정착촌 · 군사 기지 · 이스라엘인들의 내부 안보와 공공질서에 대한 권한을 가지며, 이 협정에서 명기되고 동의된 권력과 책임을 갖는다.

b. 이스라엘은 군 당국을 통하여 권한을 행사한다. 군 당국은 국제법과 일치하여 필요한 입법 · 사법 · 행정권과 책임을 계속해서 행사할 것이다.

팔레스타인 당국의 업적들이 대체로 상징적임에도 불구하고,[159] 협상은 계속되었고, 1995년 9월 28일 오슬로 II 협정으로 알려진 서안과 가자에 관한 임시 협정이 워싱턴에서 체결되었다. 이 협정은 팔레스타인의 자치를 서안의 다른 지역들로 확장하고, 서안을 A지구(2%, 팔레스타인 행정권과 내부 안보), B지구(26%, 팔레스타인 행정권, 이스라엘–팔레스타인 공동 내부 안보), C지구(72%, 이스라엘 행정권과 전면적인 이스라엘의 안보 통제)로 분할하고, 팔레스타인 의회(Palestinian Legislative Council) 선거를 규정하였으며, 1997년 10월 군대 재배치 완수, 1999년 10월 최종 지위협정을 성취하는 날을 목표로 정했다.

그러나 반 오슬로 감정들이 점증하였다. 이스라엘 정착민들과 우파들은 군대 재배치 계획을 반대하기 위하여 동원되었고, 자신들의 지도부에 반대하여 선동

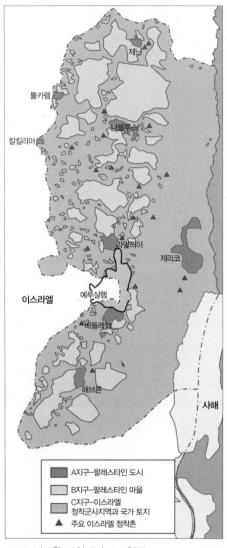

• 1995년 9월 28일 오슬로 II 협정

하였고, 1995년 11월 4일 유대 극단주의자에 의한 라빈 총리 암살에서 최고조에 이르렀다. 팔레스타인 편에서는 1996년 1월 5일 이스라엘에 의한 하마스 활동가 야히야 아야시 암살을 계기로, 전례없던 일련의 자살 폭탄 공격이 오슬로 과정을 중지시켰다.

1996년 3월 13일, 샤름 알 셰이크에서 테러리즘과 싸우기 위하여 긴급하게 소집된 국제 정상회담이 개최되었으나 긴장을 완화시키는 데 실패했고, 3월 말에, 헤브론으로부터 이스라엘 철수에 대한 또 하나의 최종 기한이 통과되었다. 그럼에도 불구하고, 5월에 팔레스타인 민족회의(PNC)는 오슬로 규정과 부합되게 PLO 규정을 수정하도록 투표하였다. 그러나 이후 1996년 5월 말에 베냐민 네타냐후가 이스라엘 선거에서 승리하고, 그의 리쿠드 정당이 '땅과 평화의 교환 원칙'을 포함하는 오슬로 협

정 정신을 무시하며, 단계적 확대를 강화한다는 사실을 밝힘으로써 더욱 후퇴하였다. 이것은 1996년 9월 알 하람 앗 샤리프 밑에 터널 개통, 점령지 전역에서 폭

• 하르 호마 이스라엘 정착촌

력적인 충돌 유발, 1997년 2월 자발 아부 그네임에 새로운 정착촌(하르 호마) 건설 계획 발표 등으로 입증되었다. 이러한 조치들에도 불구하고, 이스라엘은 전 시기 동안 미국의 후원을 계속 받았다.

1998년경, 유대 정착민 인구는 오슬로 과정 시작 이후 1/3 정도 증가했고, 이스라엘이 정착촌 활동을 늦출 의도가 없다는 것은 분명했다.

그러나 팔레스타인인들은 이스라엘과 계속해서 협상했고, 1998년 10월 23일 오슬로 II 협정 실행과 최종 지위 협상의 재개를 위하여 와이리버 규약을 체결하였다.[160] 그 이상의 실행은 당시 조기 선거를 요청하는 12월의 이스라엘 의회 투표로 인해서 중단되었다. 1999년 5월, 노동당은 새로운 총리로 에후드 바락을 선출함으로 재집권하게 되었다. 그는 미래의 최종 지위 협정에 관한 4개의 정치적 원칙(4개의 NO)을 내놓았다.[iii] 1999년 9월 4일, 샤름 알 셰이크에서, 에후드 바락

----

iii) (1) 유엔 안보리 결의 242호가 요구하는, 1967년 경계로 되돌아가지 않는다. (2) 유엔 총

은 이스라엘 군의 재배치 비율과 철군 일정을 포함하여 와이리버 협정을 재협상함으로써, 샤름 알 세이크 협정으로 알려진 와이리버 규약 실행을 위한 협정을 체결하였으며, 과도적인 단계를 더 연장하였다.iv)

□ 협상 실패와 제2차 인티파다(2000~2004)

오슬로 협정 체결 이후, 끊임없는 협상과 4번의 이스라엘 정부 교체 이후, 이스라엘 사회와 정치가 정치적 합의에 이르기 위해 준비하지 않았다는 것은 분명하고, 이스라엘이 임시 협정들 —이스라엘 군대의 재배치, 서안과 가자 사이의 안존 통로 개방, 정착촌 건설 중지, 팔레스타인 죄수 석방 등— 이행을 거부함에 따른 팔레스타인인들의 좌절은 오슬로 과정에 대한 대중적 지지를 낮추고, 대중들을 화나게 했으며, 환멸을 새롭게 고조시켰다.

총리 에후드 바락의 재임 기간 동안, '평화 과정'에 대하여 우파인 리쿠드당의 의사일정과 노동당의 의사일정의 유사성은 전에 보다 훨씬 더 분명해졌다. 팔레스타인인들은 이스라엘이 겨코 체결된 어떤 협정도 실행할 의사가 없으며, 팔레스타인 지도부를 계속되는 협상 과정을 유지하기 위하여 모든 종류의 협상으로

회 결의 194호가 요구하는, 팔레스타인 난민 귀환은 없다. (3) 유엔 총회 결의 194호와 유엔 안보리 결의 242호가 요구하는, 예루살렘으로부터 철수하지 않고 예루살렘에 대한 팔레스타인의 주권을 수용하지 않는다. (4) 유엔 안보리 결의 465호가 요구하는 점령지 전역에서 유대 정착촌 해체나 동결은 없다.

iv) 샤름 알 세이크 협정은 "이스라엘이 서안의 11%로부터 3가지 단계로 더 철군할 것이고, 350명의 팔레스타인 정치범들을 석방할 것이며, 안정 통로를 개방할 것이고, 1999년 9월 13일에 영구 지위 협상을 시작할 것이다. 2000년 2월 분쟁 해결을 위한 구상에 합의할 것이고, 2000년 9월 최종적인 평화 협정을 체결할 것이다"고 규정하였다.

계속해서 바쁘도록 계획했고, 팔레스타인인들 사이에서 점령지 전역에 대한 계속된 식민지화로 광범위하게 생각되는 프로그램을 진행시키도록 압박하고 있다는 사실을 깨달았다.[v]

이 교착 상태를 타개하려는 시도로, 유산을 남기기를 희망하면서, 2000년 7월 11~25일, 클린턴 대통령은 최종적인 합의안의 골격을 만들기 위하여 팔레스타인과 이스라엘 지도자들을 캠프데이비드 정상회담에 초대하였다. 이 합의안은 이론적으로는 아라파트 생애 목표인 주권국가 건설을 실행하는 것이고, 분열된 사회와 의회 가운데에서 에후드 바라크 정부를 구하는 것이었다.[161]

캠프데이비드에서, 미국의 원칙들이 제안된 이후 다음과 같은 토론이 이어졌다; 비무장 팔레스타인 국가 창설, '분쟁 종결' 선언 연기, 서안의 95%로부터 이스라엘의 철수와 동등한 크기와 가치의 이스라엘 영토 교환으로 나머지 부분 합병, 서안과 가자 사이의 안전 통로 확보, 베들레헴에서 라말라까지 자유 통로 확보. 예루살렘에 관하여, 이 제안은 다음을 포함하였다; 구 도시(독립적인 종교적 행정권 아래 있는 성지들 포함) 주변에서 팔레스타인 시민의 자치와 하람 앗 샤리프 지역으로 가는 통로 확보, 팔레스타인 지구들에 대한 증대된 시민 자치, 마알레 아두밈과 기바트 제브 정착촌(점령지 동예루살렘의 동쪽에 있으므로 당연히 점령지에 포함되어야 한다)의 이스라엘 예루살렘 시로 병합. 난민에 관하여, 이 제안은 난민들이 고통받는다는 것을 이스라엘이 인정하는 것을 포함하였다; 가족 결합 차원에서 일부 난민들의 이스라엘로의 제한된 귀환과 나머지 난민들에 대해서는 팔레스타인 국가로의 단계적인 동화; 그리고 국제기구를 통한 난민 보상과 복귀 등이다.

"예루살렘을 넘겨줄 아랍 지도자는 아직 태어나지 않았다"라는 유명한 말을 하

---

v) 이러한 배경에 맞서, 2000년 7월 2~3일, 가자에서, PLO 중앙 위원회(the PLO Central Council)는 2000년 9월 13일에 과도기간을 종결시키고 팔레스타인 국가를 선언하기로 만장일치로 투표하였다.

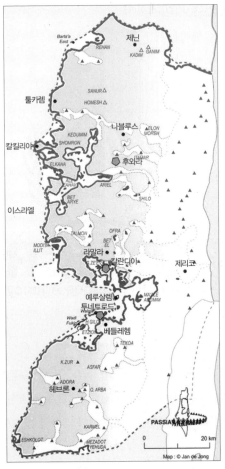

면서, 야세르 아라파트는 동예루살렘에 대한 주권을 요구하였고, 클린턴에게 예루살렘에 관한 미국의 제안에서 관해서 에후트 바라크의 교섭의 여지가 없는 입장 때문에 회담을 계속할 이유가 없다고 말했다. 2000년 7월 25일, 클린턴은 정상회담의 종결을 선언하였고, 대부분의 비난을 아라파트 쪽에 씌웠다. 이 정상회담이 확실한 결과를 산출하지 못했음에도 불구하고, 이 회담은 모든 문제와 입장을 드러냈고, 은폐된 의사일정과 이전에 금기 사항들에 종지부를 찍었다.

• 서안의 분리 장벽

고향으로 돌아가서, 2000년 9월 28일 리쿠드 당수 아리엘 샤론이 예루살렘 구도시 내부와 주변에 배치된 수천 명의 보안대로 둘러싸인 알 아크사 모스크를 도발적으로 방문 했을 때, 이미 긴장 상황은 이미 폭발하였다. 팔레스타인 시위자들과의 계속되는 충돌이 확산되었고 더욱 폭력적으로 되었으며, 점령지 전역뿐만 아니라 이스라엘 내부와 아랍 세계로 확산되었다. 알 아크사 인티파다로 이름 붙여진 이 사건은 회담을 중단시켰고, 자치정부 수반 야세르 아라파트를 밀어냈고, 팔레스타인 자치정부의 통치 지역을 재점령

• 분리장벽

함으로써, 팔레스타인 경제와 기반 시설에 전례 없는 손상을 끼쳤고, vi) 분리 장벽 건설을 가속화시켰다. vii)

적대 행위를 종식시키고 협상 테이블로 되돌아가기 위한 내부적 외부적인 노

---

vi) 2001년에만 570명 이상의 팔레스타인인들이 살해되었고, 6,000명 이상 부상당했다. 8,500두남 이상의 땅이 불도저로 밀어졌으며, 22,000그루 이상의 나무들이 뿌리 뽑혔고, 252채의 가옥이 붕괴되었다.

vii) 실제로 분리 장벽이라는 생각은 2002/3보다 훨씬 더 일찍 시작되었다. 1995년, 라빈이 이러한 장벽 건설을 실행시킬 수 있는 방법을 토론하기 위한 샤할 위원회(the Shahal Commission)를 설립하였다(이 장벽은 팔레스타인인들과 이스라엘인들을 분리시키기 위한 것이며, 대체로 팔레스타인인들과 팔레스타인인들을 분리시키기 위한 것이 아니다).

력들은 성공하지 못했고,162) 가장 주목할 만한 '타바 협상(2001년 1월 21~27일)'
과 캠프데이비드에서 수립되고 다음 달 이스라엘 선거 이전에 합의에 도달했던
시도들이 있다. 이 희망이 다음과 같은 두 번 이상의 타격으로 무너졌다. 2001
년 3월, 이스라엘 총리 아리엘 샤론 선출(총리재임 : 2001년 3월 7일~2006년 4월 14일)과
2001년 5월, 가장 존경받고 확고한 팔레스타인 지도자들 중 한 명인 파이잘 후세
이니(1940년 7월 17일~2001년 5월 31일)의 사망이었다. viii)

2002년 3월, 이스라엘은 그 때까지 수많은 침략이 있었고, 이스라엘 군사력
의 가장 격렬한 과시 중 하나인 소위 '방패 방어 작전'을 시작하였다. 이 작전은
1,000명 이상의 팔레스타인인들 사망을 발생시켰고, 전례 없이 팔레스타인인들
의 재산과 기반시설을 파괴하고, 서안 대부분 재점령하였으며, 야세르 아라파트
를 라말라 관저(무카타)에 고립시켰다.163)

정치적 수준에서, 2002년 3월 희망의 작은 불빛들이 사우디 평화안, 6월 팔레
스타인 국가를 찬성하는 부시 대통령의 연설, 12월 중동 평화협상 4자(2002년 마드
리드에서 UN, 미국, EU, 러시아로 구성된 이스라엘-팔레스타인 평화 과정을 중재하는 협의체)가 제안한
'로드맵'의 모습으로 나왔다. 그러나 이것들 중 어느 것도 실현되지 않았다. 팔레
스타인 자치정부는 계속 개혁 노력을 하였고, 총리 직위를 창설하였다. 2003년
4월 30일, 마흐무드 압바스(아부 마젠)는 새로운 내각에서 제1대 총리 취임 선서를
하였다. 6월 4일, 총리 마흐무드 압바스는 아까바에서 부시 대통령, 이스라엘 총
리 샤론, 요르단 왕 압달라와 정상회담에 참석하였다. 마흐무드 압바스는 테러리
즘을 종식시키겠다고 약속하고, 샤론은 정착촌 초소를 해체하고 두 국가 해결안
에 전념하겠다고 약속하였다.

그러나 샤론이 아라파트를 제거하고 무카타 맞은편에 군 초소를 세운다는 결

---

viii) 2001년 5월 31일 쿠웨이트에서 심장 마비로 사망하였고, 알아크사 복합단지에 그의 아
버지 압델 카데르 후세이니 옆에 묻혔다.

정으로 국제적으로 비난 받은 이후, 2003년 9월 중순에 점령지 전역에서 새로운 시위들이 발발하였다. 전임 신베트 수장도 샤론의 정책을 비난하면서, 만약 팔레스타인과 협정을 체결하지 않는다면, 이스라엘은 재앙에 직면할 것이라고 경고하였다.164)

• 야세르 아라파트와 아흐마드 야신

이스라엘이 계속해서 정착촌과 분리장벽을 건설하는 동안, 요시 벨린과 야세르 아베드 라보가 이끌고 스위스가 후원하는 새로운 이스라엘−팔레스타인 평화안이 영구 지위 협정을 공식화하려고 시도하였다, 2003년 10월 12일 체결된 이 협정은 '제네바 안' 혹은 '제네바 협정'으로 알려졌다. 그러나 많은 사람들은 이 제네바 안을 타협에 대한 대중 여론을 준비하기 위한 단순한 도구로 간주하였다.

2004년은 팔레스타인 지도자들을 잃은 해로 기록되었다. 가자에서 3월 22일 하마스의 정신적인 지도자 셰이크 아흐마드 야신이 암살당했고, 4월 17일 야신의 후계자 압델 아지즈 란티시가 이스라엘 군에 의해서 암살당했다. 6월 6일 대중적인 파타 지도자 마르완 바르구티가 종신형을 선고받았고, 11월 11일 야세르 아라파트 의장이 사망함으로써 한 시대가 끝났다.165) 야세르 아라파트는 40년 이상 팔레스타인 민족운동의 얼굴이며 상징이자 아버지로서 카리스마적인 지도자였다. 무카타에서 거행된 그의 장례식에는 수만 명의 팔레스타인인들이 참석하였다.

이 시기에, 2004년 7월 9일 국제 사법 재판소가 이스라엘의 분리장벽 건설이 국제법 위반이라고 판결함으로써, 하나의 주목할 만한 성공이 성취되었다. 최초로 국제 사법 재판소가 팔레스타인의 땅과 재산 몰수와 파괴, 팔레스타인 주민들에 대한 가혹한 통행 제한 조치에 관여한 것이다. 따라서 국제 사법 재판소는 이스라엘이 장벽 건설을 중단할 뿐만 아니라 해체하고, 몰수한 재산을 돌려주어야 하면, 팔레스타인 지주들에게 보상해야한다고 판결하였다.166)

□ 계속되는 이스라엘의 식민지화 정책(2005~2010)

2005년 1월 9일, 야세르 아라파트가 사망한 2개월 이후, 팔레스타인인들은 마흐무드 압바스(아부 마젠)를 팔레스타인 자치정부 수반으로 선출하였다.167) 압바스의 정치 일정은 두 국가 해결을 향한 협상 등 아라파트의 과업에 의지했고, (1) 법과 질서를 유지하고, (2) 안보 부문 개혁하고, (3) 지방 자치 선서를 실시하고, (4) 아랍, 서구, 러시아의 지지를 확보하는데 집중함으로써 수반의 직위를 정당화하기 위하여 노력하였다. 그는 모스크바와 워싱턴을 방문하고, 수많은 아시아와 아랍 국가들을 방문하는 등 긴 여행을 시작하였다.

2005년 2월 16일, 이스라엘 의회는 "이스라엘인들과 팔레스타인인들 사이에서 충돌의 최소화와 안보의 최대화"를 창출하는 것을 공식적인 목표로 가자에 거주하는 8천 명의 정착민 모두와 서안 북부지역에 있는 4개의 소규모 정착촌을 철수하는 철수 실행 법을 통과시켰다.168) 이 계획이 2005년 8월과 9월에 실행되는 동안, 이스라엘은 모든 영토 경계, 영공, 가자 인근 해역에 대한 통제권을 확보하였고, 점령지 서안에서 계속해서 정착촌을 확장시켰다.

2005년 말경에, 지배적인 문제는 2006년 1월로 예정된 제2차 팔레스타인 의회(Palestinian Legislative Council, PLC) 선거였다. 12개의 후보자 명단들이 운영되었고, 다음과 같은 몇 몇 정당들이 처음으로 참가하였다. 하마스의 '변화와 개혁' 명단; 재정부 장관 살람 파야드와 하난 아쉬라위가 이끄는 '제3의 길' 파타의 젊은 세대들을 대표하는 수감된 마르완 바르구티가 이끄는 '알—무스타끄발' 등이다, 그러나 '알—무스타끄발'은 이후 파타 내에서 분열을 피하기 위하여 철회하였다.

이 팔레스타인 의회 선거에서 하마스의 '변화와 개혁' 명부의 승리는 팔레스타인 정치에서 '정치적 지진'이었고, 파타에게는 주요한 패배였다. 하마스 지도자 이스마일 하니야는 총리로서 수반 마흐무드 압바스에게 선서하였고, 하마스 정부가 협상을 준비하고 있다고 밝히면서 문제는 팔레스타인 편에 있는 것이 아니라 이스라엘의 약속 불이행에 있다고 주장했다. 2006년 2월, 하마스는 이스라엘에게 점령지로부터의 이스라엘의 철수에 대한 답례로 10년간의 휴전, 귀환권을 포함하는 팔레스타인인의 권리 인정을 제안하였다. 그러나 3월에, 중동 평화협상 4자(미국, EU, UN, 러시아)는 새롭게 구성된 하마스 내각에 대한 모든 직접 원조를 중단하면서, 하마스가 이스라엘은 인정해야하며, 테러를 포기하고 모든 이전 협정들을 수용해야한다고 주장하였다.[ix]

주요한 변화들은 이스라엘의 정치적인 장에서 또한 발생하였다. 2006년 1월 총리 아리엘 샤론이 뇌졸중으로 쓰러진 뒤, 2006년 3월 이스라엘 의회 선거가 실시되었고, 샤론의 카디마 당이 다수를 차지하였고, 그의 대리였던 에후드 올메르트가 새로운 총리가 되었다. 올메르트는 "팔레스타인인들과의 협정으로 완전하게 이스라엘 국가의 최종적인 경계를 세우겠다. 그러나 만약 팔레스타인인들이 '자신들의 민족정신을 변화시켜서 타협'할 수 없다는 것이 입증된다면, 이스라엘은 자체의 운명을 통제할 수 없을 것이다"고 주장했다.[169]

가자에서, 파타 사령관들이 새로운 정부로부터 명령 받기를 거부하였기 때문

---

ix) 국제 사회에서, 이 결정은 하마스가 이끄는 내각을 거부하기 위한 것이었고, 잘못된 전략으로서 인식되었다.

에, 파타와 하마스 무장대원들 사이의 긴장이 높아졌다. 2007년 6월 긴장의 확대로 하마스가 가자 소재 파타 본부들과 예방보안대(1994년 오슬로 협정에 따라 아라파트가 세운 내부 정보조직) 사무실을 장악하였다. 마흐무드 압바스 수반은 비상사태를 선언하고, 하마스와 파타의 '통합정부'를 해체시켰고, 살람 파야드를 새로운 팔레스타인 비상정부의 새로운 총리로 임명하였다. 2007년 9월 23일, 이스라엘은 가자를 '적지'로 선언하였다.

팔레스타인 자치정부를 강화시키기 위하여, 국제사회는 팔레스타인 자치정부에 수백만 달러를 원조하였고, 회담 재개를 고무시켰다. 2007년 8월 28일, 압바스 수반은 예루살렘에서 이스라엘 총리 올메르트를 만났고, 이후 양자는 대통령 조지 부시가 조직한 국제회의에 참석하기로 동의하였다. 이 회의를 최종 지위 문제에 대한 미래 협상을 위한 시간표를 정하기 위한 것이었다. 2007년 11월 27일, 아나폴리스 회의가 개최되었고, 30개가 넘는 국가 대표들이 이 회의에 참가하였다. 이 모임은 미국이 제시한 '공동 합의'로 종결되었다. 이것으로 양 측은 직접 협상을 시작하는데 동의하였고 2008년 말에 합의에 도달하였다. 회담들이 개최되었음에도 불구하고, 이스라엘 정부는 점령지 전역에서 식민지화 프로젝트를 계속 실행하였다. 이 프로젝트는 동예루살렘 소재 팔레스타인 기구들에 대한 폐쇄 명령 재개를 포함하였으며, 정착촌과 분리장벽 건설을 계속하고, 주민들과 상품들의 이동에 대한 엄격한 제한을 부과하는 것이었다. 2008년 초 대통령 부시는 예루살렘에서 올메르트와 라말라에서 압바스와의 각각 만나면서, 이러한 계속되는 정책에 대한 좌절을 다음과 같이 표현하였다. "구멍이 숭숭 뚫린 딱딱한 스위스 치즈로는 한 국가의 윤곽을 만들어 낼 수 없다."170)

총리 살람 파야드는 팔레스타인 자치정부 보안대에 의한 확고한 통제와 시장경제 의제에 토대를 둔 '2008~2010 팔레스타인 개혁과 발전 계획'을 도입하였다. 이 때 하마스 정치국장인 칼리드 마샬은 고립의 진전을 두려워하였고, 이스라엘에게 조건부 휴전을 제안하면서 "우리는 예루살렘을 수도로, 진정한 주권을 가진, 정착촌 없이, 그러나 이스라엘을 인정하지 않은 채로 1967년 이전 경계에 세워진 팔레스타인 국가에 합의한다"고 밝혔다.171)

2008년 11월 9일 샤름 알 셰이크에서 중동 평화협상 4자(UN, 미국, EU, 러시아)는 아나폴리스 회의 후속 회의를 개최하였다. 그러나 이 회의는 포괄적인 협정에 도달하기 위한 계속되는 협상에 대한 필요성을 확인하는 또 하나의 성명만을 발표했을 뿐이다.

2008년 12월 27일, 이스라엘은 가자에 대한 주요한 공격(이스라엘은 '캐스트 리드' 작전이라 불렀다)을 시작하여 약 1,400명의 팔레스타인인들을 살해하였다. 이들 대부분은 민간인들이었다. 이스라엘 측 희생자들은 13명이었고, 이들 중 3명만이 민간인들이었다. 이 공격은 2009년 1월 18일 이스라엘과 팔레스타인 무장 단체들의 일방적인 휴전 선언으로 끝났다. 그러나 평화회담은 이미 중단되었다. 2006년 팔레스타인 총선 이후, 이스라엘의 대규모 가자공격으로 인한 양 측 사망자 수는 다음과 같다.

• 2006년 1월 팔레스타인 총선 이후, 이스라엘/하마스 분쟁 사망자

기간	팔레스타인인(명)	이스라엘인(명)
2006	650 (1/3 어린이)	27
2007	370	13
2008.01~2008.11	432	29
2008.12.27~2009.01.18(22일)	1,400	13 (5명은 자국 오폭)
2012.11.14~2012.11.21(8일)	167	4
2014.07.08~2014.08.26[172]	2,251	72

2009년 2월 말 카이로에서 하마스와 파타는 새로운 국면의 화해 회담을 시작하였다. 3월 7일, 사람 파야드는 민족 통합 정부의 형성을 위해서 총리직 사직서

를 제출하였다. 그러나 각 파벌 내에서 내부 분열이 점증되었다. 2009년 8월, 베들레헴에서 개최된 제6차 파타 대회(20년 만에 처음으로 개최되었다)는 파타 운동 내부에서 4개의 서로 다른 경향들을 드러냈다.x) 그러나 수반 압바스가 그의 의제로 4개의 서로 다른 경향들을 모으는데 성공하였다. 하마스 또한 분열에 대처해야만 했다. 칼리드 마샬과 무사 아부 마르주크는 이 파타 대회에 지지를 표현했다. 반면 카이로, 다마스쿠스, 암만, 도하로부터의 개입에도 불구하고, 가자의 하마스 지도자들은 파타 구성원들이 이 대회에 참가하기 위하여 베들레헴으로 여행하도록 허락하는 것을 거부하였다.

동시에, 살람 파야드의 두 번째 계획 '점령을 종결하고, 국가 수립하기'는xi)173) 서안에 견고한 경제 기반을 세우기 위한 기구들과 물리적인 기반시설을 건설하는데 집중한 것이었다. 중동 평화협상 4자(UN, 미국, EU, 러시아)가 이 계획을 찬성하고 국제 기부자들이 지지하였다.174) 이스라엘과 팔레스타인 자치정부에 대한 미국 안보 조정자인 키스 데이튼 장군이 서안에 팔레스타인 보안대를 설립하도록 임명되었고, 이스라엘과 팔레스타인 자치정부 사이에서 안보 협력이 전례 없는 수준에 도달했다.

그러나 파야드는 또한 재정 위기,175) 수반 마흐무드 압바스와 사이에서 커지

---

x) 첫째는 수반 압바스의 그의 부하들이 이끄는 것으로 —현재 상황이 기껏해야 팔레스타인 자치를 허락한다는 것을 알고 있는 사람들— 국가 해결안을 고수하면서 팔레스타인 국가 지위를 협상한 자들이다. 둘째는 수감된 마르완 바르구티로 대표되는 경향으로 어떤 협상에 나서기 전에 이스라엘에게 14개의 조건들을 요구했다. 셋째는 가자에 있는 예방보안대 전임 대장인 무함마드 다흘란이 이끌었고, 가자에서의 쿠데타이후 가능한 모든 수단을 동원하여 하마스와의 대결을 요구한다. 넷째는 아흐마드 쿠레이와 이 대회 선거에서 패배한 파타의 구 수비대들이 결합한 것이다, 이들은 구시대 아라파트를 찬양하는 향수에 젖어있다.

xi) 2009년 5월 19일 파야드는 총리로서 재임명되었다.

는 불화, 파타로부터 나오는 반대, 하마스 활동가들의 체포와 구금하는 과정에서176) '키스 데이튼 부대'와 협력 때문에 하마스로부터 나오는 비난 등으로 고군분투하였다.

2010년 3월 3일, 아랍연맹 외무장관들은 근거리 외교라는 개념(예를 들면, 직접 회담보다는 미국 중동 특사 조지 미첼이 만든 왕복 외교177))을 지지하였다.178) 널리 예상했던 대로, 이 근거리 외교는 양 측의 차이점이 너무 커서 협상을 다시 시작하는데 실패했다. 그럼에도 불구하고, 미국 대통령 오바마, 팔레스타인 수반 압바스, 이집트 대통령 무바라크, 요르단 왕 압둘라, 이스라엘 총리 네타냐후가 샤름 알 셰이크에서 회담 동안에 협상 골격을 만들어 낸 이후, 팔레스타인-이스라엘 직접 협상이 2010년 9월에 재개되었다. 그러나 2010년 9월 26일, 이 회담들은 실패했다. 이스라엘이 부분적이고 임시적인 정착촌건설 동결을 종결시키고, 동예루살렘과 서안 전역에서 정착촌 건설 활동을 재개했기 때문이다.179)

• 서안과 가자에서의 정착민 증가

연도	1970	1977	1980	1984	1988	1990	1992	1993	1994	1995
인구	1,514	5,023	12,424	32,600	66,300	76,000	123,184	114,900	141,222	146,207
연도	1997	1998	2000	2001	2002	2003	2008	2013	2014180)	
인구	161,000	176,500	203,067	213,672	226,028	231,400	290,400	365,500	400,000	

* 2004년 현재 가자에는 7,826명의 이스라엘 정착민 거주, 2005년 8월 가자의 이스라엘 정착촌 완전 철거

• 동예루살렘에서의 정착민 증가

연도	1972	1977	1981	1983	1986	1992
인구	9,200	33,300	59,000	76,095	103,900	124,400
연도	1995	1996	2004	2007	2010	2014181)
인구	140,700	160,400	181,578	189,708	198,629	300,000~350,000

* 2014년 현재 이스라엘 점령지 골란고원(시리아 영토)에는 21,000명의 이스라엘 정착민들이 거주

□ 팔레스타인인인들의 국가건설 노력(2011~2017)

  2011년 1월, 이스라엘 외무장관 아비그도르 리베르만은 먼저 서안 50%(1948년 이전에 팔레스타인이었던 땅의 22% 중에서 50%)에 팔레스타인 국가 수립을 제안하였으며, 최종적인 국경은 이후에 협상될 것으로 예상되었다. 팔레스타인 측은 이스라엘 측이 이 50%를 최종적인 국경으로 만들려는 시도를 한다는 두려움으로 이 제안을 거부하였다. 3월 텔 아비브와 라말라에서 회동 이후, 중동 평화협상 4자(UN, 미국, EU, 러시아) 대표들은 양 측 사이의 간극이 너무 넓어서 가까운 미래에 협상 재개에 대한 희망이 것의 없다고 밝혔다.182)

  이 교착 상태 한 가운데, 수반 마흐무드 압바스는 유엔 결의 242호를 토대로 두고 국제적으로 승인된 팔레스타인 국가에 대한 승인과 팔레스타인을 완전한 유엔 회원국으로 인정할 것을 요구하면서 새로운 국제화 전략을 선언하였다. 팔레스타인 지도부는 이 분쟁을 국제화시킴으로써 이 제안에 대한 국제적 지지를 확보하고 현재 상태를 변화시키려는 거대한 외교 활동을 시작하였다.

  수반 마흐무드 압바스는 2011년 9월 유엔에 팔레스타인을 완전한 회원국으로서 승인을 신청하였고, 그가 라말라로 귀환하였을 때 팔레스타인인인들의 영웅으로 환영받았다. 이 요구는 미국의 거부권으로 인해서 새로운 회원국 승인에 대한 유엔 안전보장 이사회의 만장일치 추천을 얻는데 실패하였으나, 2012년 11월 29일 유엔 총회에 팔레스타인의 유엔 지위를 비회원국 '옵저버 단체' 지위로부터 '옵저버 국가'로 승격시키는 청원이 41개국이 기권하고, 138-9라는 압도적 표차로 지지를 받아 통과되었다.183)

  대체로 상징적인, 승격된 지위는 국제 사법 재판소(the International Court of Justice, ICJ)와 국제 형법 재판소(the International Criminal Court, ICC) 등에서 국제법 위반에 대하여 팔레스타인인인들이 이스라엘에 맞서는 법률적 주장을 할 수 있는 새로운 장을 열었다.

곧이어, 아랍의 봄 이후 계속된 이스라엘의 식민지화 배경, 그리고 내부적인 분열에 맞서, 팔레스타인인들은 다양한 수단을 개발하고, 진전시키고, 탐색하였다. 일부 팔레스타인인들은 내부적이고, 나머지 팔레스타인인들은 외부적이고, 일부는 관리들이고, 나머지는 관리가 아니었으나 모두 진행시키는 방법이라는 측면에서 정치 수뇌부에 도전하였고, 때때로 불만과 정치적 의지 부족을 드러내기도 하였다. 이러한 방식은 국가 건설, 협상, 유엔 승인, 쌍방 승인, 내부 화해와 선거를 위한 노력들, 이스라엘과의 안보 협력 동결 요구, 시위의 형태로 비폭력 저항, 건설적인 활동, 이스라엘에게 국제 법을 따르도록 압력을 넣기 위한 수단으로 불매운동, 투자 철회, 제재(BDS) 운동 등을 포함한다.

2013년 7월에, 미 국무장관 케리는 9개월 이내에 최종 지위 협정 성취를 목표로 협상을 재개하였다. 동시에 팔레스타인 경제 발전에 대한 투자를 진전시켰다. 그러나 이 회담과 정착촌 건설 중단에 대한 합의가 없었기 때문에, 회담은 이미 불안정한 기반 위에서 시작되었다. 9개월 이후에, 모든 당사자들은 실패를 인정할 수밖에 없었다. 그러나 처음으로, 미국은 계속된 정착촌 건설을 '주요한 장애물'로 언급하면서, 이스라엘을 공개적으로 비난하였다.[184] 이 9개월 동안, 이스라엘은 거의 1만 4천 가구의 새로운 정착촌 건설을 공표하였다.[185]

팔레스타인에 대한 이스라엘의 계속된 식민지화와 함께, 이 회담을 결정적으로 끝낸 요소들은 다음과 같다. 이스라엘이 팔레스타인인인들에게 이스라엘을 유대국가로 인정하도록 요구(PLO는 1993년에 이스라엘을 국가로서 인정하였다), 이스라엘이 이미 합의한 26명의 팔레스타인 죄수들 석방 지연, 이스라엘이 협상하기를 거부한 팔레스타인 민족합의정부 구성 등이 회담을 종언시킨 요소들이다.

협상을 끝내면서, 수반 압바스는 15개의 국제조약에 팔레스타인 자치정부/PLO의 가입을 준비하는 문서들에 서명하였다. 이에 대한 응답으로, 총리 네타냐후는 수백 가구의 정착촌과 팔레스타인 자치정부에 대한 경제 제재를 승인하였다.

국가 지위를 증진시
키려는 팔레스타인인
들의 노력들은 가자에
대한 또 하나의 전쟁,
가장 파괴적이었던 시
기(2014년 7~8월), 이스
라엘에서 정착민 운동
강화, 3년(2014년 12월
31일) 이내에 이스라엘
의 점령을 종식시키고

• 2015년 9월. 유엔에 게양된 팔레스타인 국기

팔레스타인 독립 국가를 건설하기 위한 유엔 안보리 투표의 실패 등으로 빛을 잃
었다.

그러나 2015년 9월 11일, 유엔 총회는 9월 30일에 유엔에서 팔레스타인 국기
를 게양하는데 119-8이라는 압도적 다수로 찬성하였다. 수반 마흐무드 압바스는
뉴욕 소재 유엔 건물에서 최초로 팔레스타인 국기를 게양하였다. 오직 상징적이
었지만, 이 사건은 '팔레스타인인들에게 국제사회가 팔레스타인인들을 포기하지
않았고, 국가로서의 지위와 독립에 대한 팔레스타인인들의 합법적인 권리를 지
지한다는 약간의 희망'을 주었다.186)

그럼에도 불구하고, 2015년 10월 특히 젊은 팔레스타인인들 사이에서 좌절,
절망 그리고, 알 아크사 모스크에 대한 점증하는 긴장들이 새로운 폭력의 순환으
로서 폭발하였다. 일부 사람들이 '칼 인티파다'라고 이름 붙였음에도 불구하고,
칼 공격은 지도자들 없이 개인들에 의해서 대부분 실행되었고, 무장 단체들과는
관계없었다.

이 '화약 통'을 제거하려는 시도로, 프랑스 대통령 프랑수와 올랑드는 새로운
국제 평화 회의를 요청하였고, 2016년 4월 팔레스타인-이스라엘 직접 협상으로

이어졌다.

그 동안, 미 국무장관 존 케리가 또 하나의 제안을 하였다. 존 케리는 2016년 2월 요르단 아까바에서 '역내 평화'를 증진시키기 위한 비밀 정상회담을 개최하기 위하여, 요르단 왕 압둘라, 이집트 대통령 압델 파타 알 시시, 네타냐후를 불러 모았다.[187] 이 제안은 이스라엘을 유대 국가로 승인하는 것과 아랍 국가들의 후원으로 팔레스타인인들과 협상 재개를 포함하였다. 요르단과 이집트는 이 계획을 지지하였으나 네타냐후가 거부하였다.

2016년 12월, 유엔 안보리는 이스라엘의 정착촌 활동을 비난하는 2334 결의를 14-0으로 통과시켰고, 버락 오바마 대통령 임기를 마치며, 미국 행정부는 중요한 정치적 의미로 거부권을 행사하지 않았다.

도널드 트럼프 대통령 선거 이후, 존 케리 구상은 2017년 3월과 4월 네타냐후 총리, 압둘라 요르단 왕, 알 시시 이집트 대통령과의 각각의 회동에서 다시 소개되었다. 이러한 회동의 결과는 트럼프 대통령 통치하에서 팔레스타인/이스라엘 분쟁에 대한 미국 개입의 양상으로 드러날 것이다.

제8장
팔레스타인 자치정부와 하마스

□ **제1차 팔레스타인 자치정부 수반 선거와 의회의원 선거**

1996년 1월 동예루살렘을 포함한 서안과 가자에서 수반 선거와 의회의원 선거가 실시되었다. 이 선거는 오슬로 협정이 제시한 틀 내에서 실시되었고, 팔레스타인 자치정부는 이스라엘이 허락하는 범위 내에서만 통치권을 행사할 수 있다. 이스라엘이 동예루살렘을 포함한 서안과 가자를 점령하고 있는 상황이기 때문에, 팔레스타인 선거는 주권 행사에 분명한 한계를 갖고 있다. 우선 이스라엘은 팔레스타인인들에게 자유로운 정치 활동을 허락하지 않고, 검문소와 분리장벽 등을 통해서 팔레스타인인들의 모든 활동을 전면적으로 통제한다. 가자와 서안 사이의 통행이 자유롭지 못하고, 팔레스타인 의회의원들과 정치인들이 이스라엘에 의해서 억류되거나 살해되었다. 특히 하마스 출신 정치인들이 그렇다. 게다가 자치정부는 해외거주 팔레스타인 난민들에게는 선거권조차 부여하지 않음으로써, 팔레스타인 제도권 정치에서 해외 난민들을 완전히 배제시켰다.

1994년 5월 4일 체결된 오슬로 I 협정에 따라, 같은 해 7월 5일 팔레스타인 자치정부는 PLO 의장, 야세르 아라파트를 수반(수반 재임 : 1994년 7월 5일~2004년 11월 11일)으로 창립선언을 하였다.

• 야세르 아라파트

1995년 12월 7일 이 팔레스타인 자치정부는 동예루살렘을 포함한 서안과 가자에서 자치정부 수반과 의회의원을 보통, 자유, 직접선거로 동시에 선출한다는 조항이 포함된 선거법을 공표하였다. 이 선거법에 따라, 1996년 1월 20일 제1차 자치정부 수반선거와 의회의원 선거가 동예루살렘을 포함한 서안과 가자에서 실시되었다.

1996년 선거는 이스라엘-팔레스타인 평화협상에 대하여 상대적으로 낙관적인 전망 속에서 실시되었다. 선거에 참가한 대부분의 팔레스타인인들은 이번 선거를 통해서 선출되는 정부가 최초의 독립 팔레스타인 국가의 정부가 될 것이라고 믿었다.

제1차 자치정부 수반 선거에는 PLO 의장으로서 1994년부터 자치정부 수반역할을 하던 야세르 아라파트와 팔레스타인 해방 민주전선(DFLP) 소속 사미하 카릴 후보가 경쟁을 하였다. 그 결과 야세르 아라파트 후보가 88.2%의 압도적 지지를 받아, 11.5%를 획득한 사미하 카릴 후보를 물리치고 자치정부 수반으로 선출되었다.

또 1995년 12월 선거법은 의회의원 선거를 위하여 서안 11개 선거구(예루살렘, 제리코, 베들레헴, 헤브론, 나블루스, 제닌, 툴카렘, 칼킬리야, 투바스, 살피트, 라말라), 가자 5개 선거구(북가자, 가자시티, 데이르 알 발라, 칸유니스, 라파)로 획정하고, 서안에 51석과 가자에 37석을 할당하였다.

• 제1차 의회 선거 결과-1996년

정당	의석수
파타	55
무소속 파타	7
무소속 이슬람주의자	4
무소속 기독교인	3
무소속	15
사마리아인(유대교도)	1
기타	1
공석	2
전체의석	88
투표율	72

자료제공 : Central Elections Commission-
Palestine, *Results of first General election*, 1996

이 선거법에 따르면, 인구 비에 따라 각 선거구에 의석이 할당되며, 각 선거구는 최소한 1석을 확보하고, 특히 기독교인들에 대하여 3석, 나블루스 구역에 거주하는 팔레스타인 사마리탄(유대교도)을 위하여 1석을 보전해야한다. 그러나 이 선거에서 해외 팔레스타인 난민들에게 할당된 의석은 없다. 그러나 팔레스타인 자치정부는 서안(동예루살렘 포함)과 가자 이외에 거주하는 팔레스타인인들을 대표하지는 않는다. 사실상 이 법으로 구성되는 자치정부는 수 백 만 명에 이르는 해외 난민들의 선거권을 배제하였다.

하마스, 이슬람지하드와 PFLP(팔레스타인 해방 인민전선) 등은 팔레스타인 자치정부-이스라엘 오슬로협정을 반대하면서, 1996년 의회선거 참가를 거부하였다. 따라서 반대파가 거의 참가하지 않은 이번 선거에서 파타는 88석 중 압도적 다수인 62석(파타 55석, 무소속 파타 7석)을 획득하였다.

그러나 이 선거 이후에도 팔레스타인 자치정부와 이스라엘은 협상을 통하여 분쟁을 해결하지 못하였고, 따라서 이스라엘/팔레스타인 분쟁은 계속되었다. 이러한 불안정성의 결과, 제2차 수반 선거와 의회의원 선거가 거의 10년 동안 실시되지 못하였다.

□ 제2차 팔레스타인 자치정부 수반 선거와 의회의원 선거

1. 제2차 팔레스타인 자치정부 수반 선거

2004년 11월 11일 자치정부 수반 야세르 아라파트가 사망하였다. 그의 사후 2개월이 채 안 된 2005년 1월 9일 아라파트의 후임을 선출하는 제2차 수반 선거가 서안(동예루살렘 포함)과 가자에서 실시되었다. 그 결과 마흐무드 압바스가 투표자 62.52%의 지지를 받아 4년 임기로 선출되었다. 하마스와 이슬람 지하드는 이번 수반 선거를 거부하였다. 이후 2018년 현재까지 제3차 수반 선거는 실시되지 않았다. 압바스 수반의 임기가 공식

• 마흐무드 압바스

적으로 2009년 1월 8일에 끝났음에도 불구하고, 제3차 자치정부 수반 선거는 실시되지 않았고, 2018년 현재까지 압바스가 수반 직위를 유지하고 있다.

• 제2차 자치정부 수반 선거 결과–2005년

후보자	소속	득표수	득표율(%)
마흐무드 압바스	파타	501,448	62.52
무스타파 바르구티	무소속(PFLP 출신)	156,227	19.48
타이시르 칼리드	DFLP	26,848	3.35
압델 할림 알 아쉬카르	무소속	22,171	2.76
바쌈 알 살히	PPP(팔레스타인 인민당)	21,429	2.67
사이드 바라카	무소속	10,406	1.30
압델 카림 수베이르	무소속	5,717	0.71

후보자	소속	득표수	득표율(%)
무효표		30,672	3.82
공란		27,159	3.39
전체		802,077	100.0

자료제공 : The Central Elections Commission (CEC)-Palestine on 12 January 2005

2. 제2차 팔레스타인 의회의원 선거와 하마스 정부

2005년 8월 13일 공표된 수정 선거법 1항은 주민을 지역 선거구 내에 고정된 주소를 갖고 있는 팔레스타인인으로 규정하고 있다. 2항은 수반 선거와 의회의원 선거를 보통, 자유, 직접 선거로 동시에 4년마다 실시하도록 규정한다. 3항에 따르면, 의석은 88석에서 132석으로 늘어났다. 비례대표제를 도입하여, 지역구에서 50%(66석)를 선출하고, 비례대표로 전국구에서 50%(66석)를 선출하도록 규정하였다. 6항에 따르면, 지역구는 1995년 선거법이 규정한 16개 선거구(서안 11개, 가자 5개)가 그대로 유지되며, 지역구 할당 66석 중 서안에는 42석, 가자에는 24석이 할당되었다. 8항은 서안과 가자, 성지 예루살렘을 포함하는 지역에 거주하는 팔레스타인인들은 종교, 정치적 제휴관계, 사회 경제적인 상황에 관계없이 투표할 수 있다고 규정한다. 2005년 8월 선거법 역시 해외 난민들의 선거권을 배제시킴으로써, 이번 선거로 구성된 자치정부 역시 해외 난민들을 대표하지 않는다.

1996년 제1차 자치정부 의회선거를 거부했던 하마스가 10년 만에 실시된 제2차 의회의원 선거에 참가하면서 74석을 획득함으로써 눈부신 승리를 거두었다. 이번 선거에는 하마스와 함께 1996년 의회 선거를 거부했던 사회주의자들도 대거 참가하여 전국구 비례대표 7석을 획득하였다. 이 선거에서 하마스가 승리한 이후, 파타는 하마스의 연합내각 구성 제안을 거부하였다. 이후 2018년 현재까지 제3차 팔레스타인 총선은 실시되지 않았다.

• 제2차 의회의원 선거 결과–2006년

정당	정치성향	지역구	전국구 (득표 비율)	총의석	주요 이슈
하마스	이슬람	45	29(44%)	74	변화와 개혁, 이스라엘 점령에 대한 투쟁, 강력한 협상
파타	자유주의	17석(5석은 기독교 할당)	28(41%)	45	자치정부 개혁, 경제상황 개선, 평화 협상
제3의 길		–	2(2.41%)	2	자치정부 개혁, 교육 여건 개선, 평화협상
PFLP	사회주의	–	3(4.25%)	3	점령에 대한 투쟁, 협상 반대
대안(DFLP+PPP +PDU)		–	2(2.6%)	2	점령에 대한 투쟁
팔레스타인 독립		–	2(2.3%)	2	개혁, 평화협상
무소속		4(1석은 기독교 할당)		4	
		66석	66석	132	

전체 투표자 : 서안 582,471명(73.1%), 가자 429,521명(76%)

자료제공 : The Central Elections Commission (CEC)–Palestine, 26/1/2006

2006년 1월 25일, 팔레스타인 의회의원 선거에서 하마스는 전국구 투표 44.5%로 29석(총 66석)을 확보하고 지역구 45석(총 66석)으로 총 74석(총 132석)을 확보함으로써 파타당을 패배시키고, 제1정당이 되었다. 하마스는 가자 지역에서 15석(기독교 1석을 제외한 총 23석 중 칸 유니스 3석, 데이르 알 발라 2석, 라파 0석, 북가자 5석, 가자 5석)을 확보함으로써 65%의 의석을 차지했고, 난민 캠프가 밀집한 라파에서는 단 한 석도 얻지 못했다. 서안에서는 30석(기독교도를 제외한 총 37석 중

• 2006년 의회 선거결과

헤브론 9석, 예루살렘 4석, 베들레헴 2석, 제닌 2석, 라말라 4석, 살피트 1석, 투바스 1석, 툴카렘 2석, 나블루스 5석)을 획득함으로써 81% 정도의 의석을 차지하게 됐다. 이 선거에서 하마스지지 비율이 가자보다 서안에서 높았다.

• 제2차 의회의원 선거 지역구 의석수(인구비)-2006년

	지역구	할당의석	하마스	파타	무소속
서안	예루살렘	6(2-기독교)	4	2-기독교	
	투바스	1	1		
	툴카렘	3	2		1(하마스성향)
	칼킬리야	2		2	
	살피트	1	1		
	나블루스	6	5	1	
	제리코	1		1	
	라말라	5(1-기독교)	4	1-기독교	
	제닌	4	2	2	
	베들레헴	4(2-기독교)	2	2-기독교	
	헤브론	9	9		
	합계	42	30	11(5-기독교)	
가자	가자시티	8(1-기독교)	5		3(1-기독교)
	북가자	5	5		
	데이르 알 발라	3	2	1	
	칸 유니스	5	3	2	
	라파	3	0	3	
	합계	24	15	6	
전체		66	45	17(5-기독교)	4

자료제공 : The Central Elections Commission (CEC)-Palestine, 26/1/2006

　　선거가 끝난 뒤에 팔레스타인인들은 하마스에 큰 기대를 걸었다. 파타 시대의 부정부패 척결과 독립 팔레스타인 국가 건설의 꿈이 그 중심에 있었다. 하마스는 서안 저항운동의 중심지인 제닌에서 1997년부터 종합병원을 운영하였으며, 가자

와 서안의 난민 캠프 등 빈민가에서도 92개의 작은 병원을 운영하면서 가난한 사람들과 노인들에게 무료 진료를 해왔다. 더불어 가난한 대학생들을 위한 학자금 지원사업도 호응을 얻었다. 하마스의 봉사활동은 주로 모스크와 연대해 이뤄지며, 자금은 팔레스타인 내부와 전 세계의 무슬림형제단에서 제공된다.

파타는 하마스가 참가하지 않는 1996년 의회 선거에서 전체 의회 88석 중 62석을 장악했지만, 2006년 선거에서는 132석 중 단지 45석(지역구 17석, 전국구 28석)만을 획득하는 참패를 당당했다. 그 원인은 다음과 같다. 첫째, 이번 선거에서 출마한 지역구 파타 후보들은 대부분 거의 교육받지 못한 사람들이고, 오직 이스라엘 감옥에 갇힌 경력 등만을 내세웠다. 둘째, 2005년 1월 수반 선거에서 팔레스타인인들은 파타 후보인 마흐무드 압바스에게 62.52%의 지지를 보냈다. 그러나 지난 1년 동안 이스라엘이 동예루살렘과 라말라, 베들레헴을 갈라놓는 분리장벽 건설을 강행하자, 2006년 현재 동예루살렘이 서안지역으로부터 완전히 분리되었을 뿐만 아니라, 이스라엘 정착촌 건설도 동예루살렘 주변 서안지역에서 가장 격렬하게 진행됐다. 결국 팔레스타인인들은 최근 이스라엘의 점령 정책강화에 대한 책임을 파타에게 물은 것이다. 게다가 2006년 선거에서 서안과 가자에서는 전 인구 대비 50%가 유권자 등록을 한 반면, 예루살렘 지역에서는 단지 10%만이 유권자 등록을 했고, 그 등록자의 70% 정도만이 투표에 참가했다. 이는 투표인 등록 명부를 확보하고 있는 이스라엘이 예루살렘 거주권을 박탈할지 모른다는 불안감 때문인 것으로 보인다. 사실, 서안에서 기독교인 할당 5석을 제외한다면, 파타는 고작 6석만을 획득했을 뿐이고, 예루살렘과 그 주변지역인 라말라와 베들레헴에서는 단 한 석도 얻지 못했다. 즉 파타가 획득한 예루살렘 2석, 라말라 1석, 베들레헴 2석은 모두 기독교인들에게 할당된 의석이었다.

2006년 1월 30일, 중동 평화협상 4자(UN, 미국, EU, 러시아-2002년 마드리드에서 유엔, 미국, 유럽 연합 러시아로 결성된 이스라엘-팔레스타인 평화과정을 중재하는 협의체)는 새로 구성될 팔레스타인 자치정부에게 비폭력, 이스라엘 국가 승인, 이전 협정(오슬로 협정 등) 수용

• 이스마일 하니야

등을 요구하였고, 이 요구 사항의 수용 여부에 따라 팔레스타인 자치정부에 대한 해외 원조하기로 결정하였다. 그러나 하마스는 중동 평화 4자의 요구 사항을 거부하였다.

2006년 3월 29일 하마스 출신의 이스마일 하니야가 하마스 단독 내각(기간 : 2006년 3월 29일~2007년 3월 17일)을 구성하고 총리에 취임하였다. 이 과정에서, 파타를 포함한 다른 파벌들은 하마스와 연합내각 구성을 거부하였다. 따라서 25명으로 구성된 내각은 총리를 포함한 21명이 하마스 출신이며, 4명이 무소속 출신이었다.

이렇게 하마스가 단독 내각을 구성한 이후, 이스라엘, 미국, 중동 평화협상 4자(UN, 미국, EU, 러시아)는 자치정부에 맞서 제재를 부과하였다. 중동 평화 4자는 해외원조 프로그램을 중단하고, 이스라엘은 서안과 가자에서 자금, 주민, 물품 출입을 제한하는 제재를 부과하고, 팔레스타인 자치정부를 대신해서 걷은 세금을 건네주지 않았다.

게다가 같은 해 2006년 미국은 하마스가 이끄는 자치정부를 겨냥하여, 파타출신 수반 압바스에게 충성하는 '자치정부 수반 경호부대(the presidential guards)'를 설립하고 훈련시켰다. 당시 텔 아비브 주재 이스라엘─팔레스타인 자치정부 담당 미국 보안 조정관 케이스 데이튼 중장(조정관 재임 : 2005~2010)이 3,500명 정도로 구성되는 수반 경호부대 장교들을 조직하고, 훈련시켰다. 요르단과 이집트도 이 부대원들 훈련에 협조하였다. 미국이 자치정부 수반 경호부대를 설립한 이유는 하마스의 총선 승리에 맞서 자치정부 수반 압바스와 파타당 지지자들에게 힘을 실어주기 위한 노력의 일환이었다.

3. 2007년 메카 협정과 팔레스타인 통합정부

2006년 의회의원 선거이후 계속된 하마스와 파타 사이의 분쟁을 종식시키기 위한 노력으로, 2007년 2월 8일 하마스와 파타는 팔레스타인 통합 정부 구성을 위해 사우디아라비아 국왕 압둘라가 후원한 팔레스타인 내부 유혈 분쟁 종식과 통합정부 구성을 주요 내용으로 하는 '메카 협정'에 서명했다. 이 때 파타 측 대표는 자치정부 수반 마흐무드 압바스와 가자의 파타 지도자이며, 의회의원 무함마드 다흘란이었고, 하마스측 대표는 자치정부 총리 이스마일 하니야와 하마스 정치국장 칼리드 마샬(재임 : 1996~2017년 5월 6일)이었다. 이 '메카 협정'은 2006년 3월 하마스가 단독 내각을 구성한 직후 시작된 파타와 하마스 간의 유혈 투쟁과, 이스라엘을 비롯한 미국, 유럽 등의 대 팔레스타인 봉쇄 정책 등을 종식시키기 위한 것이다.

'메카 협정'에 따라, 2007년 3월 17일 하마스 출신 총리 이스마일 하니야가 이

• 2007 메카 협정: 마샬, 압둘라왕, 압바스, 하니야   • 무함마드 다흘란

• 칼리드 마샬

끄는 통합정부(기간 : 2007년 3월 17일~2007년 6월 14일)가 출범하였다. 팔레스타인 통합 정부는 하마스(12명), 파타(6명), 제3의 길(1명), 팔레스타인 선도당(1명), 팔레스타인 해방민주전선(1명), 팔레스타인 인민당압바스(1명), 무소속(3명) 등 주요 정당 출신들과 무소속 출신 등 25명이 연합내각을 구성함으로써 출범했다.i)

그러나 통합정부는 선거에서 하마스가 승리한 이후 중단되었던 국제적인 재정 원조를 다시 이끌어내는 데는 실패하였고, 하마스와 파타간의 유혈분쟁은 계속되었다. 가자에서 2007년 6월 10~15일까지 진행된 하마스/파타 내전에서 118명이 사망하였고, 서안과 가자의 지리적인 분할이 발생하였다. 하마스가 가자에 대한 통제권을 장악하면서 파타를 축출하였고, 파타는 서안에서 하마스 출신 관리들을 축출하였다.

결국, 2007년 6월 14일, 자치정부 수반 압바스가 하마스가 이끄는 통합정부 해체를 선언하였다. 이후 현재까지 하마스가 통제하는 가자와 팔레스타인 자치정부(파타)가 통제하는 서안이 각각 분할되어 유지되고 있으며, 압바스 수반이 이끄는 팔레스타인 자치정부가 국제적으로 인정받고 있다. 이후, 이스라엘과 이집트는 가자와의 국경을 폐쇄하고, 경제 봉쇄를 단행하였다. 이 때 이스라엘-가자

---

i) 통합정부 내각에서 하마스는 총리를 비롯한 교육, 종교, 사법, 농업, 여성 장관 등 12개, 파타는 부총리를 비롯한 보건, 죄수 업무, 노동, 교통, 산업 장관 등 6개를 차지했다. 그 밖에 재무장관은 제3의 길, 외무장관, 내무장관, 관광장관은 무소속, 공보장관은 팔레스타인 선도당, 문화장관은 대안, 사회 장관은 DFLP가 각각 차지했다. 이로써 통합정부 내각은 주요 정당들의 요구를 어느 정도 반영할 수 있는 객관적인 조건을 갖추었다.

• 2018년 1월 27일 폐쇄된 이집트-가자(라파) 국경 (Hassan M.Shoaap 제공)

국경 에레츠 검문소뿐만 아니라, 이집트-가자의 국경 라파 검문소도 폐쇄되었다는 것을 주목할 필요가 있다.

더욱이 2007년 9월 19일, 이스라엘은 하마스가 통치하는 가자를 '적지'로 선언하면서, 동시에 이스라엘은 가자지구에 대한 전력과 연료 공급을 중단하겠다고 밝혔다. 2007년 10월, 가자의 팔레스타인인들, 브첼렘 등 이스라엘 인권단체, 팔레스타인 인권 단체들이 전기와 연료 공급 중단에 맞서 이스라엘 고등법원에 청원하였다. 그러나 이스라엘 고등법원은 국가의 편을 들어 이 청원을 거부하였다. 이후, 이스라엘은 가자 발전소 가동에 필요한 연료의 63% 공급을 허락하였다.

2018년 1월 4일 미들이스트 모니터 보도에 따르면, 팔레스타인 자치정부 총리 라미 함달라(재임 : 2014년 6월 2일~현재)가 2007년 6월 이후, 이스라엘의 가자 봉쇄기간 동안 자치정부가 가자에 160억 달러를 지불했다고 주장하지만, 사실은 80억 달러를 지불하였으며, 같은 기간 동안 자치정

• 라미 함달라

부가 가자에서 걷은 세금은 96억 달러였다. 이 사건은 서안 팔레스타인 자치정부가 가자주민의 생활 개선보다는, 오히려 서안 자치정부 재정을 확충하는데 가자를 활용했다는 것을 드러낸다.

□ 팔레스타인 자치정부-이집트-이스라엘 공조 체제와 하마스 무력화

2017년 10월 팔레스타인 정책 조사 연구 센터(PCPSR)의 여론 조사 결과에 따르면, 팔레스타인인들의 2/3는 자치정부 수반 압바스가 사임해야한다고 믿고, 팔레스타인인들의 50%는 자치정부를 '팔레스타인인들에게 무거운 짐'이라고 간주하였다.

• 팔레스타인 자치정부 수반과 총리

직위	이름	정당	재임 기간
수반	야세르 아라파트	파타	1994.07.05~2004.11.11
	마흐무드 압바스	파타	2005.01.26~현재
총리	마흐무드 압바스	파타	2003.03.19~2003.10.07
	아흐마드 쿠레이	파타	2003.10.07~2005.12.15
	나빌 샤쓰	파타	2005.12.15~2005.12.24
	아흐마드 쿠레이	파타	2005.12.24~2006.02.19
	이스마일 하니야	하마스	2006.02.19~2007.06.14(2014.06.02.) *2007년 6월 14일 압바스 수반이 하니야 정부를 해체하였으나, 하니야는 가자에서 2014년 6월 2일까지 총리직위 행사함. *2017년 5월 6일 하마스 정치국장으로 선출됨.
	살람 파야드	제3의 길	2007.06.14~2013.06.06
	라미 함달라	파타	2013.06.06~2014.06.02(논쟁)
	라미 함달라	파타	2014.06.02~현재

사실, 2005년 1월 수반선거로 선출된 압바스는 2009년 1월 임기 만료되었으나, 수반선거를 실시하지 않고 있다. 그는 이스라엘의 가자 공격에 대해서 별 다른 조치를 취하지 않을 뿐만 아니라, 서안에서는 이스라엘과 안보 협력을 해왔다. 예를 들면, 2018년 1월 6일 미들이스트 모니터 보도에 따르면, 2017년에 팔레스타인 자치정부가 정치적인 근거 또는 이스라엘에 맞서는 저항활동 등의 이유로 체포한 팔레스타인인들 2,863명 중 680명은 이전에 이스라엘에 의해서 저항활동 등을 이유로 체포된 경험이 있는 사람들이었다.

2013년 7월 이집트 압델 파타 알 시시가 군부쿠데타로 무슬림형제단 출신 무함마드 무르시 대통령을 축출시키면서, 이집트 무슬림형제단과 동맹관계였던 하마스에 대한 탄압정책으로 이집트와 가자의 물품 조달 통로인 1,300개의 터널을 폐쇄하였다. 당시 이 터널들은 하마스의 주요한 세입의 원천이었다. 현재 이집트와 이스라엘은 협력하여 가자 국경 라파 검문소뿐만 아니라 가자 연안 해상을 봉쇄해왔다. 이러한 이집트 압델 파타 알 시시 정부 정책은 이스라엘과 공조정책으로, 가자와 그 연안에 대한 하마스의 지배권을 무력화시키는 것이다. 이로 인해서 하마스 정부는 외부 후원금도 거의 잃고, 수출입이 전면 차단된 상태에서 극심한 경제난에 처하게 되었고, 4만 명이 넘는 하마스 정부직원들의 월급도 체불하는 등 가자통치가 거의 불가능해졌다. 이렇게 경제적으로 위기에 몰린 상황에서 하마스는 다시 파타와 통합정부를 구성함으로써, 돌파구를 마련하고자 하였다.

이러한 상황에서, 2014년 4월 23일 서안을 통치하는 파타/가자를 통치하는 하마스가 민주적인 팔레스타인 통합정부를 창출하기 위한 일정표를 포함하는 파타-하마스 화해협정을 발표하였다. 이 일정표의 골자는 5주 이내에 통합정부를 구성하고, 6개월 이내에 대통령선거와 의회선거를 동시에 실시한다는 것이다. 이 일정표에 따라, 6월 2일 라미 함달라 총리가 이끄는 새로운 임시통합정부가 구성되었고, 12월 초에 수반 선거와 의회선거를 동시에 실시하기로 계획하였다.

그런데 이에 대한 대답으로 이스라엘 총리 베냐민 네타냐후는 하마스를 테러

• 2014년 7월 이스라엘 공격을 받는 가자

리스트 조직으로 부르면서, "서안을 통치하는 자치정부 수반 압바스가 하마스와 화해협정을 추구함으로써 평화 노력을 파괴한다"고 비난하였다. 그는 압바스에게 "하마스를 선택하든지 이스라엘을 선택하든지 둘 중의 하나를 선택하라"고 윽박질렀다.

이러한 상황에서 2014년 7월 8일부터 8월 26일까지 이스라엘이 가자를 집중 공격하여 팔레스타인인 2,251명이 사망하면서, 팔레스타인 통합정부는 조기에 무력화되었고, 서안과 가자의 분할은 계속되었다.

게다가 2017년 6월, 팔레스타인 자치정부는 이스라엘에게 가자에 대한 전력 공급을 40% 줄이도록 요구하였다. 이 요구는 자치정부가 하마스를 약화시키려는 시도였다.[ii] 이로 인해서, 가자 주민들은 하루에 평균 6~8시간 받던 전기 공

---

ii) 2006년 하마스가 총선에서 승리한 이후, 가자 주민들은 이스라엘의 전력 공급 중단, 이

급을 3~4시간 정도 받았다. 이에 대하여 유엔은 가자가 기본적인 서비스의 완전한 붕괴에 직면했다고 경고하였다. 2018년 1월 3일, 팔레스타인 자치정부는 2017년 6월 이스라엘에게 요구한 전력공급 삭감 요구를 철회하였다. 2018년 1월 7일부터 이스라엘은 가자에 대한 전력 공급을 재개하여, 가자의 전역 공급 시스템은 하루에 7시간 정도 가동될 수 있다. 이러한 조치에 대하여 팔레스타인 자치정부 총리 라마 함달라는 2017년 10월, 파타-하마스 화해협정의 결과라고 밝혔다.

이러한 함달라의 설명은 2017년 10월 파타-하마스 화해협정이 팔레스타인 자치정부의 하마스에 대한 압박으로 성취된 것임을 의미한다. 2017년 10월 12일 체결한 파타-하마스 화해협정은 무슬림 형제단을 축출하고, 군부 쿠데타로 정권을 장악한 이집트 대통령 압델 파타 알 시시가 중재한 것이었다. 이 협정의 일환으로, 하마스는 가자를 통치하던 자체 행정위원회를 해체하였다. 이로써 파타가 지배하는 팔레스타인 자치정부가 가자를 통치하게 되면서, 하마스는 가자 행정권과 이집트-가자 국경 통제권을 '자치정부 수반 경호부대'에게 이양하였다(파타-하마스 화해협정에 따르면, 2017년 11월 1일부터 자치정부 수반 경호부대가 이집트와 가자 사이의 라파국경을 통제한다). 이 때, 팔레스타인 자치정부는 가자에 부과되었던 징벌적인 조치들인 전기 공급 중단과 공공부문 월급 동결 해소, 의약품보내기, 의학적인 치료를 위해서 환자들을 가자 밖으로 이송 등의 조치들이 취해질 것이라고 선언하였다.

그러나 2017년 10월 파타-하마스 화해협정 체결 이후, 지난 3개월 동안 가자의 수천 명의 공무원들은 몇 달 동안 월급이 체불되고, 수천 명의 가난한 가족들은 사회적 혜택을 거의 받지 못하고 있다. 가자 경제활동 80%와, 공장 90%는 가

스라엘의 육상, 공항, 해상 봉쇄뿐만 아니라, 팔레스타인 자치정부의 제재조치로 고통을 받아왔다.

동이 중단된 상태이다. 가자 거주 팔레스타인인들 42%는 가난으로 고통 받고 있으며, 청년 실업률은 50%이며, 주민 80% 정도는 국제 원조(주로 식량)로 살아가고 있다. 특히 놀랍게도, 가자 지역 경제 침체의 원인 중 하나가 팔레스타인 자치정부의 가자 세금 전용인 것으로 드러났다. 라파국경을 통제하게 된 팔레스타인 자치정부가 국경 통관세 등을 인상해서 일부 세금을 서안 자치정부 재정을 벌충하는 것으로 알려졌다. 수반 경호부대가 라파국경 통제를 시작한 날, 2017년 11월 1일 이집트는 가자-이집트 2개 터널들을 파괴하였다(2017년 12월 23일, 이집트군은 2017년에만 63개의 가자-이집트 터널을 파괴했다고 밝혔다). 가자 주민들은 봉쇄기간 동안 이 터널들을 통해서 음식, 연료, 의약품 등 기본적인 생활 용품을 조달해왔다. 게다가 하마스 소속 공무원들뿐만 아니라, 팔레스타인 자치정부(파타) 소속 공무원들(가자 공무원의 5% 구성) 월급까지 체불되는 것으로 드러났다. 결국 파타-하마스 화해협정 체결로 하마스의 가자 통치권이 무력화되면서, 가자의 상황은 더 악화되었다.

게다가 2017년 11월 24일, 시나이 모스크(엘아리시 인근)에서의 테러 공격으로 309명의 이집트인들이 사망한 이후, 이집트 정부는 팔레스타인 자치정부에게 이스라엘과 즉각적으로 평화회담을 개최하여 역내에서 이란의 영향력에 맞서고,

• 2018년 1월 전기끊긴 라파 난민촌 주민들 (Hassan M.Shoaap 제공)

• 2018년 1월 라파 난민촌의 주민들
(Hassan M.Shoaap 제공)

• 2018년 1월 전기끊긴 가자
(Hassan M.Shoaap 제공)

테러와 싸우는 완전하고 포괄적인 팔레스타인 자치정부-이스라엘 안보 협력을 재개하도록 압력을 행사하고 있다.

2017년 파타-하마스 화해협정 이후, 가자는 팔레스타인 자치정부, 이집트, 이스라엘에게 완전히 포위당한 형국이다. 특히 2017년 12월 6일, 트럼프의 '예루살렘은 이스라엘 수도' 선언 이후, 강화된 이스라엘의 공습으로 가자 주민들은 살해되고, 부상당하면서, 전쟁 공포에 떨고 있다. 팔레스타인 자치정부와 이스라엘의 위협으로 고립된 가자는 깊고, 어두운 터널 속으로 빠져들고 있는 것으로 보인다.

제9장
동지중해 천연가스 자원과 가자 봉쇄 강화

□ 강화되는 가자지구 해안 봉쇄

2018년 현재 팔레스타인의 독립은 요원한 반면, 이스라엘은 그리스와 이탈리아를 거쳐 유럽으로 가는 천연가스 파이프라인 건설을 추진함으로써, 천연가스 수출 강국으로 부상하고 있다.

1998년 이후, 팔레스타인 가자를 포함하는 동지중해 연안에 천연가스가 대량 매장된 것으로 밝혀지고 있다. 팔레스타인인들은 이스라엘이 천연가스자원을 독점하기 위해서 가자 봉쇄의 고삐를 점차 조인다고 믿는다. 실제로 이스라엘은 팔레스타인인들이 유전탐사 및 개발뿐만 아니라, 어업활동을 할 수 있는 한계를 다음과 같이 계속 줄여왔다.

1995년 오슬로Ⅱ 협정은 팔레스타인인들이 활동할 수 있는 가자연안 경계를 20해리(37.04㎞)로 한정하였다. 2002년 베르티니 협정은 그 경계를 12해리(22.22㎞)로 대폭 줄였고, 2006년 10월, 이스라엘군이 허용한 어업한계는 6해리(11.1㎞),

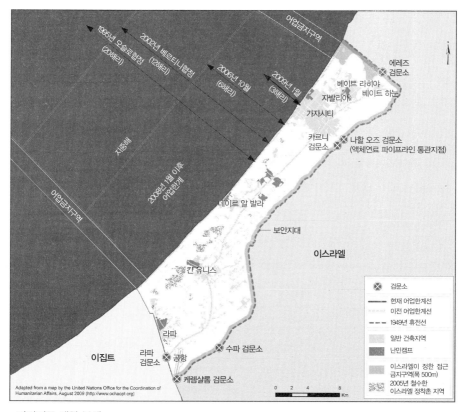

• 가자지구 해안 봉쇄

2009년 1월, 이스라엘군이 허용한 어업한계는 그 절반인 3해리(5.5㎞)로 줄었다.

현재 이스라엘은 가자지역에서 발견된 석유와 가스자원을 독점적으로 탐사하고, 팔레스타인인들이 가스전에 접근하는 것을 금지하면서, 가자지구 해안을 봉쇄하고 있다. 따라서 팔레스타인인들은 이스라엘이 가자를 포위하고, 공격하는 진정한 이유를 가자연안에 매장된 석유와 천연가스를 강탈하기 위한 것이라고 믿고 있다. 동지중해 연안에서 계속되는 이스라엘의 천연가스 탐사와 개발 및 파이프라인건설 사업은 이스라엘의 가자해상 봉쇄정책이 더욱 강화될 것임을 예고한다.

▢ 가자마린 가스전 개발차단 및 노아 가스전 개발
: 팔레스타인의 에너지 독립을 저지하는 이스라엘

1998년 동지중해에서는 처음으로, 가자지구 연안에 위치하는 가자마린(Gaza Marine) 가스전이 발견되었다. 이 가스전은 가자해안으로부터 19.43해리(36㎞) 해상에 위치하고, 0.32해리(610m) 깊이에 위치해서 비교적 개발이 용이한 것으로 알려졌다. 게다가 이 가스전은 팔레스타인 전역에 공급할 충분한 에너지 자원을

• 가자와 이스라엘 연안 가스전

보유하고 있으며, 수출할 여력이 있고, 팔레스타인을 에너지 독립국가로 만들 수 있는 것으로 알려졌다.

1999년 팔레스타인 자치정부는 BG(British Gas Group)에게 가자연안 전역에 대한 25년 동안의 탐사 허가권 내주면서, 가스전들을 개발하고 필요한 기반시설을 건설할 권리를 부여하였다. 2000년 BG는 가자마린에서 두 개의 유정을 굴착하여 매장량을 확인하였다. 그러나 2000년 9월 28일 제2차 팔레스타인 인티파다(알 아크사 인티파다) 발발을 빌미로, 이스라엘은 가자마린 가스전에 대한 접근을 금지하고, 이 유전으로부터 가스를 추출하려는 시도를 완전히 차단하였다.

2016년 4월 8일 로얄-더치 쉘이 BG를 인수하면서, 가자마린의 운영권을 가져갔다. 2017년 현재 로얄-더치 쉘이 가자마린 지분 55%, 통합 시공사(CCC)가 27.5%, 팔레스타인 투자 기금(PIF) 17.5%의 지분을 갖고 있다. 그러나 2017년 현재 가자마린은 여전히 개발되지 않은 채로 방치되어 있다.

반면 1999년 이후, 미국과 이스라엘 회사들은 가자와 이스라엘 경계지역의 가스자원을 탐사하고, 채굴하고 있다. 2012년 이스라엘의 승인을 받아서, 미국회사 노블에너지와 이스라엘 회사 델렉시추는 가자 인근에 위치한 노아가스전을 급하게 개발함으로써, 주변지역의 전체 자원을 손상시킬 위험을 촉발시켰다. 가자와 이스라엘 경계지역에서 진행되는 이스라엘의 가스자원 탐사와 개발에 대하여, 팔레스타인 인권단체 알 하끄(Al-Haq) 사무총장 샤완 자바린은 "점령당한 팔레스타인에서 행해지는 이스라엘의 가스자원 채굴과 파괴는 명백한 국제법 위반이고, 강탈행위이며, 전쟁범죄다. 재산파괴는 제네바 협정의 심각한 위반이다. 이스라엘 가스전 개발을 모색하고 있는 국제기업들이 팔레스타인 해역을 통해 가스를 수출한다면, 의심할 여지없이 팔레스타인 지역에 대한 적대 행위를 강화할 것이다"고 주장한다.

□ 마리B 가스전 개발과 아쉬켈론-엘 아리시 파이프라인 건설: 팔레스타인인들 가자연안 접근금지

2000년 이스라엘이 가자연안에서 발견한 마리B 가스전과 2005년 가자연안 전역을 가로지르며 건설한 이스라엘과 이집트를 연결하는 아쉬켈론-엘 아리시 파이프라인은 가자연안 유전지대에 대한 팔레스타인인들의 접근을 막기 위한 주요한 전략적인 수단이다. 이스라엘은 이 주변 지역들을 어업금지 구역으로 선언하였다.

마리B 유전은 가자해안으로부터 11.29해리(20.92㎞) 해상에 위치해서 팔레스타인 소유인 가자마린보다 가자해안에 더 가까이에 위치한다. 따라서 팔레스타

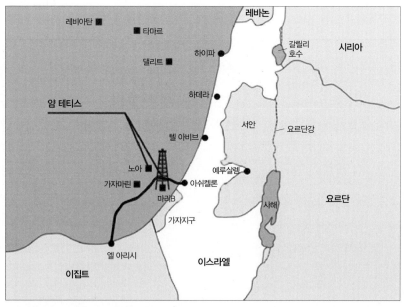

• 가자연안 가스전과 아쉬켈론-엘 아리시 파이프라인
(http://www.joabbess.com/2011/07/08/natural-gaza-4/)

인인들은 마리B 가스전이 가자연안에 있으므로, 팔레스타인인들 소유라고 생각한다. 게다가 가자로부터 11.29해리(20.92㎞) 해상에 건설된 아쉬켈론-엘 아리시 파이프라인은 가자연안 전역을 가로지르며, 이스라엘의 아쉬켈론과 이집트의 엘 아리시를 연결한다. 2002년 베르티니 협정에서 팔레스타인인들 활동 한계는 12해리(22.22㎞)였으나, 2005년 아쉬켈론-엘 아리시 파이프라인이 건설되면서, 2006년 이스라엘군이 허용한 어업한계는 6해리(11.1㎞)로 줄었다. 2009년 1월, 이스라엘군이 허용한 어업한계는 그 절반인 3해리(5.5㎞)로 줄었다. 이로써 팔레스타인인들이 가자해상 가스전 등에 접근하는 것은 거의 불가능하게 되었다.

□ 가자와 이스라엘연안 가스전 현황

다음 표에서 보는 것처럼, 가자와 이스라엘연안 전역이 가스전 위에 존재한다고 보아도 지나친 말이 아니다. 현재 미국 회사 노블에너지가 이스라엘 회사들과 공동으로 이 유전들 대부분을 개발하고, 운영한다.

• 가자와 이스라엘연안의 가스전과 경영자

해역	유전	발견	생산시작	경영자와 지분
가자 연안과 경계	가자마린1	1998	–	로얄-더치쉘(영국-네덜란드) : 55%
	가자마린2	2000		
	노아	1999	2012	노블에너지(미국) : 47%
	마리B	2000	2004	
	피나클레스	2012	2012	
	심손	2012	–	ATP Oil & Gas Corp(미국) : 40%
이스라엘 연안	레비아탄	2010	2018	노블에너지(미국) : 39%
	타마르	2009	2013	노블에너지(미국) : 36%
	댈리트	2009	2013	

해역	유전	발견	생산시작	경영자와 지분
	타닌	2012	–	노블에너지(미국) : 39.66%
	카리시	2013	–	
	돌핀	2012	–	노블에너지(미국) : 39.6%
	사라와 미라	2012	2015	지오글로벌자원(캐나다) : 5%
	암 하데라	2011	–	모던에너지(이스라엘) : 100%
	가브리엘라와 이츠하크	2011	2012	모던에너지(이스라엘) : 70%
	로이	2014	–	에디손(이탈리아) : 20%

□ 수출용 가스파이프라인 건설과 팔레스타인의 주권박탈

이 가자와 이스라엘연안 유역의 천연가스는 결국 국제 시장에 나올 것이고, 그 주요한 시장은 팔레스타인, 요르단, 이집트, 터키 등 주변 국가들과 유럽이 될 것이다.

2014년 이스라엘은 레비아탄과 타마르유전에서 나오는 가스판매 계약을 팔레스타인과 요르단과 체결하면서, 2019년 초에 가동 예정인 팔레스타인 제닌 발전소에 20년 동안 4.75Bcm를 수출하고, 사해의 요르단 공장에 15년간 1.8Bcm를 수출하기로 결정하였다. 게다가 2017년 현재 이스라엘은 터키와 가스파이프라인 건설을 협의 중이다.

2017년 6월 15일, 이스라엘, 이탈리아, 그리스, 키프로스는 2025년 완공을 목표로, 동지중해 가스전들로부터 가스를 유럽으로 운송하는 파이프라인 개발계획을 가속화하기로 결정하였다.

유럽은 에너지 공급을 다변화시키려고 애쓰고 있으며, 그리스는 동지중해로부터 유럽으로 운송되는 가스의 통관 허브가 되기를 원한다. 그리스 총리 알렉시스 치프라스는 "우리는 동지중해에서 경제 협력의 새로운 전망을 제시하기 위한 대

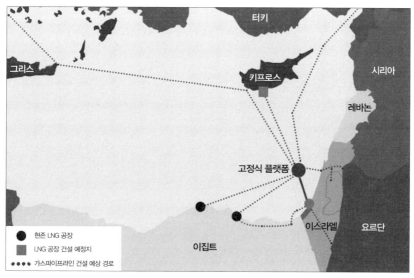

• 이스라엘의 파이프라인 건설 계획
(Graphic : Israel Ministry of Water & Energy)

규모 프로젝트 건설에 대한 합의를 실천하기로 합의하였다"고 밝혔다.

이러한 이스라엘, 이탈리아, 그리스, 키프로스 사이의 파이프라인건설 협정은 유럽이 이스라엘의 팔레스타인 해안봉쇄를 묵시적으로 승인하는 것이다. 이제 이스라엘은 천연가스 수출국으로 탈바꿈하게 됨으로써 역내 에너지 강국으로 전환될 것으로 보인다. 동시에 이스라엘은 천연가스와 석유가 매장된 가자연안 대한 지배권을 더욱 확장하고, 팔레스타인인 출입금지정책과 영해와 영토에 대한 팔레스타인인들의 주권박탈 정책을 한층 강화할 것으로 예상된다.

제10장
전망

□ 이스라엘 국제형사 재판소 기소에 맞서는 미국

1917년 11월 2일 영국 외상 밸푸어는 '팔레스타인에 유대민족고향 건설'을 허락하는 소위 밸푸어 선언을 하였다. 2017년 12월 6일, 미국 대통령 트럼프는 '예루살렘은 이스라엘 수도'라는 선언을 함으로써, 이스라엘 건국이념인 시온주의를 성취한 것처럼 보인다. 트럼프 선언에 대하여 12월 8일, 이스라엘 총리 베냐민 네타냐후는 "트럼프 대통령의 이름은 우리의 수도, 예루살렘과 우리의 영광스런 민족의 역사에 영원히 기록될 것이다"라고 주장했다.

팔레스타인인들은 트럼프 선언에 맞서 각 도시마다 시위를 하고 있다. 최근 몇 년 동안, 팔레스타인인들은 이스라엘의 점령 하에서 힘든 생활을 하고 있지만, 국제사회의 일원으로서 그 입지를 정립해 가고 있었다. 이에 맞서 트럼프 선언으로 그 모습을 드러내고 있는 소위 '세기의 협상안'은 이러한 팔레스타인인들의 자구노력을 완전히 무산시키는 것이다.

2011년 10월 31일, 팔레스타인은 유네스코에 완전한 회원으로 가입하였다.

2012년 11월 29일, 유엔에서 팔레스타인의 지위는 비회원 옵서버 단체에서 비회원국 옵서버 국가로 승격되었다. 이로써 팔레스타인은 유엔의 장에서 국가의 지위를 얻었고, 유엔은 공식적으로 '팔레스타인 국가(The State of Palestine)'라는 명칭을 사용하기 시작하였다. 뿐만 아니라 2015년 4월 팔레스타인은 공식적으로 국제 형사 재판소(the International Criminal Court, ICC)의 회원이 되었다.

게다가 2017년 9월 20일에는 서안에 기반을 둔 4개의 인권단체 —알 하끄, 알 마젠 인권센터, 팔레스타인 인권센터, 알 다미르 인권협회—가 국제 형사 재판소에 서안에서의 이스라엘 정착촌 건설과 가자에서의 범죄 행위를 포함하는 이스라엘 범죄를 조사할 것을 요구하는 700쪽으로 구성된 자료를 국제 형사 재판소에 제출했다. 알 하끄 대표에 따르면, 이 자료들은 4개 단체들이 수집한 사실에 입각한 정보에 토대를 둔 것으로, 국제 형사 재판소의 로마규정에 따라 계획적 살인, 주민 추방, 이스라엘 정착촌 건설, 가자에 연안 천연가스 자원 채굴과 파괴 등 광범위한 재산 파괴와 전유 등 광범위한 이스라엘의 전쟁 범죄행위들에 대한 전면 조사를 요구하였다.

네덜란드 헤이그에 있는 국제 형사 재판소 검사 사무실은 이 자료들을 받고 다음과 같이 밝혔다. "우리는 제출된 자료들을 적절하게, 완전히 독립적으로 공정하게 로마규정에 따라 분석할 것이다. 다음 단계에서 우리가 결정에 도달하게 되면, 우리는 발송인에게 알리고, 우리의 결정에 대한 근거를 제공할 것이다." 이스라엘은 국제 형사 재판소에 가입하지 않았으나, 이스라엘인들은 팔레스타인 영토에서 저지른 범죄에 대해서 헤이그 소재 국제 형사 재판소 법정에서 재판받게 될 것이다.

그런데 11월 미국은 팔레스타인인들의 이스라엘 국제 형사 재판소 제소에 맞서 워싱턴 소재 PLO 사무실을 폐쇄하겠다고 협박하면서, 팔레스타인인들에게 국제 형사 재판소에 이스라엘 기소를 중단하고, '무조건적인 평화회담'을 시작하라고 요구하였다. 현재까지 미국이 팔레스타인 국가를 인정하지 않기 때문에, 팔레스타인 자치정부는 미국에 대사관이나 영사관을 설립하지 못했고, 1994년 오슬로 협상 과정에서 PLO가 팔레스타인인들을 대표하는 워싱턴 사무실을 개소하였을 뿐이다.

미국이 제안하는 '무조건적인 평화 회담'은 트럼프와 사우디가 주도하는 것으로 팔레스타인과 이스라엘 분쟁을 종식시킬 최종 계획, 소위 '세기의 협상'으로 알려졌다. 공교롭게도 트럼프 선언 한 달 전인 11월 6일, 사우디 왕세자 무함마드 빈 살만은 팔레스타인 수반 압바스를 리야드로 초청하여, 이 계획 '세기의 협상'을 설명하면서, 압바스에게 "이 계획을 수용하든지, 수반 자리에서 내려오든지 하라"고 협박한 것으로 알려졌다. 압바스와 리야드 방문에 동행한 팔레스타인 관리들에 따르면, 2018년 초에 모습을 확실히 드러낼 것으로 예상되는 이 계획은 예루살렘 없이, 1948년과 1967년 전쟁으로 추방당한 난민귀환 없이, 토막난 서안의 고립된 영토에서 팔레스타인인들의 제한된 자치다. 이것은 국가로서의 최소한의 주권도 갖추지 않은 모습이다.

2017년 11월 18일, PLO 사무총장 사에브 에레카트는 만약 미국이 워싱턴 소재 PLO 사무실을 폐쇄한다면, 팔레스타인 자치정부는 미국 행정부와의 모든 접촉을 중단할 것이라고 경고하였다. 같은 날 미 국무부가 그에게 보낸 편지에는 '2015년 4월 1일 팔레스타인의 국제 형사 재판소 가입, 2017년 9월 팔레스타인이 국제 형사 재판소에게 정착촌 건설과 가자에서의 전쟁 범죄행위 등 이스라엘 전쟁범죄 조사 요구에 대한 대답으로 PLO 사무실이 폐쇄될 것이다'고 쓰여 있다. 11월 22일, 하마스는 워싱턴 소재 PLO 사무실 허가 갱신을 위하여 미국이 내놓은 새로운 조건은 이스라엘이 전쟁 범죄자가 되는 것을 저지하기 위한 노력이라고 주장한다. 하마스는 또한 팔레스타인 자치정부에게 이러한 조건들을 거부하라고 요구하였다. 하마스는 성명을 통해, 워싱턴 소재 PLO 사무실 허가 갱신을 팔레스타인의 국제 형사 재판소 가입이나 시온주의자 전범을 상대로 소송을 제기한 것과 연계시키는 것은 미국이 완전히 편파적이라는 것을 입증한다고 주장했다.

2017년 11월 23일, 사우디와 이집트는 팔레스타인 수반 마흐무드 압바스에게 이스라엘 국제 형사 재판소 기소를 취소하라고 압박을 가하였으며, 그는 이스라엘 관리들을 기소하는 단계를 밟지 않기로 약속한 것으로 알려졌다. 이것은 왕세자 무함마드 빈 살만이 이끄는 사우디와 대통령 압델 파타 알 시시가 이끄는 이집트가 팔레스타인 대의를 배반하면서, 미국과 이스라엘에 협력하는 중요한 예다.

□ 이스라엘 점령 50년, 국제사회의 역할
: 두 국가 해결안은 국제사회의 책임

마흐디 압둘 하디(PASSIA 소장)

1. 1947년 유엔의 팔레스타인 분할계획이 유대민족고향을 건설

이스라엘-팔레스타인 분쟁에서 국제사회의 역할을 재검토할 때, 두 차례에 걸친 세계대전 사이에 존재하는 오늘날 분쟁의 뿌리를 먼저 살펴 볼 필요가 있다. 이 분쟁은 팔레스타인뿐만 아니라 중동역내 전체 문제이기도 하다. 1914년부터 1945년까지, 유럽, 미국과 소련은 팔레스타인에 유대민족고향 건설이라는 시온주의자 운동의 목표를 수용하였다. 1916년 사이크스-피코 협정은 오스만제국의 아랍지역을 다양한 영국과 프랑스 통치 지역들로 나누었다. 1917년 밸푸어 선언은 팔레스타인에서 유대민족고향 건설을 지지하였고, 1920년 산레모회의는 팔레스타인, 트랜스 요르단, 메소포타미아(이라크)에 대한 위임통치권을 영국에게 할당하였다. 오스만제국 붕괴 이후, 킹-크레인 위원회는 아랍인들의 희망 사항을 조사하면서, 1919년 팔레스타인으로의 무제한 유대이민과 시온주의자 계획이 끼치는 영향에 대하여 경고하였다. 그러나 킹-크레인 위원회 보고서의 권고사항은 실행되지 않았다. 반면, 이러한 많은 시도들은 아랍지도자들과 저명인사들로 하여금 시온주의자 운동의 목표를 용인하도록 만들면서, 팔레스타인인들을 우회하였다. 영국 위임통치 시기에, 팔레스타인인들과 유대인들이 함께 평화롭게 살 수 없었고, 1930년대 필위원회, 우드헤드 위원회 등 수 많은 위원회들이 팔레스타인을 두 국가들로 분할하는 않을 제안하였다. 최종적으로 1947년 11월 29일 팔레스타인 분할 계획으로 유엔 총회 결의안 181호가 통과되었다. 이 결의안은 팔레스타인을 유대국가와 아랍국가로 분할하고, 예루살렘과 베들레헴을 특별히 국제통치를 받는 독립적인 실체로 두면서, 사실상 시온주의자들이 열망해온 유대민족고향을 건설하였다.

2. 수치스런 50년 점령 이후, 이제 국제사회는 국제법을 준수해야 한다.

1948년 이스라엘 국가 건설 이후, 1967년 6월 이스라엘이 서안과 가자를 점령할 때까지, 국제사회 노력들은 아랍 국가들과 이스라엘 사이의 긴장을 완화시키는 것이었다. 팔레스타인의 대의는 주변부로 밀려났고, 난민문제, 보상과 재정착으로 해결될 수 있는 구조로 만들어졌다. 그러나 팔레스타인인들은 점차 아랍 국가들로부터 '구원'이 오지 않는다는 사실을 깨닫고, 스스로 문제를 해결하기로 했다(특히 1964년에 팔레스타인인들의 공식 대표로 PLO를 창설한 이후). 국제사회는 이스라엘-팔레스타인 분쟁의 역내적 국제적 차원을 깨닫기 시작하였고, 1970년대 동안에 느리지만 점차 PLO를 승인하게 되었다. 그러나 일반적인 냉전의 현실은 많은 국제적인 외교를 허락하지 않았고, 아랍-이스라엘 분쟁은 당시의 양극 체제의 세계질서를 유지하는데 도움을 주었다. 소련은 외교적으로 군사적으로 아랍인들과 한 편이었고, 서구 국가들은 확고하게 이스라엘로 치우친 정책을 폈다. 공산주의와 소련권의 붕괴는 대체로 제1차 인티파다와 동시에 발생했고, 이 인티파다의 메시지는 "우리는 여기 있을 것이고, 우리는 공존을 원한다"였다. 이러한 상황은 유럽 국가들을 고무시켜서 두 국가 해결을 추구하는 접촉과 대화를 촉진하는데 연루되도록 만들었다.

1994년 팔레스타인 자치정부(PA) 창설 이후, 국제사회의 주요한 역할은 원조였다. 팔레스타인에 대한 자금 지원은 전례가 없는 일이었지만, 그 원조는 이스라엘이 부과한 무역 제한과 자원에 대한 접근 제한 조치를 감추는 무화과 잎이었다. 이스라엘의 이러한 접근 제한 조치는 수년간에 걸쳐 팔레스타인 경제의 생산 능력을 침식하였다. 국제적인 연구 성과들이 보여 주듯이, 이스라엘의 접근 제한 조치가 없었다면, 원조 필요성은 상당 부분 줄어들었을 것이다. 게다가, 오늘날 원조는 주로 개발 지원을 거의 완전히 무시하고, 예산 지원으로 사용된다.

국제사회는 또한 안보분야 발전을 위하여 막대한 양을 투자하고, 팔레스타인인들이 이스라엘과 안보협력을 하도록 압박한다. 이스라엘과의 안보 협력은 팔레스타인인들 사이에서 매우 논쟁적인 문제다. 그러나 팔레스타인 도시들과 마을들에 대한 이스라엘 보안대의 침략이 점점 증대하는 사실에 대해서는 눈을 감는다. 팔레스타인 안보는 논의에 적절한 요소가 아니라고 간주된다.

특히, 오슬로 협상 이후, 국제 사회의 역할은 원조 산업의 형태를 취했다. 국제사회는 그들 눈앞에서 펼쳐지는 부정의를 이야기하기보다는, 또 하나의 보고서 이상의 더욱 결정적인 행위와 함께 법률적 도덕적인 책임을 이행하기보다는, 점령을 피해서 일하고 제3국가들의 활동부족을 경감시키기 위하여 자금과 개발을 활용하였다. 사실상 이것은 점령자에게 계속해서 일을 진행시키고, 모든 이 보고서들을 오만하게 기각하는 허가증을 주었다. 비극은 국제 공동체가 이 사실을 알지만, 더 넓은 지정학적인 환경과 그 자체의 내부적인 이익과 정치 대문에 조치를 취하는데 주저한다는 것이다.

2011년에, 유엔은 팔레스타인 기구들이 국가 지위 획득을 준비한다고 선언하였다. 거의 부전승으로 이 방향으로 계속 큰 규모의 자금이 흘러 들어오면서, 국가건설 안은 난국에 봉착하고, 특히 이스라엘이 팔레스타인 기구들에게 완전히 기능하도록 허락하지 않았기 때문이었다.

위의 견지에 비추어, 실제적인 점령은 이스라엘이 아니라 나머지 세계라는 인식이 팔레스타인인들 사이에서 널리 퍼졌다는 것은 놀라운 일이 아니다. 나머지 세계의 도덕적 재정적 후원이 없었다면, 점령이 어떻게 이렇게 오랫동안 유지될 수 있었겠는가?

3. 국제적인 개입이 없다면, 50년 동안의 점령을 종결시키려는 어떤 시도도 실패할 것이다.

지금까지 지난 온 50년 점령 기간 동안, 해외 국가들과 국제기구들은 이스라엘-팔레스타인 분쟁으로 바빴고, 기껏해야 이 분쟁을 관리하고, 저지하려고 노력해왔다. 상기할 주요 사건들은 1973년 중동 평화를 위한 제네바 회담을 포함하여 다음과 같다. 1975년 유엔은 PLO에게 영구적인 옵저버 지위를 부여, 1978년 캠프데이비드 협정, 1980년 EC의 베니스 선언, 1981년 파흐드 왕자 계획, 1982년 아랍 연맹의 페즈 계획과 레이건 브레즈네프 계획, 1983년 제네바 국제 대회, 1988년 슐츠 평화안, 1991년 마드리드 대회와 계속된 양자간, 다자간 회담들, 1993년 임시 자치정부에 관한 원칙 선언, 1994년 오슬로 I 협정, 1995년 오슬로 II 협정, 1998년 와이리버 규약, 1999년 샤름 알 셰이크 협정, 2000년 캠프데이비드 협정, 2001년 타바 협정, 2002년 아랍 평화안, 2003년 미국의 로드 맵, 2007년 아나폴리스 회담, 2010년 근거리 회담, 2013년 케리 특사 그리고 2016/17년 프랑스 기획.

아마도 세계적으로 팔레스타인 문제만큼 이렇게 너무나 많은 기획들, 제안서들, 회의 개최, 유엔 결의, 국제법 채택과 통과 회의들 및 협정 체결이 이루어진 어떤 다른 문제들은 아마도 없는 것 같다. 이 노력들 중 대부분은 미국의 정책과 관련되는 것이며, 이스라엘에 편향적이었다.

그리고 이렇게 많은 분쟁해결 노력들에도 불구하고, 거의 결과를 내놓지 못한 지구상의 다른 지역은 없다. 사람들은 당연히 국제사회에게 이스라엘-팔레스타인 분쟁과 50년간의 점령을 종식시키는데 실패한 이유를 물어볼 수 있다. 1967년 11월 유엔 안보리 결의 242호가 이미 이스라엘에게 점령지로부터의 철수, 상호 인정, 난민 문제 해결 등을 요구하였다. 1977년 10월 미국-소련 공동 성명은 처음으로 공식적으로 팔레스타인 주민들의 합법적 권리를 인정하였다. 매우 간단히, 끝내야만 할 모든 일은 이 분쟁에 국제법과 판결을 적용시키는 것이다. 팔레스타인인들은 이미 자신들의 역사적인 고향 땅 중 단지 22%에 대한 협상에 합의하고, '땅과 평화의 교환 방식'을 수용함으로써 역사적인 양보를 하였다.

오늘날 외관상 처리하기 힘든 문제는 모두 새로운 것이 아니며, 부끄럽게도 점령 초기부터 협상 테이블에 있었던 것이다. 국제사회가 '협상'에 매달려 있는 체하는 동안, 이스라엘은 '협상과정'을 사용해서 효과적으로 시간을 벌고, 팔레스타인 땅에 더 많은 현실들을 만들어 갔다. 두 가지 예들, 즉 정착촌과 예루살렘문제가 이것을 설명한다. 1978년 세계 시온주의자 기구(WZO)는 정착촌 개발에 관한 종합 기본계획을 출판하였다. 당시 소련 및 유럽과 나란히 하고 있던 미국무장관 반스는 이스라엘에게 정착촌 건설 활동을 중단하도록 요구하였다. 오늘날 팔레스타인 영토에 거의 60만 명의 정착민들이 있다.188) 역사적 팔레스타인 전체 인구의 약 52%를 구성하는 유대인들은 역사적 팔레스타인 전체 영토의 85% 이상 사용하고 있으며, 역사적 팔레스타인 전체 인구의 48%를 구성하는 팔레스타인인들은 역사적 팔레스타인 전체 영토의 15% 이하의 땅을 사용하고 있다.189)

1980년 8월 20일, 유엔 안보리 결의 478호가 만장일치로 채택되었다. 이 결의안은 동예루살렘에 대한 이스라엘의 합병 시도를 비난하는 7개의 유엔 안보리 결의들 중 하나이며, "성지 예루살렘의 지위와 특성을 변경시키거나, 변경시키려는 점령세력 이스라엘이 취한 모든 법률적 행정적인 조치들과 행위들은 무효이며,

당장 폐기되어야 한다"고 결정하였다. 수많은 유네스코 결의들도 예루살렘의 역사적 문화적 상태를 유대화시키려는 이스라엘의 시도들을 비난하였다. 오늘날, 동예루살렘은 사실상 합병되었고, 이스라엘은 충분히 입증되는 차별적인 조치들과 정책들을 방해받지 않고 유지한다.

이제 국제사회는 국제법 준수를 반드시 보장하고, 회유, 모호한 시도들과 공모 문화를 의미 있는 압력으로 대체시키고, 면책 특권을 폐지시켜야한다. 정치적 담력과 강력한 개입이 이스라엘에게 책임을 지우고, 다음과 같은 사실을 깨닫도록 해야 할 때다. 분쟁뿐만 아니라 불법점령을 종식해야한다. 팔레스타인인들과 이스라엘인들이 똑같은 공범자들로 다루어져서는 안 된다. 점령당한 사람들이 점령자의 안보에 대한 책임을 질 수는 없다. 유럽 및 비동맹운동, 이슬람 협력기구(OIC), 아랍연맹 등과 같은 국제단체들을 포함하는 전 세계는 초강대국 미국을 따르고 있다. 오슬로 협상 과정이 실패 한 이후, 이제 두 국가 해결안은 국제사회의 책임이다.

참고문헌

제1장

Banning, C. H. cited in George Seaton Bowes, 1884, *Information and Illustration*, Helps Gathered from Facts, Figures, Anecdotes, Books, etc., for Sermons, Lectures, and Addresses (London: James Nisbett and Co., 1884).

Behar DM, Thomas MG., 2003, "Multiple Origins of Ashkenazi Levites: Y Chromosome Evidence for Both Near Eastern and European Ancestries", *American Journal of Human Genetics*.

Blackstone, William, 1977, *Palestine for the Jews* (Oak Park, Ill.: self-pub., 1891), reprinted in Christian Protagonists for Jewish Restoration (New York: Arno, 1977).

Bonar, Horatius,1859, *The Land of Promise: Notes of a Spring Journey from Beersheba to Sidon* (New York: R. Carter and Brothers, 1858), excerpted in *The Theological and Literary Journal* (New York), July 1858-Apr. 1859.

Evron, Boas, 1995, *Jewish State or Israeli Nation?*, Indiana Univ Press.

Hodder, Edwin, 1887, *The Life and Work of the Seventh Earl of Shaftsbury* (London: Cassell and Co) Anonymous review of Van de Velde, C.W.M., Narrative of a Journey through

Syrian and Palestine in 1851 and 1852 (Edinburgh: Wm. Blackwood and Sons, 1854), in *United Presbyterian Magazine*, Wm. Oliphant and Sons, Edinburgh, 1854, vol. 7.

Hyamson, Albert, 1918, "British Projects for the Restoration of Jews to Palestine," *American Jewish Historical Society Publications*, 1918, no. 26.

Ibn Khaldun, 1982, *Tarikh El-Allama Ibn Khaldun*, Dar El-Kitab El-Lubnany, Bayroot, Lenanon.

Garfinkle, Adam M., 1991, "On the Origin, Meaning, Use, and Abuse of a Phrase," *Middle Eastern Studies*, Oct. 1991.

Koestler, Arthur, 1976, *The Thirteenth Tribe: The Khazar Empire and its Heritage*, New York: Randon House.

Lewis, Bernard, 1987, *Semites and Anti-Semites*, W.W. Norton and Company.

Muir, Diana, 2008, "A Land without a People for a People without a Land," Middle East Quarterly, Spring 2008.

Renan, Ernest, 1958, *Histoire générale et systéme comparé des langues sémitiques*, 1858, Imprimerie impériale, Paris.

Said, Edward, 1979, *The Question of Palestine*, New York: Times Books.

Sharif, Regina, 1983, *Non-Jewish Zionism: Its Roots in Western History*, Zed Press.

Siegel J., 2001, "Genetic evidence again links Jews to their ancient tribe", Jerusalem Post, (2001.11.21).

Stoddard, John L., 1897, Lectures: Illustrated and Embellished with Views of the World's Famous Places and People, Being the Identical Discourses Delivered during the Past Eighteen Years under the Title of the Stoddard Lectures, vol. 2. (Boston: Balch Brothers Co.

Tekiner, R., 1991, "Race and the Issue of National Identity in Israel" *International Journal of Middle East Studies* 23:39-55.

Traubman T., 2001, "Study finds close genetic connection between Jews and Kurds", Ha'aretz, (2001.11.21).

Wade N., 2002, "In DNA, New Clues to Jewish Roots", The New York Times, (2002.5.14).

Wexler P., 2002, *Two-tiered Relexification in Yiddish : Jews, Sorbs, Khazar, and the Kiev-Polessian Direct*, Berlin: Mouton de Gruyter.

Whitelam, KW., 1997, The Invention of Ancient Israel: The Silencing of Palestine History, New York: Routledge.

Zangwill, Israel, 1901, "The Return to Palestine," *New Liberal Review*, Dec. 1901.

인터넷 자료

Faisal-Weizmann-Agreement, Signed in London, 3 January 1919, between Amir Faisal I ibn Hussein ("representing and acting on behalf of the Arab Kingdom of Hedjaz") and Dr. Chaim Weizmann ("representing and acting on behalf of the Zionist Organisation"). http://www.zionism-israel.com/hdoc/Feisal_Weizmann_Agreement.htm(2009년 9월 10일)

   http://www.answers.com/topic/faisal-weizmann-agreement(2009년 9월 10일)

Haredim and Zionism:

   http://en.wikipedia.org/wiki/Haredim_and_Zionism#cite_note-0(2009년 8월 25일)

   http://en.wikipedia.org/wiki/Haredi_Judaism(2009년 8월 25일)

Israel Ministry of Foreign Affairs 2003a ; Government meeting about the Prime Minister's statement on the Road Map,

   http://www.mfa.gov.il/mfa/go.asp?MFAH0neq0 (2009년 8월 1일)

Israel Ministry of Foreign Affairs 2003b : Selected Laws of the State of Israel.

   http://www.mfa.gov.il/mfa/go.asp?MFAH00kt0 (2009년 8월 1일)

the Knesset April 1, 1952, Nationality Law, 5712-1952,

   http://www.geocities.com/savepalestinenow/israellaws/fulltext/nationalitylaw.htm(2009년 9월 5일)

Netanyahu: "Jerusalem is our eternal capital, settlers have the right to live a normal life" Tuesday August 25, 2009.

   http://www.imemc.org/article/61484 (2009년 8월 25일)

G. Neuburger, The Difference between Judaism and Zionism

   http://www.sherryshriner.com/judaism_vs_zionism.htm (2009년 9월 2일)

   http://www.jewsnotzionists.org/differencejudzion.html (2009년 9월 1일)

Sharif, Regina : NON-JEWISH ZIONISM: ITS ROOTS AND ORIGINS IN ENGLAND IN RELATION TO BRITISH IMPERIALISM, 1600-1919

   http://www.al-moharer.net/falasteen_docs/regina_sharif.htm (2009년 8월 5일)

The Thirteenth Tribes: The Khazar Empire and its Heritage

     http://www.jrbooksonline.com/PDF_Books/13tribe.pdf (2009년 8월 1일)

Three Strong Oaths,

     http://www.jewsagainstzionism.com/zionism/3strongoaths.cfm (2009년 9월 5일)

Rabbinic Sources on the Three Oaths,

     http://www.natrina.org/chazal/shvuoschazal.htm (2009년 9월 5일)

Neturei Karta:

     http://www.nkusa.org/ (2009년 9월 5일)

제2장

1. 논문 및 단행본

홍미정, 2016,『21세기 중동 바르게 읽기』, 서경문화사, p.303.

Akenson, Donald H., 1992, *God's Peoples*, Cornell University Press, p.168.

ANGLO-AMERICAN COMMITTEE OF INQUIRY, 1946, *A SURVEY OF PALESTINE Prepared in December 1945 and January 1946 for the information of the ANGLO-AMERICAN COMMITTEE OF INQUIRY. VOLUME II*. THE GOVERNMENT PRINTER, PALESTINE, pp.907-908.

Cindy, Thomas, 2010, *Reconstruction of The Jewish Agency for Israel*, December 31, 1970, Appendix C, Jerusalem, pp.1-4.

Davis, Uri-a., 2003, *Apartheid Israel: Possibilities for the Struggle Within*, Zed Books, UK, p.44.

Davis, Uri-b., 2016, *Australian Taxpayers Money in Palestine: How is it being abused*, The Jewish National Fund of Australia : A Critical Assessment, The Australian Friends of Palestine Association Inc., p.19.

Elazar, Daniel J., 1990, *Constitutionalism: The Israeli and American Experiences*, The Jerusalem Center for Public Affairs, pp.217-218.

Eliezer, Greenberg, 1951, *REPORT OF 23rd WORLD ZIONIST CONGRESS*, September 24, pp.2, 6-7.

Engerman, Stanley & Metze, Jacob, 2004, *Land Rights, Ethno-nationality and Sovereignty in History*, Routledge, p.100.

Golan, A., 1992, *The Transfer of Abandoned Rural Arab Lands to Jews During Israel's War of Independence*, Cathedra, 63, pp.122-154.

Goldman, Nachum, 1960, *THE NEW CONSTITUTION OF THE WORLD ZIONIST ORGANIZATION AND ADDRESSES by DR. NACHUM GOLDMANN, ZVI LURIE and ARYEH PINKUS*, the Jerusalem Post Press, Jerusalem, pp.33-40.

Granott, Avraham, 1956, *Agrarian Reform and Record of Israel*, Eyre and Spottiswoode, London, p.104.

Grunor, Jerry A., 2005, *Let My People Go*, iUniverse, Inc., New York Lincoln, Shanghai, p.67.

Israel Central Bureau of Statistics, 2012, *Long-Range Population Projections for Israel: 2009-2059*, Demography and Census Department, p.70.

Katz, Yossi, 2016, *The Land Shall Not Be Sold in Perpetuity: The Jewish National Fund and the History of State Ownership of Land in Israel*, Walter de Gruyter GmbH, Berlin/Boston&The Hebrew university Magness Press, Jerusalem, p.1.

Kretzmer, David, 1997, *The Legal Status of the Arabs in Israel* Boulder, Colo.: Westview Press, pp.60-61.

Lehn, Walter, 1974, *The Jewish National Fund, Journal of Palestine Studies*, Vol. 3, No. 4. Summer, pp.74-96.

Lehn, Walter & Davis, Uri., 1988, *Jewish National Fund*, London: Kegan Paul, pp.96-99.

Palestinian Central Bureau of Statistics, 2015, *Palestinians at the End of 2015*, State of Palestine, Palestinian Central Bureau of Statistics, p.12.

Schiff, Alvin I. & Klenicki, Leon, 2003, *The Shengold Jewish Encyclopedia*, Schreiber Publishing, p.282.

Stein, Kenneth W., 1984, "THE JEWISH NATIONAL FUND: LAND PURCHASE METHODS AND PRIORITIES, 1924-1939", *Middle Eastern Studies*, Volume 20, 1984 - Issue 2, pp.3-4.

Tsur, J. & Schweid, E. & Shragai, S. Z. & Amit, J. & Finkelstein, H. & Levenberg, S., 1970, *The Jerusalem Programme*, 1968, The Organization and Information Department of the Executive of the World Zionist Organization, Jerusalem, p.3.

Tucker, Spencer C. & Roberts, Priscilla, 2008, *The Encyclopedia of the Arab-Israeli Conflict: A Political, Social, and Military History*, ABC-CLIO, p.1095.

2. 인터넷 자료

American Zionist Movement-a., 2015, "My Self Our Israel",
   http://www.myselfourisrael.com/faqs/#history(Search: 2017.01.10.)

American Zionist Movement-b., 2017, "The Jerusalem Program - 1951",
   https://www.azm.org/the-jerusalem-program-1951(Search: 2017.01.29.)

American Zionist Movement-c., 2017, "The Jerusalem Program -1968",
   https://www.azm.org/the-revised-jerusalem-program-1968(Search: 2017.01.22.)

BADIL Staff, 2007, "The Jewish National Fund (JNF): A Parastatal Institution Chartered to Dispossess and Discriminate, 40-60 Call to Action" (issue No.34, Summer 2007),
   http://www.hic-mena.org/documents/JNF%20factsheet.pdf(Search: 2017.01.17.)

Barkat, Amiram, 2005, "Buying the State of Israel, Feb. 10, 2005",
   http://www.haaretz.com/print-edition/features/buying-the-state-of-israel-1.149767 (Search: 2017.01.21.)

Barak, Ravid, 2017, "Trump Committed to Moving Embassy to Jerusalem by Term's End, U.S. Officials Tell Israel", May 16, 2017
   http://www.haaretz.com/israel-news/.premium-1.789605(Search: 2017.05.18.)

Benvenisti, Meron, 2007, "With all due respect for the 'blue box'", May 29, 2007
   http://www.haaretz.com/with-all-due-respect-for-the-blue-box-1.221682(Search: 2017.02.28.)

Bettoni, Dimitri, 2017, "The Must-Visit Kibbutzim In Israel", 9 February 2017
   https://theculturetrip.com/middle-east/israel/articles/kibbutz-a-hundred-years-a-hundred-lives/(Search: 2017.02.17.)

Dashefsky, Arnold & Pergola, Sergio Della & Sheskin Ira., 2015, "World Jewish Population, 2015, Berman Jewish DataBank",
   http://www.jewishdatabank.org/Studies/downloadFile.cfm?FileID=3394(Search: 2017.02.10.)

Deutsch, Gotthard, 2017, "BASEL PROGRAM"
   http://www.jewishencyclopedia.com/articles/2612-basel-program(Search: 2017.01.12.)

Haaretz, 2015, "Report: Palestinians to Equal Number of Jews by End of 2017", Dec 31, 2015, http://www.haaretz.com/israel-news/1.694819(Search: 2017.02.09.)

Israel Central Bureau of Statistics, 2016, "68th Independence Day-8.5 Million Residents in the State of Israel", 9 May 2016,
http://www.cbs.gov.il/www/hodaot2016n/11_16_134e.pdf(Search: 2017.02.17.)

ISRAEL: EMPLOYMENT-EQUAL OPPORTUNITIES-LAW 5748-198. (1988).
http://www.ilo.org/wcmsp5/groups/public/---ed_protect/---protrav/---ilo_aids/documents/legaldocument/wcms_127881.pdf(Search: 2017.01.11.)

Jacobs, Joseph & Haas, J. de., 1906, "JEWISH COLONIAL TRUST, THE (Jüdische Colonialbank)",
http://www.jewishencyclopedia.com/articles/8632-jewish-colonial-trust-the-judische-colonialbank(Search: 2017.01.12.)

JEWISH AGENCY. (STATUS) LAW, 5713-1952
https://www.adalah.org/uploads/oldfiles/Public/files/Discriminatory-Laws-Database/English/18-World-Zionist-Organization-Jewish-Agency-Status-Law-1952.pdf(Search: 2017.03.17.)

Jewish Philanthropy, 2015, "What the 37th World Zionist Congress means for the World of Jewish Philanthropy", October 30, 2015
http://ejewishphilanthropy.com/what-the-37th-world-zionist-congress-means-for-the-world-of-jewish-philanthropy/(Search: 2017.01.14.)

Jewish Virtual Library-a., 1897, "Zionist Congress: First Zionist Congress & Basel Program, 1897",
http://www.jewishvirtuallibrary.org/first-zionist-congress-and-basel-program-1897(Search: 2017.02.15.)

Jewish Virtual Library-b., 2017, "Palestine Office"
https://www.jewishvirtuallibrary.org/the-evolution-of-armed-jewish-defense-in-palestine(Search: 2017.02.17.)
https://www.jewishvirtuallibrary.org/palestine-office(Search: 2017.02.17.)

Keren Kayemeth LeIsrael, Jewish National Fund-a., 2017, "About KKL-JNF",
http://www.kkl-jnf.org/about-kkl-jnf/(Search: 2017.01.09.)

Keren Kayemeth LeIsrael, Jewish National Fund-b., 2017, "KKL-JNF-Israeli Government Covenant",

  http://www.kkl-jnf.org/about-kkl-jnf/kkl-jnf-id/kkl-jnf-israeli-government-covenant/ (Search: 2017.01.10.)

Knesset-a., 1948, "The Declaration of the Establishment of the State of Israel", 14th May, 1948

  https://www.knesset.gov.il/docs/eng/megilat_eng.htm(Search: 2017.01.19.)

Knesset-b., 1992, "Basic Law: Human Dignity and Liberty", 17th March, 1992

  https://www.knesset.gov.il/laws/special/eng/basic3_eng.htm(Search: 2017.01.25.)

Knesset-c., 2003, "The Proclamation of Independence",

  https://www.knesset.gov.il/lexicon/eng/megilat_eng.htm(Search: 2017.01.23.)

Knesset-d., 2008, "Basel Program",

  https://www.knesset.gov.il/lexicon/eng/bazel_eng.htm(Search: 2017.01.09.)

Knesset-e., 1950, "THIS LAW: Development Authority (Transfer of Property) Law", 31 July, 1950.

  https://web.archive.org/web/20091028101641/http://geocities.com/savepalestinenow/israellaws/fulltext/devauthoritylaw.htm(Search: 2017.01.23.)

Knesset-f., 1960, "BASIC LAW: ISRAEL LANDS(5720-1960)",

  http://knesset.gov.il/laws/special/eng/BasicLawIsraelLands.pdf(Search: 2017.01.04.)

Knesset-g., 2017, "Basic Laws",

  https://www.knesset.gov.il/description/eng/eng_mimshal_yesod.htm(Search: 2017.01.09.)

Middleeast Monitor-a., 2017, "Saudi Arabia slams Trump promise to move US embassy to Jerusalem",

  https://www.middleeastmonitor.com/20170124-saudi-arabia-slams-trump-promise-to-move-us-embassy-to-jerusalem/(Search: 2017.02.05.)

Middleeast Monitor-b., 2017, "US official to Israel: Western Wall is part of the West Bank", 2017 May 15,

  https://www.middleeastmonitor.com/20170515-us-official-to-israel-western-wall-is-part-of-the-west-bank/(Search: 2017.05.18.)

Middleeast Monitor-c., 2017, "Israel demolishes Arab village of Al-Araqeeb for 113th time", May 18, 2017, https://www.middleeastmonitor.com/20170518-israel-demolishes-arab-village-of-al-araqeeb-for-113th-time/(Search: 2017.05.19.)

Mozgovaya, Natasha, 2011, "Would East Jerusalem Arabs Rather Be Citizens of Israel or Palestine?", Jan 13, 2011,

http://www.haaretz.com/israel-news/would-east-jerusalem-arabs-rather-be-citizens-of-israel-or-palestine-1.336758(Search: 2017.01.07.)

NGO Monitor, 2007, "JNF (US) Rejected for UN ECOSOC Consultative Status", May 30, 2007

http://www.ngo-monitor.org/reports/_jnf_us_rejected_for_un_ecosoc_consultative_status_/(Search: 2017.01.12.)

Pollock, David, 2015, "Half of Jerusalem's Palestinians Would Prefer Israeli to Palestinian Citizenship", August 21, 2015,

http://www.washingtoninstitute.org/policy-analysis/view/half-of-jerusalems-palestinians-would-prefer-israeli-to-palestinian-citizen(Search: 2017.01.25.)

PressTV., 2017, "US embassy move to Quds, war on Islam: Top Iraqi cleric",

http://www.presstv.com/Detail/2017/01/24/507603/Iraq-Palestine-Israel-alQuds-Jerusalem-US-embasy-Sadr(Search: 2017.03.09.)

Rolef, Susan Hattis, 2016, "Think about it: The status of the WZO Settlement Division", January 3, 2016,

http://www.jpost.com/Opinion/Think-about-it-The-status-of-the-WZO-Settlement-Division-439261(Search: 2017.01.09.)

The Hagshama Department, 2007, "Jerusalem Program 2004",

https://web.archive.org/web/20070707033356/http://wzo.org.il/en/resources/view.asp?id=1707(Search: 2017.01.27.)

The Jewish Agency, 2017, "Since 1929, The Jewish Agency for Israel has been working to secure a vibrant Jewish future",

http://www.jewishagency.org/content/about-us(Search: 2017.03.09.)

The World Zionist Organization-a., 2015, "The Constitution of the World Zionist Organization and The Regulations for its implementation", Article 12-Chapter Two, Jerusalem, March 2015 http://www.wzo.org.il/files/congress/WZO_Constitution_march_2015.pdf(Search: 2017.03.21.)

The World Zionist Organization-b., 2017, "Zionist Congress", 1 May, 2017, http://www.wzo.org.il/Zionist-Congress(Search: 2017.05.01.)

The World Zionist Organization-c., 2017, "Mission Statement", 1 May, 2017, http://www.wzo.org.il/Mission-Statement(Search: 2017.05.1.)

UNSC, 2016, Resolution 2334. (2016) Adopted by the Security Council at its 7853rd meeting, on 23 December 2016, http://undocs.org/S/RES/2334(2016)(Search: 2017.03.23.)

U.S. Department of State-a., 2005, "Bureau of Democracy, Human Rights, and Labor: Israel and the occupied territories", February 28, 2005, https://www.state.gov/j/drl/rls/hrrpt/2004/41723.htm(Search: 2017.03.22.)

U.S. Department of State-b., 2016, "2015 Country Reports on Human Rights Practices: Israel and The Occupied Territories", April 13, 2016, https://www.state.gov/j/drl/rls/hrrpt/2015/nea/252927.htm(Search: 2017.01.21.)

Yale Law School Lillian Goldman Law Library, 2008, "The Avalon Project-Documents in Law, history and Diplomacy: The Palestine Mandate", http://avalon.law.yale.edu/20th_century/palmanda.asp(Search: 2017.01.29.)

제3장

1. 논문 및 단행본

홍미정, 2004,『팔레스타인 땅, 이스라엘 정착촌』, 서경문화사.

Abdul Hadi, Mahdi, 2001, 100 years of Palestinian History, Palestinian Academic Society for the study of International Affairs.

Abdul Hadi, Mahdi, 2014, The Palestine Question in Maps, 1878-2014, Palestinian Academic Society for the study of International Affair.

Adelman, Jonathan R., 2008, The Rise of Israel: A History of a Revolutionary State. Routledge.

Bamberg, J. H., 2000, The History of the British Petroleum Company: Vol 2 The Anglo-Iranian Years 1928-1954, Cambridge University Press.

Bentwich, Norman, 1932, *England in Palestine*. London: Kegan Paul, Tench, Trubner & Cp. Ltd.

Brown, Judith and Louis, Roger, 1999, *The Oxford History of the British Empire*. Oxford: Oxford University Press.

Cleveland, William L., 2000, *A History of the Modern Middle East*. Westview Press.

Goodspeed, Michael, 2001, *When Reason Fails: Portraits of Armies at War: America, Britain, Israel, and the Future*. Greenwood.

Hughes, M., 2009, *The banality of brutality: British armed forces and the repression of the Arab Revolt in Palestine, 1936-39*, English Historical Review Vol. CXXIV No. 507.

Huneidi, Sahar, 2001, *A Broken Trust: Sir Herbert Samuel, Zionism and the Palestinians*, I.B. TAURIA.

Jarman, R., 1995, *Palestine and Transjordan Administration Reports 1918-1948*, Cambridge University Press.

Kaniuk, Yoram, 2001, *Commander of the Exodus*. Grove Press.

Keter, 1973, *Zionism*, Israel Pocket Library (IPL).

Khalidi, Walid, 2010, *Before Their Diaspora: A Photographic History of the Palestinians, 1876-1948*, Instute for Palestine Studies.

Kimmerling, Baruch, 1989, *The Israeli State and Society: Boundaries and Frontiers*. SUNY Press.

Krämer, Gudrun, 2008, *A History of Palestine: From the Ottoman Conquest to the Founding of the State of Israel*. Princeton University Press.

Magliveras, Konstantinos D., 1999, *Exclusion from Participation in International Organisations: The Law and Practice behind Member States' Expulsion and Suspension of Membership*. Martinus Nijhoff Publishers

Mark A. Raider, 2009, *Nahum Goldmann: Statesman without a State*, State University of New York.

Morris, Benny, 1999, *Righteous Victims: A History of the Zionist-Arab Conflict, 1881-1999*. John Murray.

Norris, Jacob, 2008, *Repression and Rebellion: Britain's Response to the Arab Revolt in Palestine of 1936-39*. The Journal of Imperial and Commonwealth History, Volume 36, Issue 1.

Official Gazette of the Government of Palestine, 1921, No. 56, December 1, 1921.

Oring, Elliott, 1981, *Israeli Humor: The Content and Structure of the Chizbat of the Palmah. Albany*, State University of New York Press.

PASSIA, 2008, *NAKBA: The Process of Palestinian Dispossession*, May 2008, Palestinian Academic Society for the study of International Affairs.

Rankin, Nicholas, 2009, *A Genius for Deception: How Cunning Helped the British Win Two World Wars*. Oxford University Press.

Report of the Commission of Inquiry into the disturbances in Palestine in May, 1921, with correspondence relating thereto (Disturbances), 1921, Cmd. 1540.

Royal Institute of International Affairs, 1946, *Great Britain and Palestine 1915-1945*, HYPERION PRESS.

Sacharov, Eliahu, 2004, *Out of the Limelight: Events, Operations, Missions, and Personalities in Israeli History*. Gefen Publishing House Ltd.

Sayigh, Yezid, 2000, *Armed Struggle and the Search for State: The Palestinian National Movement, 1949-1993*. Oxford: Oxford University Press.

Segev, Tom, 2001, *One Palestine, Complete: Jews and Arabs Under the British Mandate*, Owl Books.

SIR JOHN HOPE SIMPSON, C.I.E., 1930, *British Palestine Mandate: The Hope-Simpson Report; Palestine: Report on Immigration, Land Settlement and Development*. October 1930.

Swedenburg, Ted, 2003, *Memories of Revolt. The 1936-1939 Rebellion and the Palestinian National Past*. The University of Arkansas Press.

The Institute of Palestine Studies, 1991, *A Survey of Palestine- prepared in December 1945 and January 1946 for the information of the Anglo-American Committee of Inquiry*. Reprinted 1991 by The Institute of Palestine Studies, Washington. Volume II.

The Secretary of State for Colonies to Parliament by Command of His Majesty, 1937, *Palestine Royal Commission Report*, His Majesty's Stationery Office, London.

The Times, 1930, *The Palestine Riots*, 18 June 1930.

Van Creveld, Martin, 2004, *Moshe Dayan*. Weidenfeld and Nicolson.

Weizmann, Chaïm, 1983, *The Letters and Papers of Chaim Weizmann: August 1898-July 1931*, Israel University Press. Jerusalem.

2. 인터넷 자료

Balfour Declaration 1917,
> http://avalon.law.yale.edu/20th_century/balfour.asp(Search: 2014.12.20.)

British Government Accounts to League for Policy Under Palestine Mandate July 17, 1927
> http://www.jta.org/1927/07/17/archive/british-government-accounts-to-league-for-policy-under-palestine-mandate(Search: 2015.2.1.)
> http://unispal.un.org/UNISPAL.NSF/0/AA1CA3C5176A0915052565D7005C1BC3 (Search: 2015.2.1.)

British White Papers: The Passfield White Paper(October 1930)
> http://www.jewishvirtuallibrary.org/jsource/History/passfield.html(Search: 2014.12.11.)

Chaim Weizmann-A Brief Biography & Quotes,
> http://www.palestineremembered.com/Acre/Famous-Zionist-Quotes/Story645.html(Search: 2014.12.3.)

Cohen, Amiram, Aug 25, 2003, "U.S. checking possibility of pumping oil from northern Iraq to Haifa, via Jordan", HARRETZ, Aug. 25, 2003,
> http://www.haaretz.com/print-edition/news/u-s-checking-possibility-of-pumping-oil-from-northern-iraq-to-haifa-via-jordan-1.98134(Search: 2014.8.2.)

Freund, Gabriel and Raz, Sahar, 2013, Israel Defense Forces,
> http://www.idf.il/1283-19078-EN/Dover.aspx(Search: 2014.12.10.)

Haavara Agreement, 1933, 25 August 1933,
> http://www.davidicke.com/forum/showthread.php?t=175487(Search: 2014.12.1.)

Heritage Encyclopedia, 2012, Jewish Agency for Palestine,
> http://community.worldheritage.org/articles/Jewish_Agency_for_Palestine#cite_note-9(Search: 2015.1.3.)

High Commissioner for Palestine, 7th May, 1921, Haycraft Commission of Inquiry into the 1920-21 Arab Riots, http://www.jewishvirtuallibrary.org/jsource/History/haycraft.html(Search: 2015.2.2.)

His Majesty's Government in the United Kingdom, October 1930, British White Papers: The Passfield White Paper,

　　http://www.jewishvirtuallibrary.org/jsource/History/passfield.html(Search: 2015.2.2.)

Islamic-Jewish relations,

　　http://www.quazoo.com/q/Islamic-Jewish_relations(Search: 2015.2.2.)

Jewish Defense Organizations: The Role of Jewish Defense Organizations in Palestine(1903-1948),

　　http://www.jewishvirtuallibrary.org/jsource/History/defense.html(Search: 2014.12.1.)

Kanafani, Ghassan, 1972, The 1936-39 Revolt in Palestine, Committee For Democratic Palestine,

　　https://kanan48.wordpress.com/ghassan-kanafani/the-revolt/(Search: 2015.2.12.)

Kronenberg, Sarah, 2009, Organizers: Part V: The Enablers, January 11, 2009.

　　http://www.jewishmirror.com/article.php?id=198&nav=(Search: 2014.2.1.)

　　https://www.jewishvirtuallibrary.org/jsource/judaica/ejud(Search: 2014.2.1.)

Lapidot, Yehuda, 2003, Irgun Zeva'i Le'ummi (I.Z.L.),

　　http://jwa.org/encyclopedia/article/irgun-zevai-leummi-izl(Search: 2014.9.2.)

Letter of Ramsay MacDonald to Chaim Weizmann, 1931,

　　http://www.zionism-israel.com/macdonald_letter_text_1931.htm(Search: 2015.3.2.)

Lillian Goldman Law Library, 2008, Anglo-American Committee of Inquiry -CHAPTER III The Political Situation in Palestine

　　http://avalon.law.yale.edu/20th_century/angch03.asp(Search: 2015.1.2.)

Lillian Goldman Law Library, 2008, Anglo-American Committee of Inquiry - Appendix IV

　　http://avalon.law.yale.edu/20th_century/angap04.asp(Search: 2015.2.1.)

　　https://www.jewishvirtuallibrary.org/jsource/History/peel1.html(Search: 2015.2.2.)

Morrison-Grady Plan, 1946,

　　http://www.encyclopedia.com/doc/1G2-3424601875.html(Search: 2015.2.2.)

Pa'il, Me'ir, 2015, Jewish Defense Organizations:The Evolution of Armed Jewish Defense in Palestine,

　　http://www.jewishvirtuallibrary.org/jsource/History/pail.html (Search: 2015.2.1.)

Report by His Majesty's Government in the United Kingdom of Great Britain and Northern Ireland to the Council of the League of Nations on the Administration of Palestine and Trans-Jordan, 1934.

   http://unispal.un.org/UNISPAL.NSF/0/A212CE7D6EDB27C6052565D4005 AF973

San Remo Resolution - April 25, 1920,

   http://en.wikipedia.org/wiki/San_Remo_conference(Search: 2014.2.15.)

The Covenant of the League of Nations, ARTICLE 22.

   http://avalon.law.yale.edu/20th_century/leagcov.asp#art22(Search: 2014.2.11.)

The British Government Commission, June 3, 1922, British White Papers: Churchill White Paper ,

   http://www.jewishvirtuallibrary.org/jsource/History/British_White_Paper_of_ June_1922.html(Search: 2014.2.1.)

The New York Times, 1918, Plans Zionist Commission: England Will Aid Repatriation of Jews and Restoration, February 13, 1918,

   http://query.nytimes.com/mem/archive-free/pdf?_r=1&res=9807EED7103FE433A25 750C1A9649C946996D6CF&oref=slogin(Search: 2014.12.1.)

The Peel Commission Partition Plans, 1937,

   http://www.mideastweb.org/peelmaps.htm(Search: 2015.1.1.)

The Secretary of State for the Colonies to Parliament by Command of His Maiesty (1938). Palestine Partition Commission (Woodhead Commission) report 1938,

   https://archive.org/details/WoodheadCommission(Search: 2015.1.1.)

United Nation, 1947, Resolution 181 (II). Future government of Palestine

   http://unispal.un.org/unispal.nsf/0/7F0AF2BD897689B785256C330061D253(Sear ch: 2015.2.11.)

Watts, Tim J., 2011, Arab-Israeli Wars: 60 Years of Conflict

   http://www.historyandtheheadlines.abc-clio.com/ContentPages/ContentPage.aspx?entr yId=1281494&currentSection=1271019&productid=16(Search: 2015.2.14.)

Yale Law School, 2008, The Palestine Mandate,

   http://avalon.law.yale.edu/20th_century/palmanda.asp(Search: 2015.2.14.)

Zionist Organization, 1919, Statement of the Zionist Organization regarding Palestine, 3 February 1919

    http://unispal.un.org/UNISPAL.NSF/0/2D1C045FBC3F12688525704B006F29CC (Search: 2015.2.15.)

Zionist Organization, 1919, Statement of the Zionist Organization regarding Palestine, 10 February 1919

    http://unispal.un.org/UNISPAL.NSF/0/2D1C045FBC3F12688525704B006F29CC (Search: 2015.2.1.),

    http://www.mideastweb.org/zionistborders.htm(Search: 2015.2.1.)

제4장

1. 단행본 및 논문

홍미정, 2004,『팔레스타인 땅, 이스라엘 정착촌』, 서경문화사, p.29.

홍미정, 2015, "영국의 팔레스타인 위임통치와 시온주의 프로젝트",『한국이슬람학회 논총』제25-2집, p.121.

Butenschon, Nils A.& Davis, Uri&Hassassian, Manuel, 2000, *Citizenship and the State in the Middle East*, Syracuse University Press, New York, p.205.

Isin, Engin F., 2014, *Citizenship After Orientalism: An Unfinished Project*, Routledge, London and New York, p.89.

Khalil, Asem, 2007, *Palestinian Nationality and Citizenship: Current Challenges and Future Perspectives, CARIM Research Reports.* European University Institute and the European Union, 2007/07, pp.21-22.

Qafisheh, Mutaz M., 2008, *The international law foundations of Palestinian nationality: a legal examination of nationality in Palestine under Britain's rule.* Martinus NIJHOFF, LEIDEN·BOSTON, p.149.

Qafisheh, Mutaz, 2013, Palestine Membership in the United Nations: Legal and Practical Implications, Cambridge Scholars Publishing, p.371.

Ramahi, Sawsan, 2015, *Palestinians and Jordanian Citizenship*, MEMOr Publishers.

Tawil-Souri, Helga, 2011, *Colored Identity: The Politics and Materiality of ID Cards in Palestine/Israel, Social Text 107, Vol.29*, No. 2, Duke University Press, p.71.

2. 인터넷 자료

ABSENTEES' PROPERTY LAW, March 14, 1950, 5710-1950,
https://unispal.un.org/DPA/DPR/unispal.nsf/0/E0B719E95E3B494885256F9A005A B90A

ABU TOAMEH, KHALED, January 06, 2016, "Abbas: Palestinian Authority will not collapse", *The Jerusalem Post*,
http://www.jpost.com/Arab-Israeli-Conflict/Abbas-Palestinian-Authority-will-not-collapse-440641/(검색: 2016. 02.10)

Bachner, Wolff, October 1, 2012, "Henry Kissinger Predicts 'In 10 Years, There Will Be No More Israel'", *The Inquisitr*
http://www.inquisitr.com/349213/henry-kissinger-predicts-in-10-years-there-will-be-no-more-israel/(검색: 2015.12.10)

Balfour, Arthur James, November 2, 1917, Balfour Declaration: Text of the Declaration,
http://www.jewishvirtuallibrary.org/jsource/History/balfour.html (검색: 2015. 1210)

Banko, Lauren E., November 6, 2012, "The creation of Palestinian citizenship under an international mandate: 1918-1925", *Open Democracy*,
https://www.opendemocracy.net/lauren-banko/creation-of-palestinian-citizenship-under-international-mandate-1918-1925

Friedman, Matti, April 11, 2013, "Why Israel's first leaders chose not to call the country 'Palestine' in Arabic",
http://www.timesofisrael.com/leaders-grappled-over-arabic-name-for-fledgling-state/

IMEMC, January 07, 2016, "Abbas: PLO to Decide Next Week on Israeli Security Coordination", International Middle East Media Center,
http://www.imemc.org/article/74475(검색: 2016. 02.10)

Japan News Review, October 6, 2007, "Government to recognize Palestinian 'nationality'",
http://www.japannewsreview.com/society/national/20071006page_id=2302

KERSHNER, ISABEL, APRIL 22, 2014, "Abbas Renews Threat to Dissolve Palestinian Authority if Peace Talks Fail", *The New York Times*,
http://www.nytimes.com/2014/04/23/world/middleeast/abbas-palestinian-authority.html?_r=0(검색: 2016.2.20).

Israel: Nationality Law, 5712-1952, July 14, 1953,
http://www.refworld.org/cgi-bin/texis/vtx/rwmain?page=printdoc&docid=3ae6b4ec20

Kuwait New Agency, Oct 5, 2007, "Japan to recognize Palestinian nationality"
http://www.kuna.net.kw/ArticleDetails.aspx?id=1846153&language=en(검색: 2016.02.10)

Laissez-Passer, 1919, "British Passport for the Mandate of Palestine",
http://www.britishempire.co.uk/maproom/palestine/laissezpasser1.htm(검색: 2016.02.10)

Levy, Dennis, Nov 11, 2014, "Were Jews born in Palestine under the British Mandate from 1920-1948 considered British subjects, citizens of Palestine, or something else entirely?", *QUORA*
https://www.quora.com/Were-Jews-born-in-Palestine-under-the-British-Mandate-from-1920-1948-considered-British-subjects-citizens-of-Palestine-or-something-else-entirely

Lillian Goldman Law Library, 2008, "The Palestine Mandate", *The Council of the League of Nations*,
http://avalon.law.yale.edu/20th_century/palmanda.asp

Niv, Kobi, Oct 09, 2012, "Has Our Expiration Date Arrived?", HAARETZ,
http://www.haaretz.com/opinion/has-our-expiration-date-arrived.premium-1.468797 (검색: 2015.12.10)

Open Society Archives, November, 2003, "ACCESS AND ID CARDS",
http://osaarchivum.org/galeria/the_divide/cpt09files/jm_part4.pdf(검색: 2016.02.02)

PASSIA, Feb, 2016, "Legal Status&Treatment of Palestinians in Jerusalem",
http://www.passia.org/images/meetings/2016/march/Legal-Final-bulletin-2.pdf(검색: 2016.04.02)

Passport-collector.com, September 4, 2012, "Laissez passer for Palestine(1925), Palestine Passport History", Passport-collector.com http://www.passport-collector.com/palestine-passport-history/(검색: 2015.12.10)

PCPSR, October 6, 2015, "Palestinian Public Opinion Poll No (57)", *The Palestinian Center for Policy and Survey Research*,
    http://www.pcpsr.org/sites/default/files/p57e%20Full%20text%20%20English%20 desgine.pdf(검색: 2016.2.2).

Palestine Liberation Organization, 1964, "The Original Palestine National Charter",
    http://www.jewishvirtuallibrary.org/jsource/Peace/cove1.html/(검색: 2015.12.10)

REUTERS, December 21, 2015, Abbas says PA to start issuing 'State of Palestine' passports in 2016, *The Jerusalem Post*,
    http://www.jpost.com/Arab-Israeli-Conflict/Abbas-says-PA-to-begin-issuing-State-of-Palestine-passports-in-2016-438005(검색: 2016.2.2).

The Law of Return 5710, July 5, 1950,
    https://www.knesset.gov.il/laws/special/eng/return.htm(검색: 2015.12.10.)

The Palestinian Basic Law, 2002, http://www.palestinianbasiclaw.org/basic-law/2002-basic-law,
    http://www.palestinianbasiclaw.org/

The Palestinian National Charter, 1968, "Resolutions of the Palestine National Council July 1-17, 1968",
    http://avalon.law.yale.edu/20th_century/plocov.asp(검색: 2015.12.10.)

The Secretary of State for the Colonies to Parliament by Command of His Majesty, 1937, Palestine Royal Commission Report, July 1937, Cmd. 5479. pp.34-37

Treaty of Lausanne, JULY 24, 1923, TREATY OF PEACE WITH TURKEY SIGNED AT LAUSANNE,
    http://wwi.lib.byu.edu/index.php/Treaty_of_Lausanne(검색: 2015.12.10)

Wikipedia, 2016, "Egyptian Expeditionary Force",
    https://en.wikipedia.org/wiki/Egyptian_Expeditionary_Force(검색: 2016. 02.10)

Yomiuri, October 6, 2007, Government to recognize Palestinian 'nationality', Saturday.

제5장

홍미정, 2004, 『팔레스타인 땅, 이스라엘 정착촌』, 서경문화사.

Abdul Hadi, Mahdi., 1996, "The Religious Significance of Jerusalem", Documents on Jerusalem, Jerusalem.

British Government, 1988, *A Survey of Palestine*, 1945-1946.

B'Tselem, 1995, *A Policy of Discrimination*, Jerusalem.

Cattan, H., 1981, *Jerusalem*, New York.

Hadawi, Sami, 1972, *Palestinian Rights and Losses in 1948*, London.

Hodgkin, Allison B., 1996, *The Judaization of Jerusalem: Israeli Policies Since* 1967, Jerusalem.

John, Robert & Hadawi, Sami., 1972, *The Palestine Diary, Vol. II*, 1914-1945, New World Press, New York.

Ju'beh, Nazmi, 2001, "Jewish Settlement in the Old City of Jerusalem after 1967", *Palestine-Israel Journal*, Jerusalem.

Musallam,Sami F., 1996, *The Struggle for Jerusalem*, Jerusalem.

PASSIA, 2001, *100years of Palestinian History*, Jerusalem.

PASSIA, 2003, *PASSIA Diary 2004*, Jerusalem.

Paz, Reuven, 2003, "The Development of Palestinian Islamic Group", *Revolutionaries and Reformers: Contemporary Islamist Movements in the Middle East*, State University of New York Press.

Scholch, Alexander, 1990, "Jerusalem in the 19th Century", K.J Asali ed. *Jerusalem in History*.

Shehadeh, Raja. 1993, *The Law of the Land*, Jerusalem

Anti-Defamation League, *Backgrounder:Israel and the Fourth Geneva Convention*.
http://www.adl.org/israel/israel_geneva.asp

CABINET AFFIRMS JERUSALEM--S STATUS AS CAPITAL OF ISRAEL - 28-May-95, 28 May 1995.
http://www.mfa.gov.il/mfa/archive/communiques/1995/cabinet+affirms+jerusalem--s+status+as+capital+of.htm

INTERVIEW WITH FOREIGN MINISTER SHIMON PERES ON JERUSALEM,

MACNEIL/LEHRER NEWSHOUR, MONDAY, JULY 25, 1994
http://www.mfa.gov.il/mfa/archive/speeches/interview+with+foreign+minister+shimon
+peres+on+je.htm

Israel Ministry of Foreign Affairs, *Jerusalem through the Centuries*, 23 Feb 2003.
http://www.mfa.gov.il/MFA/Facts%20About%20Israel/State/Jerusalem%20
through%20the%20Centuries

Israel Ministry of Foreign Affairs, *Archaeological Sites in Israel - The Western Wall and its Tunnels*, 29 Jul 1998.
http://www.mfa.gov.il/mfa/history/early%20history%20-%20archaeology/
archaeological%20sites%20in%20israel%20-%20the%20western%20wall

Israel Ministry of Foreign Affairs, *Future Government of Palestine- General Assembly Resolution 181 -II--* 29 November 1947
http://www.mfa.gov.il/MFA/Foreign%20Relations/Israels%20Foreign%20
Relations%20since%201947/1947-1974/Future%20Government%20of%20
Palestine-%20General%20Assembly%20R

Israel Ministry of Foreign Affairs, *The Jewish Temple in Jerusalem - Was it or wasn't it*, 20 Feb 2001
http://www.mfa.gov.il/mfa/mfaarchive/2000_2009/2001/2/the%20jewish%20
temple%20in%20jerusalem%20-%20was%20it%20or%20wasn-t

Israel Ministry of Foreign Affairs, *Statement to the Knesset by Prime Minister Ben-Gurion*, 5 December 1949.
http://www.mfa.gov.il/MFA/Foreign%20Relations/Israels%20Foreign%20
Relations%20since%201947/1947-1974/5%20Statement%20to%20the%20
Knesset%20by%20Prime%20Minister%20Ben-G

Israel Ministry of Foreign Affairs, *Protection of Holy Places Law*, 27 Jun 1967, 2004-09-03.
http://www.mfa.gov.il/MFA/Foreign%20Relations/Israels%20Foreign%20
Relations%20since%201947/1947-1974/14%20Protection%20of%20Holy%20
Places%20Law

Israel Ministry of Foreign Affairs, *Law and Administration Ordinance-Amendment* No 11-Law, 27 Jun 1967, 2004-09-03.
http://www.mfa.gov.il/MFA/Foreign%20Relations/Israels%20Foreign%20

Relations%20since%201947/1947-1974/13%20Law%20and%20Administration%20
Ordinance%20-Amendment%20No

Israel Ministry of Foreign Affairs, *The Situation in Jerusalem-General assembly Resolution2253*,
27 Jun 1967, 2004-09-03.
http://www.mfa.gov.il/MFA/Foreign%20Relations/Israels%20Foreign%20
Relations%20since%201947/1947-1974/15%20The%20Situation%20in%20
Jerusalem-%20General%20Assembly%20Re

Israel Ministry of Foreign Affairs, *Security Council Resolution 476 -1980- on Jerusalem- 30
June 1980- Israel-s reaction and US statement- 1 July 1980*.
http://www.mfa.gov.il/mfa/foreign+relations/israels+foreign+relations+sin
ce+1947/1979-1980/105+security+council+resolution+476+-1980-+on+jeru.htm

Israel Ministry of Foreign Affairs, *Basic Law: Jerusalem Capital of Israel*, 30 Jul 1980.
http://www.mfa.gov.il/MFA/MFAArchive/1980_1989/Basic%20Law-%20
Jerusalem-%20Capital%20of%20Israel

Israel Ministry of Foreign Affairs, *Mufti of Jerusalem: Western Wall is Islamic, not Jewish*, 20
February, 2001
http://www.mfa.gov.il/mfa/mfaarchive/2000_2009/2001/2/the%20jewish%20
temple%20in%20jerusalem%20-%20was%20it%20or%20wasn-t

JERUSALEM Meetings, 2000 The Question Of Jerusalem, *Opining Remarks*, 10 July 2000,
http://www.passia.org/index_jerusalem.htm

JERUSALEM Meetings, 2000 The Question Of Jerusalem, *Palestinian Views on Jerusalem*, 10
July 2000,
http://www.passia.org/index_jerusalem.htm

RABIN INTERVIEW ON STATUS OF JERUSALEM - 09-Jun-1994,
http://www.mfa.gov.il/mfa/archive/speeches/rabin+interview+on+status+of+jerusalem+-
+09-jun-94.htm

Transcript of Encounter with FM Peres and Faisal Husseini - 29-Jul-1993,
http://www.mfa.gov.il/mfa/archive/speeches/transcript+of+encounter+with+fm+peres+a
nd+faisal+h.htm

제6장

1. 논문

Brand, Laurie, 1988, Palestinians in Syria: The Politics of Integration'. *The Middle East Journal*. Vol. 42. pp. 621-637.

Brynen, Rex, 1997, "Imagining a Solution: Final Status Arrangements and Palestinian Refugees in Lebanon". *Journal of Palestine Studies*, Vol. 26, No. 2, 42-58. Winter, 1997.

Cohen, Hillel, 2002, "The Internal Refugees in the States of Israel". *Palestine-Israel Journal*, Vol.9, No.2.

Dorai, Mohamed, 2003, "Palestinian Emigration from Lebanon to Northern Europe: Refugees, Networks, and Transitional Practices," *Refugees*, (Canada's Periodical on Refugees), Vol. 21, No. 2 (February 2003).

Lesch, A. M., 1991, "Palestinians in Kuwait", *Journal of Palestine Studies*, Vol. 20, No. 4 (1991), pp. 42-54.

Russell, Sharon Stanton, 1989, "Politics and Ideology in Migration Policy Formulation: The Case of Kuwait," *International Migration Review*, Vol. 23, No. 1, 24-47. Spring, 1989.

Salam, N. A., 1994, "Between Repatriation and Resettlement: Palestinian Refugees in Lebanon", *Journal of Palestine Studies*, Vol. 24, No. 1, 18-27. Autumn, 1994.

Sayigh, Rosemary, 1995, "Palestinians in Lebanon: Harsh Present, Uncertain Future", *Journal of Palestine Studies*, Vol.25, No.1, 21-60. Autumn 1995.

Shiblak, A. F., 1995, "A Time of Hardship and Agony: The Case of Palestinian Refugees in Libya", *Palestine-Israel Journal(Special Issue: Focus on Refugees*, Autumn 1995) No.4, p.41.

Shlaim, Avi., 1986, "Husni Za'im and Plans to Resettle the Palestinian Refugees in Syria", *Journal of Palestine Studies*, No. 60, summer 1986, pp.68-80.

2. 단행본

Abdul Hadi, Mahdi, 2001, *100 years of Palestinian History*. Jerusalem.

Adelman, H., 1985, "Palestinian Refugees and the Peace Process". Marantz, P., and Gross Stein, J.(ed.), *Peace-making in the Middle East: Problems and Prospects*, Ottawa,

Barnes&Noble.

Ali Cha'aban, Hussein, 2002, *Palestinian Refugees in Lebanon: From Hosting through Discrimination*, Jerusalem, PASSIA.

Brand, L. A., 1988, *Palestinians in the Arab World: Institution Building and the Search for State*, New York, Columbia Univ. Press.

Brynen, R., 1990, *Sanctuary and Survival: The PLO in Lebanon*, Boulder, San Francisco, London, Westview Press, Printer Publishers.

Ghabra, Shafeeq, 1987, *Palestinians in Kuwait: The Family and the Politics of Survival. Boulder*: Westview.

PASSIA, 2007, *Diary 2007*, PASSIA, Jerusalem.

Peretz, D., 1993, *Palestinian Refugees and the Middle East Peace Process*, Washington, D.C., United States Inst. of Peace Press.

Sayigh, Rosemary, 1988, "Palestinians in Lebanon: Insecurity and Flux". Bramwell, Anna. C. (ed.), *Refugees in the Age of Total War*, (London: Unwin Hyman).

Shehadeh, R., 1994, *The Declaration of Principles & the Legal System in the West Bank*. Jerusalem, PASSIA.

Takkenberg, Lex., 1998, *The Status of Palestinian Refugees in International Law*, Clarendon Press Oxford.

Vernant, J., 1953, *The Refugee in the Post-War World*, London, George Allen & Urwin.

2. 보고서, 결의문, 법, 신문

Al-Barbar, M., 1991, "Gaza Palestinians stuck at Cairo airport for many days", *Al-Fajr*, 14 Oct, 1991.

BADIL Resource Center for Palestinian Residency & Refugee Rights, 2007, "Survey of Palestinian Refugees and Internally Displaced Persons". 2006-2007, Bethlehem, 12 September, 2007,
http://www.badil.org/Publications/Press/2007/press449-07.htm.

BADIL Resource Center for Palestinian Residency & Refugee Rights, 2007, *Survey of Palestinian Refugees and Internally Displaced Persons*. BADIL Resource Center for Palestinian Residency & Refugee Rights.

http://www.badil.org/Publications/Books/Survey2006-2007-preface.pdf

BADIL Resource Center for Palestinian Residency & Refugee Rights, 2005, Weekly Review of the Arabic Press in Israel, HRA, No.215, March 25-April 1st, 2005, Nazareth.

BADIL Resource Center for Palestinian Residency & Refugee Rights, 2007, Palestinian Refugees.

http://www.badil.org/Refugees/refugees.htm

Deutsche Presse Agentur, 2006, The electronic Intifada, 27 September, 2006.

http://www.tharwaproject.com/node/10364

El Abed, Oroub, 2003, "The invisible Palestinians of Egypt Refugees face discrimination, poverty and no access to basic services". *Daily Star*, 18 August 2003, Beirut.

Graham-Brown, S., 1992, "Palestinian in Kuwait, Report on a visit to Kuwait", May 1992, London, The Refugee Council.

Hassan A El-Najjar, 2001, "The Gulf War, Chapter 10, Palestinians in Kuwait". Amazon Press.

http://www.gulfwar1991.com/Gulf%20War%20Complete/Chapter%2010,%20 Palestinians%20in%20Kuwait,%20Terror%20and%20Ethnic%20Cleansing,%20 By%20Hassan%20A%20El-Najjar.htm

IMEMC(International Middle East Media Center), 2007, "Palestinian refugees in Iraq were attacked 31 times in February, eight killed".

http://www.imemc.org/article/47404.

IMEMC(International Middle East Media Center), 2007, Adwan: "Jordan plans to transfer Palestinian refugee to Canada",

http://www.imemc.org/article/22103

IMEMC(International Middle East Media Center), 2007, Aljamali: "Suffering of Palestinians in Iraq has Increased since U.S Invasion".

http://www.imemc.org/article/47210

IMEMC(International Middle East Media Center), 2007, "Palestinian refugees in Iraq were attack 31 tmes in February, eight killed".

http://imemc.org/article/47404?print_page=true

IMEMC(International Middle East Media Center), 2007, "Iraq: Palestinian refugees caught in the crossfire".

http://www.imemc.org/article/50682?print_page=true

IMEMC(International Middle East Media Center), 2007, "Palestinian refugees stranded in deadly Iraq".

http://www.imemc.org/article/49314

IMEMC(International Middle East Media Center), 2007, "Aljamali: Suffering of Palestinians in Iraq has Increased since U.S Invasion".

http://www.imemc.org/article/47210.

IRAQ-SYRIA: "Plight of Palestinian refugees in border camps worsens". 27 Jun 2007 14:26:48 GMT, Source: IRIN.

http://www.alertnet.org/thenews/newsdesk/IRIN/5bb99e07b104ae0bd6a5ff35fd2f4 0a6.htm

IRIN., 2006, "Palestinian Refugees in Egypt face discrimination". *say experts Report*, IRIN, 21 June 2006,

http://electronicintifada.net/v2/article4838.shtml

Knesset, 1952, April 1, 1952, *Nationality Law*, 5712-1952.

http://www.geocities.com/savepalestinenow/israellaws/fulltext/nationalitylaw.htm

Knesset, 1950, *Absentee's property Law.*

http://cosmos.ucc.ie/cs1064/jabowen/IPSC/php/art.php?aid=11977

Middle East Watch, 1991, *Nowhere to go: the tragedy of the remaining Palestinian families in Kuwait.* New York, 23th Oct. 1991,

Ministry of Planning, Board of Census, *Population Census 1957.* Annual Statistical Abstracts 1964-1975. Al-Iktissad Al-Arabi, No. 71, June-July 1982, P 15.

The New York Times, 1991, March 14, 1991; USA Today, April 3, 1991.

http://www.gulfwar1991.com/Gulf%20War%20Complete/Chapter%203,%20 Discrimination%20Against%20Immigrants,%20By%20Hassan%20A%20El-Najjar. htm

Al-Awda, The Palestine Right to Return Coalition, 2007, *Palestinians Stranded on Iraq Border.* January 3, 2007.

http://www.al-awda.org/alert-iraq.html.

http://baqaacamp.blogspot.com/2007/01/palestinians-stranded-on-iraq-border.html

The League of Arab States and Palestinian Refugees' Residency Rights, 1965, *Protocol for Treatment of Palestinians in Arab States[Casablanca Protocol]*, 11 September. (1965).

http://www.badil.org/Documents/Protection/LAS/Casablanca-Protocol.htm

Shaml Palestinian Diaspora & Refugee Center. http://shaml.org

Shaml Newsletter, 1995, No.1, Ramallah: Shaml, December 1995.

Shaml Newsletter, 1997, No.6, Ramallah: Shaml, February 1997.

Suleiman, Jaber, 2006, *Marginalised Community: The case of Palestinian Refugees in Lebanon*. United Kingdom: Development Research Centre on Migration Globalisation and Poverty, April 2006.

    http://www.migrationdrc.org/publications/research_reports/JaberEdited.pdf

The Security Council, 1967, "Calling on Israel to Respect Human Rights in Areas Affected by the 1967 Middle East Conflict", S/RES/237, 14 June 1967.

    http://www.badil.org/Documents/Durable-Solutions/SC/SC-Res-237.htm

    http://daccessdds.un.org/doc/RESOLUTION/GEN/NR0/240/89/IMG/NR024089.pdf?OpenElement

UNRWA, 1952, *Annual Report*, July 1951- June 1952.

    http://unispal.un.org/unispal.nsf/9a798adbf322aff38525617b006d88d7/0e598b25ff3267e20525659a00735ea7!OpenDocument

UNRWA, 2006, Situation Report, 9, August 2006.

    http://domino.un.org/unispal.nsf/vCurrent!OpenView.

UNRWA, 2007, "Who is a Palestinian Refugee?".

    http://www.un.org/unrwa/refugees/whois.html

UNRWA, 2006, Figures as of 31 December 2006.

    http://www.un.org/unrwa/refugees

UNRWA, 2007, http://www.un.org/unrwa/finances/index.html

UNRWA, http://www.un.org/unrwa/refugees

UNRWA, 1949, *United Nations General Assembly resolution* 302(Ⅳ) of December 1949.

UNRWA, 1991, *Report of the Commissioner-General of the United Nations for Relief and Works Agency for Palestine Refugees in the Near East*. A/46/13, 20 June 1991.

UNRWA, 1997, Al-Hayat newspaper, July 1, 1997, "Al-Intishar Al-Filistini.". Al-Hayat newspaper, July 1, 1997, "Al-Intishar Al-Filistini."

UNHCR, Centre for the Documentation on Refugees, REFLEG database(DOCID 3898)

UNHCR, 2006, "Aide-Memoire, Protecting Palestinians in Iraq and Seeking Humanitarian

Solutions for Those Who Fled the Country," Geneva:UNHCR, December 2006.

United Nations, 1948, 194 (III). *Palestine -- Progress Report of theUnited Nations Mediator*, A/RES/194 (III). 11 December 1948.

http://domino.un.org/unispal.nsf/0/c758572b78d1cd0085256bcf0077e51a?OpenDoc ument

The General Assembly of UN., 1949, 194 (III). *Palestine -- Progress Report of the United Nations Mediator*. December 1949.

http://domino.un.org/unispal.nsf/9a798adbf322aff38525617b006d88d7/c758572b78 d1cd0085256bcf0077e51a!OpenDocument

The General Assembly of UN., 1969, Recalling its resolutions194(Ⅲ) of 11 December 1949: 302 (IV) of 8 December 1949, 393 (V) and 394 (V) of 2 and 14 December 1950, 512 (VI) and 513 (VI) of 26 January 1952, 614 (VII) of 6 November 1952, 720 (VIII) of 27 November 1953, 818 (IX) of 4 December 1954, 916 (X) of 3 December 1955, 1018 (XI) of 28 February 1957, 1191 (XII) of 12 December 1957, 1315 (XIII) of 12 December 1958, 1456 (XIV) of 9 December 1959, 1604 (XV) of 21 April 1961, 1725 (XVI) of 20 December 1961, 1856 (XVII) of 20 December 1962, 1912 (XVIII) of 3 December 1963, 2002 (XIX) of 10 February 1965, 2052 (XX) of 15 December 1965, 1154 (XXI) of 17 November 1966, 2341 (XXII) of 19 December 1967 and 2452 (XXIII) of 19 December 1968.

http://domino.un.org/unispal.nsf/85255a0a0010ae82852555340060479d/41f2c6dce4 daa765852560df004e0ac8!OpenDocument

Ziadah, Rafeef, 2007, "Palestinian Refugees of Iraq", ZNet/Iraq, March 10, 2007.

http://www.zmag.org/content/showarticle.cfm?SectionID=15&ItemID=12315

주석

1   MEMO(2018-a). Israel seized 2,500 acres of Palestinian land in 2017, Jewish settlements in West Bank and East Jerusalem increase by three times in 2017, January 1, 2018,
    https://www.middleeastmonitor.com/20180101-israel-seized-2500-acres-of-palestinian-land-in-2017/

2   MEMO(2018-b) Israel's ruling party calls for de-facto annexation of West Bank settlements, January 1, 2018,
    https://www.middleeastmonitor.com/20180101-likud-party-approves-annexation-of-w-bank-settlements/

3   Netanyahu: "Jerusalem is our eternal capital, settlers have the right to live a normal life" Tuesday August 25, 2009.
    http://www.imemc.org/article/61484

4   G. Neuburger, The Difference between Judaism and Zionism.
    http://www.sherryshriner.com/judaism_vs_zionism.htm
    http://www.jewsnotzionists.org/differencejudzion.html

5   "from the Mediterranean Sea to the Euphrates and from Mesopotamia down to Arabia, as is known, only one language reigned. The Syrians, Babylonians, Hebrews and Arabs were one people."
    Bernard Lewis, Who Are the Semites? A historian traces the origins of the

term.
http://www.myjewishlearning.com/beliefs/Theology/Who_is_a_Jew/Types_of_Jews/Semites.shtml#

6   *The Thirteenth Tribes: The Khazar Empire and its Heritage*
    http://www.jrbooksonline.com/PDF_Books/13tribe.pdf

7   Three Strong Oaths.
    http://www.jewsagainstzionism.com/zionism/3strongoaths.cfm
    Rabbinic Sources on the Three Oaths.
    http://www.natrina.org/chazal/shvuoschazal.htm
    Neturei Karta, http://www.nkusa.org/

8   David Lloyd George.
    http://www.balfour100.com/biography/david-lloyd-george/

9   Agreement Between Emir Feisal ibn Hussein and Dr. Weizmann
    http://www.zionism-israel.com/hdoc/Feisal_Weizmann_Agreement.htm

10 Bnai Brith International, Maccabi World Union, Na'amat, WIZO Women's International Zionist Organization, World Council of Conservative Masorti Synagogues, World Emunah, World Organization of Orthodox Synagogues & Communities in Israel and the Diaspora, World Sephardi Federation, World Union for Progressive Judaism, World Union of Jewish Students.

11 Kfar Hittim, 7 December 1936, Tel Amal (now Nir David), 10 December 1936, Sde Nahum, 5 January 1937, Sha'ar HaGolan, 31 January 1937, Masada, 31 January 1937, Ginosar, 25 February 1937, Beit Yosef, 9 April 1937, Mishmar HaShlosha, 13 April 1937, Tirat Tzvi, 30 June 1937, Moledet (called "Bnei Brit" and "Moledet-Bnei Brit" between 1944-1957), 4 July 1937, Ein HaShofet, 5 July 1937, Ein Gev, 6 July 1937, Maoz Haim, 6 July 1937, Kfar Menachem, 27 July 1937, Sha'ar HaNegev, 15 August 1937, Tzur Moshe, 13 September 1937, Usha, 7 November 1937, Hanita, 21 March 1938, Shavei Tzion, 13 April 1938, Sde Warburg, 17 May 1938, Ramat Hadar, 26 May 1938, Alonim, 26 June 1938, Ma'ale HaHamisha, 17 July 1938, Tel Yitzhak, 25 July 1938, Beit Yehoshua, 17 August 1938, Ein HaMifratz, 25 August 1938, Ma'ayan Tzvi, 30 August 1938, Sharona, 16 November 1938, Geulim, 17 November 1938, Eilon, 24 November 1938, Neve Eitan, 25 November 1938, Kfar Ruppin, 25 November 1938, Kfar Masaryk, 29 November 1938, Mesilot, 22 December 1938, Dalia, 2 May 1939, Dafna, 3 May 1939, Dan, 4 May 1939, Sde Eliyahu, 8 May 1939, Mahanayim, 23

May 1939, Shadmot Dvora, 23 May 1939, Shorashim, 23 May 1939, Hazore'im, 23 May 1939, Tel Tzur, 23 May 1939, Kfar Glikson, 23 May 1939, Ma'apilim, 23 May 1939, Mishmar HaYam (now Afek), 28 May 1939, Hamadiyah, 23 June 1939, Kfar Netter, 26 June 1939, Negba, 12 July 1939, Gesher, 13 August 1939, Beit Oren, 1 October 1939, Amir, 29 October 1939.

12 Article 4 of the Mandate provided for "the recognition of an appropriate Jewish Agency as a public body for the purpose of advising and co-operating with the Administration of Palestine in such economic, social and other matters as may affect the establishment of the Jewish National Home and the interests of the Jewish population of Palestine."

13 Government of Palestine: Emergency Laissez-Passer. (Not Renewable) "Valid only for Travel to Europe and return to Palestine during a period of one year from the date hereof. To be cancelled on completion of journey. The Bearer: MORDEOHAT MICHAKACHWILI, Nationality: Russian resident, For controller of permits Jerusalem. 17th October 1924.
https://upload.wikimedia.org/wikipedia/commons/0/00/1924_Palestine_travel_document.jpg

14 The Palestine Mandate, ART. 7. The Administration of Palestine shall be responsible for enacting a nationality law. There shall be included in this law provisions framed so as to facilitate the acquisition of Palestinian citizenship by Jews who take up their permanent residence in Palestine.

15 PASSIA, 2001, *100years of Palestinian History*, Jerusalem, p.23.

16 CABINET AFFIRMS JERUSALEM--S STATUS AS CAPITAL OF ISRAEL -28-May-95, 28 May 1995.
http://www.mfa.gov.il/mfa/archive/communiques/1995/cabinet+affirms+jerusalem--s+status+as+capital+of.htm

17 PASSIA, 2001, *100years of Palestinian History*, Jerusalem, p.127.

18 Israel Ministry of Foreign Affairs, *The Jewish Temple in Jerusalem - Was it or wasn't it*, 20 Feb 2001
http://www.mfa.gov.il/mfa/mfaarchive/2000_2009/2001/2/the%20jewish%20temple%20in%20jerusalem%20-%20was%20it%20or%20wasn-t

19 Israel Ministry of Foreign Affairs, *Mufti of Jerusalem: Western Wall is Islamic, not Jewish*, 20 February, 2001
http://www.mfa.gov.il/mfa/mfaarchive/2000_2009/2001/2/the%20jewish%20temple%20in%20jerusalem%20-%20was%20it%20or%20wasn-t

20 JERUSALEM Meetings, 2000 The Question Of Jerusalem, *Opining Remarks*, 10 July 2000,
http://www.passia.org/index_jerusalem.htm

21 Transcript of Encounter with FM Peres and Faisal Husseini − 29−Jul−1993,
http://www.mfa.gov.il/mfa/archive/speeches/transcript+of+encounter+with+fm+peres+and+faisal+h.htm

22 INTERVIEW WITH FOREIGN MINISTER SHIMON PERES ON JERUSALEM, MACNEIL/LEHRER NEWSHOUR, MONDAY, JULY 25, 1994.
http://www.mfa.gov.il/mfa/archive/speeches/interview+with+foreign+minister+shimon+peres+on+je.htm

23 RABIN INTERVIEW ON STATUS OF JERUSALEM − 09−Jun−1994,
http://www.mfa.gov.il/mfa/archive/speeches/rabin+interview+on+status+of+jerusalem+−+09−jun−94.htm

24 *Report on Israeli Settlement, March 1996, p.7, Allison B. Hodgkin, 1996, The Judaization of Jerusalem: Israeli Policies Since 1967,* Jerusalem, p.14에서 재인용.

25 JERUSALEM Meetings, 2000 The Question Of Jerusalem, *Palestinian Views on Jerusalem*, 10 July 2000,
http://www.passia.org/index_jerusalem.htm

26 Alexander Scholch, 1990, "Jerusalem in the 19th Century", K.J Asali ed. *Jerusalem in History*, p.231.

27 Robert John & Sami Hadawi,1972, *The Palestine Diary, Vol. II*, 1914~1945, New World Press, New York, p.138.

28 Israel Ministry of Foreign Affairs, *Future Government of Palestine− General Assembly Resolution 181 −II−−* 29 November 1947
http://www.mfa.gov.il/MFA/Foreign%20Relations/Israels%20Foreign%20Relations%20since%201947/1947−1974/Future%20Government%20of%20Palestine−%20General%20Assembly%20R

29 Israel Ministry of Foreign Affairs, *Future Government of Palestine− General Assembly Resolution 181 −II−−* 29 November 1947.
http://www.mfa.gov.il/MFA/Foreign%20Relations/Israels%20Foreign%20Relations%20since%201947/1947−1974/Future%20Government%20of%20Palestine−%20General%20Assembly%20R

30 PASSIA, *100years of Palestinian History*, Jerusalem, 2001, pp.82~83.

31 PASSIA, *100years of Palestinian History*, Jerusalem, 2001, pp.82~83.

32 PASSIA, *PASSIA Diary 2004*, Jerusalem, 2003, p.305.

33 British Government, 1988, *A Survey of Palestine*, 1945~1946; Sami Hadawi, *Palestinian Rights and Losses in 1948*, London.

34 Cattan, H. 1981. Jerusalem, New York, PASSIA, *PASSIA Diary 2004*, Jerusalem, 2003, p.305에서 재인용.

35 Raja Shehadeh, 1993, *The Law of the Land*, Jerusalem, pp.62~64.

36 Israel Ministry of Foreign Affairs, *Statement to the Knesset by Prime Minister Ben-Gurion*, 5 December 1949.
    http://www.mfa.gov.il/MFA/Foreign%20Relations/Israels%20Foreign%20Relations%20since%201947/1947-1974/5%20Statement%20to%20the%20Knesset%20by%20Prime%20Minister%20Ben-G

37 PASSIA, *100 years of Palestinian History*, Jerusalem, 2001, p.92.

38 PASSIA, *100 years of Palestinian History*, Jerusalem, 2001, p.92.

39 B'Tselem, *A Policy of Discrimination*, 1995, Jerusalem.

40 PASSIA, *PASSIA Diary 2004*, Jerusalem, 2003, p.305.

41 Israel Ministry of Foreign Affairs, *The Jewish Temple in Jerusalem – Was it or wasn't it*, 20 Feb 2001.
    http://www.mfa.gov.il/mfa/mfaarchive/2000_2009/2001/2/the%20jewish%20temple%20in%20jerusalem%20-%20was%20it%20or%20wasn-t

42 PASSIA, *100 years of Palestinian History*, Jerusalem, 2001, p.121.

43 Israel Ministry of Foreign Affairs, *Protection of Holy Places Law*, 27 Jun 1967, 2004-09-03.
    http://www.mfa.gov.il/MFA/Foreign%20Relations/Israels%20Foreign%20Relations%20since%201947/1947-1974/14%20Protection%20of%20Holy%20Places%20Law

44 Israel Ministry of Foreign Affairs, *Law and Administration Ordinance-Amendment No 11-Law*, 27 Jun 1967, 2004-09-03.
    http://www.mfa.gov.il/MFA/Foreign%20Relations/Israels%20Foreign%20Relations%20since%201947/1947-1974/13%20Law%20and%20Administration%20Ordinance%20-Amendment%20No

45 Allison B. Hodgkin, *The Judaization of Jerusalem: Israeli Policies Since 1967*, Jerusalem, 1996, p.7.

46 Anti-Defamation League, *Backgrounder:Israel and the Fourth Geneva Convention*.
    http://www.adl.org/israel/israel_geneva.asp

47 Israel Ministry of Foreign Affairs, *The Situation in Jerusalem-General assembly Resolution2253*, 27 Jun 1967, 2004-09-03.
http://www.mfa.gov.il/MFA/Foreign%20Relations/Israels%20Foreign%20Relations%20since%201947/1947-1974/15%20The%20Situation%20in%20Jerusalem-%20General%20Assembly%20Re

48 PASSIA, *PASSIA Diary 2004*, Jerusalem, 2003, p.312.

49 Nazmi Ju'beh, 2001, "Jewish Settlement in the Old City of Jerusalem after 1967", *Palestine-Israel Journal*, Jerusalem, p.51.

50 PASSIA, *PASSIA Diary 2004*, Jerusalem, 2003, p.306.

51 http://www.passia.org/index_jerusalem.htm

52 Israel Ministry of Foreign Affairs, *Security Council Resolution 476 -1980- on Jerusalem- 30 June 1980- Israel-s reaction and US statement- 1 July 1980*.
http://www.mfa.gov.il/mfa/foreign+relations/israels+foreign+relations+since+1947/1979-1980/105+security+council+resolution+476+-1980-+on+jeru.htm

53 Israel Ministry of Foreign Affairs, Security Council Resolution 476 -1980- on Jerusalem- 30 June 1980- Israel-s reaction and US statement- 1 July 1980.
http://www.mfa.gov.il/mfa/foreign+relations/israels+foreign+relations+since+1947/1979-1980/105+security+council+resolution+476+-1980-+on+jeru.htm

54 Israel Ministry of Foreign Affairs, *Basic Law: Jerusalem Capital of Israel*, 30 Jul 1980.
http://www.mfa.gov.il/MFA/MFAArchive/1980_1989/Basic%20Law-%20Jerusalem-%20Capital%20of%20Israel

55 PASSIA, *PASSIA Diary 2004*, Jerusalem, 2003, p.306.

56 Sami F. Musallam, *The Struggle for Jerusalem*, Jerusalem, 1996, p.3.

57 PASSIA, *PASSIA Diary 2004*, Jerusalem, 2003, pp.306~309.

58 PASSIA, *PASSIA Diary 2004*, Jerusalem, 2003, pp.306~309.

59 Allison B. Hodgkin, *The Judaization of Jerusalem: Israeli Policies Since 1967*, Jerusalem, 1996, pp.7~21.
PASSIA, *PASSIA Diary 2004*, Jerusalem, 2003, pp.306~309.

60 PASSIA, *PASSIA Diary 2017*, Jerusalem, 2016, p.380, 463~464.

61 Reuven, Paz, "The Development of Palestinian Islamic Group", *Revolutionaries and Reformers: Contemporary Islamist Movements in the Middle East*, State University of New York Press, 2003, p.26.

62   Khoury, Jack, Israel Revokes Citizenship of Hundreds of Negev Bedouin, Leaving Them Stateless, August 25, 2017.
     https://www.haaretz.com/israel-news/.premium-1.808886

63   UNRWA. United Nations General Assembly resolution 302(Ⅳ) of December 1949.

64   IMEMC,
     http://www.imemc.org/article/47404. http://www.imemc.org/article/47210.
     BADIL Resource Center, 2007, http://www.badil.org/Publications/Press/2007/press449-07.htm.
     UNRWA, 2006.
     http://domino.un.org/unispal.nsf/vCurrent!OpenView.

65   Shaml Newsletter, No.1, Ramallah: Shaml, December 1995. Shaml Newsletter, No.6, Ramallah: Shaml, February 1997.

66   BADIL Resource Center, 2007,
     http://www.badil.org/Publications/Press/2007/press449-07.htm.
     BADIL Resource Center, 2005, HRA, *Weekly Review of the Arabic Press in Israel*, No.215, March 25-April 1st, 2005, Nazareth. p.7.

67   BADIL Resource Center, 2007,
     http://www.badil.org/Publications/Press/2007/press449-07.htm.

68   https://www.unrwa.org/where-we-workUNRWA(the United Nations Relief and Works Agency for Palestine Refugees in the Near East)

69   UNRWA. 2007.
     http://www.un.org/unrwa/refugees/whois.html

70   BADIL, 2007.
     http://www.badil.org/Refugees/refugees.htm

71   Protocol for Treatment of Palestinians in Arab States[Casablanca Protocol], 11 September, 1965,
     http://www.badil.org/Documents/Protection/LAS/Casablanca-Protocol.htm

72   UNRWA.
     http://www.un.org/unrwa/refugees/whois.html

73   UNRWA. 2015.
     http://www.un.org/unrwa/refugees

74   UNRWA,
     http://www.un.org/unrwa/refugees

75 https://www.unrwa.org/where-we-work/gaza-strip
76 UNRWA,
   http://www.un.org/unrwa/refugees
77 Law No. 6 of 1954 on Nationality: The following shall be deemed to be Jordanian nationals: Any person who, not being Jewish, possessed Palestinian nationality before 15 May 1948 and was a regular resident in the Hashemite Kingdom of Jordan between 20 December 1949 and 16 February 1954.
78 UNRWA, http://www.un.org/unrwa/refugees
79 DPA(the Jordanian government's Department of Palestinian Affairs)
80 UNRWA, http://www.un.org/unrwa/refugees
81 BADIL Resource Center, *Survey of Palestinian Refugees and Internally Displaced Persons*, BADIL Resource Center for Palestinian Residency & Refugee Rights, 2007, p.23.
82 Suleiman, Jaber 2006. p.6.
   http://www.migrationdrc.org/publications/research_reports/JaberEdited.pdf
83 BADIL Resource Cente, *Survey of Palestinian Refugees and Internally Displaced Persons*, BADIL Resource Center for Palestinian Residency & Refugee Rightsr, 2007, p.24.
84 BADIL Resource Center, *Survey of Palestinian Refugees and Internally Displaced Persons*, BADIL Resource Center for Palestinian Residency & Refugee Rights, 2007, p.24.
85 UNHCR, Centre for the Documentation on Refugees, REFLEG database (DOCID 3898)
86 UNRWA,
   http://www.un.org/unrwa/refugees
87 UNRWA, *Annual Report*, July 1951– June 1952, p.46.
88 UNRWA,
   http://www.un.org/unrwa/refugees
89 IRIN. 2006.
   http://electronicintifada.net/v2/article4838.shtml
90 El Abed. 2003. *Daily Star*. 18 August 2003.
91 El Abed. 2003. *Daily Star*. 18 August 2003, Beirut.
92 Al-Barbar. 1991. *Al-Fajr*, 14 Oct, 1991.
93 IMEMC. 2007.

http://imemc.org/article/47404?print_page=true

94 Ziadah. 2007.
    http://www.zmag.org/content/showarticle.cfm?SectionID=15&ItemID=12315

95 BADIL Resource Center, *Survey of Palestinian Refugees and Internally
    Displaced Persons*, BADIL Resource Center for Palestinian Residency &
    Refugee Rights, 2007, p.25.

96 BADIL Resource Center, *Survey of Palestinian Refugees and Internally
    Displaced Persons*, BADIL Resource Center for Palestinian Residency &
    Refugee Rights, 2007, p.25.

97 IRAQ−SYRIA.
    http://www.alertnet.org/thenews/newsdesk/IRIN/5bb99e07b104ae0bd6a5ff35
    fd2f40a6.htm
    Palestinians Stranded on Iraq Border.
    http://baqaacamp.blogspot.com/2007/01/palestinians−stranded−on−iraq−
    border.html

98 IMEMC. 2007.
    http://www.imemc.org/article/22103. http://www.imemc.org/article/47404

99 IMEMC. 2007.
    http://www.imemc.org/article/50682?print_page=true

100 Shaml Newsletter, No.1, Ramallah: Shaml, December 1995. Shaml Newsletter,
    No.6, Ramallah: Shaml, February 1997.

101 Shaml Newsletter, No.1, Ramallah: Shaml, December 1995. Shaml Newsletter,
    No.6, Ramallah: Shaml, February 1997.

102 Ministry of Planning, Board of Census, Population Census 1957. Annual
    Statistical Abstracts 1964−1975. Al−Iktissad Al−Arabi, No. 71, June−July 1982,
    p.15.

103 UNRWA. 1997. Al−Hayat newspaper, July 1, 1997, "Al−Intishar Al−Filistini."

104 Hassan. 2001.
    http://www.gulfwar1991.com/Gulf%20War%20Complete/Chapter%2010,%20
    Palestinians%20in%20Kuwait,%20Terror%20and%20Ethnic%20Cleansing,%20
    By%20Hassan%20A%20El−Najjar.htm

105 Middle East Watch, 1991, "Nowhere to go: the tragedy of the remaining
    Palestinian families in Kuwait", New York, Oct. 1991, 6PYIL87(1990/91).
    Graham−Brown, S., 1992, "Palestinian in Kuwait, Report on a visit to Kuwait",

May 1992, London, The Refugee Council, 1992.

106 BADIL Resource Center, 2007, *Survey of Palestinian Refugees and Internally Displaced Persons*, BADIL Resource Center for Palestinian Residency & Refugee Rights, p.24. UNRWA, 1991, *Report of the Commissioner-General of UNRWA*, A/46/13, 20 June 1991.

107 the Knesset April 1, 1952, Nationality Law, 5712-1952,
http://www.geocities.com/savepalestinenow/israellaws/fulltext/nationalitylaw.htm

108 Absentee's property Law,
http://cosmos.ucc.ie/cs1064/jabowen/IPSC/php/art.php?aid=11977

109 United Nations, 11 December 1948, 194 (III). Palestine -- Progress Report of theUnited Nations Mediator, A/RES/194 (III)
http://domino.un.org/unispal.nsf/0/c758572b78d1cd0085256bcf0077e51a?OpenDocument

110 The Security Council, 1967, "Calling on Israel to Respect Human Rights in Areas Affected by the 1967 Middle East Conflict", *S/RES/237*, 14 June 1967.
http://www.badil.org/Documents/Durable-Solutions/SC/SC-Res-237.htm
http://daccessdds.un.org/doc/RESOLUTION/GEN/NR0/240/89/IMG/NR024089.pdf?OpenElement

111 Shlaim, Avi, The Iron Wall - Israel and the Arab World, London: Penguin Press, 2000, p.240. "Dayan's admissions were only published with a permission of his daughter in 1997, 16 years after his death. Dayan estimated that over 80% of all instances on the Syrian border leading up to the war were instigated this way." Ibid

112 In a speech, in 1982, Menachem Begin summarized Israel's position as follows: "In June 1967, we had another opportunity. The concentration of Egyptian troops in Sinai was not evidence of Nasr readiness to attack us. We have to be honest with ourselves, we decided to attack him."
https://www.foreignpolicyjournal.com/2010/07/04/israels-attack-on-egypt-in-june-67-was-not-preemptive/

113 President Johnson to Israeli Foreign Minister Abba Eban on 23 May 1967. Thomas, Baylis. How Israel was Won: A Concise History of the Arab-Israeli Conflict: Maryland, Lexington, 1999, p.162. Since the withdrawal agreement following the Suez War, the US was technically responsible for guaranteeing

Israel's right of passage through the Straits of Tiran − the casus belli Israel presented for its attack. Already engaged in the Vietnam War, the US was unwilling to open another front, but gave Israel the green light to go alone

114 Commander of the Israeli Air Force General Mordechai Hod later acknowledged that, "[s]ixteen years' planning went into those initial 80 minutes⋯ we lived the plan, we slept the plan, we ate the plan. Constantly we perfected it." Hadawi, Sami, Bitter Harvest–Palestine between 1914–1967, New World Press, 1967, pp.227~229.

115 Shlaim, Avi, The Iron Wall, op.cit., pp.248~249. Shlaim explained the war's expansionism and Israel's territorial greed simply with "appetite comes with eating." In response to the seizure of the Golan, the USSR, which had supported Syria's call for a ceasefire, severed ties with Israel and, in subsequent years, hardened its policy toward Israel considerably

116 Hadawi, Sami, Bitter Harvest, op.cit., p.229.

117 UNSC Resolution 237 of 14 June 1967. UNSC Resolution 242, calling on Israel to withdraw from [the] "territories occupied in the recent conflict" was passed later, on 22 November 1967.

118 Published on October 4, 1967, by national activists, West Bank mayors, and heads of Chamber of Commerce.

119 When on August 15, 1967, Israeli army Chaplain Rabbi Shlomo Goren led a group of 50 Jews into the compound to perform prayers, Dayan sharply criticized the provocation and Rabbi Ovadia Yousef of the Rabbinical Court ruled that Jews are forbidden to enter the 'Temple Mount'/Al–Haram Ash–Sharif Compound and even helicopters may not circle above it because of the divine presence there. Furthermore, Haredi and religious Zionist Rabbis issued an explicit blanket prohibition against Jews assenting to it. However, a first attempt by Jews to pray at the site occurred on August 18, 1969 and a day later Al–Aqsa Mosque was set on fire by Australian Jew Denis Michael Rohan in order to destroy it and "rebuild" a Jewish temple, triggering widespread protests throughout the OPT.

120 Hertzberg, Arthur, "Israel: the Tragedy of Victory," The New York Review of Books, May 28, 1987.

121 Ibid.

122 Quoted in 100 Years of Palestinian History, Jerusalem: PASSIA, December

2001, p.128.

123 The plan — named after its mastermind, Yigal Allon, who became Deputy Prime Minister in 1968 and who had introduced it as early as July 1967 — was based on the premise of maximizing the amount of land annexed to Israel while minimizing the inclusion of Palestinian inhabitants. It saw the Jordan River as Israel's secure border with Jordan and suggested a 15—20 km "security strip" in the Jordan Valley. Allon himself had originally been a proponent of what became known as the "Palestinian Option", i.e. Palestinian autonomy in limited areas of the West Bank, but changed his position in 1968.

124 UNSC Resolution 242. Available from: https://unispal.un.org/DPA/DPR/unispal.nsf/0/7D35E1F729DF491C85256 EE700686136.

125 After a five—year transitory phase with the OPT under the protection of the UN and the Arab League.

126 Following civil war—like military confrontations between the Jor danian army and Palestinian guerrillas in Jordan, after PFLP commandos hijacked four air planes and King Hus sein feared PLO attempts to create a 'state within a state.'

127 The massacre occurred when then—Israeli Defense Minister Ariel Sharon and Israeli army chief of staff Rafael Eitan allowed the Israeli—supported Christian Phalange militia, under the leadership of Elie Hobeika, to enter the Sabra and Shatila camps on 16—18 September, where they massacred Palestinian civilians, mainly women, children, and old men. According to Israeli figures 800 were killed, while the Red Cross (ICRC) reported 2,700 casualties. Later, the Israeli government's Kahan Commission found Sharon, Eitan, and others "indirectly responsible", while an international inquiry commission led by former UN Assistant Secretary—General Sean MacBride held Israel, as Oc cupying Power, directly responsible for planning and allowing the Phalange' s murdering. Nevertheless, no one in Lebanon or Israel was prosecuted for the massacres. The massacre's anniversary is commemorated in Palestine and other Arab states

128 The transfer, by the Occupying Power, of parts of its own civilian population into the territory it occupies is forbidden by the fourth Geneva Convention (IV) Relative to the Protection of Civilian Persons in Time of War (1949), Article

49, and classified as a War Crime according to Article 8 of the Rome Statute of the International Criminal Court. In addition, numerous UN resolutions, including Security Council Resolutions 252, 267, 298, 446, 452, 465, 471, 476, 478, 605, 1515 and 2334 attest to international consensus on this issue.

129 Foundation for Middle East Peace, 'Israeli settler population 1972–2006'. No data were available for 1982 and 1987. Available online:
https://web.archive. org/web/20081118071827/http://fmep.org/ settlement_info/settlement-info-and-tables/stats-data/israeli-settler-population-1972-2006.

130 Including over 50 teachers refusing to sign anti-PLO pledges in return for work permits

131 Israeli leaders, including Prime Minister Begin and Foreign Minister Shamir criticized the Reagan proposal for its settlement freeze and for using the word 'homeland'.

132 The PNC endorsed the plan at its 16th session in Algiers in February 1983, while Israel and some PLO fac tions rejected it.

133 The preceding 17th PNC in Amman (22–19 November 1984) had called for a Palestinian-Jordanian initiative for peace talks based on 'land for peace' and Palestinian self-determination.

134 Among them were Ari Elyaf, Uri Avnery, Aharon Cohen, Mattiyahu Peled and Ora Namir.

135 Benvinisti, Meron, "The Peace Process and the Intercommunal Strive", in Journal of Palestine Studies, Vol. XVII, No. 1 (Autumn 1987), p.10.

136 Sicherman, Harvey, Palestinian Autonomy, Self-Government and Peace. Colorado, 1993, pp.163~165. Available from: http://www.washingtoninstitute. org/uploads/ Documents/pubs/PalestinianAutonomySelfGovernmentandPea ce.pdf.pdf.

137 Nofal, Mahmoud, The Story of the Oslo Agreement. Amman, 1995, p.15.

138 Haikal, Mohammed Hassanen, Secret Channels: The Inside Story of Arab-Israeli Peace Negotiations. London: Harper Collins Publishers, 1996, p.384.

139 Washington Post, April 11, 1988.
https://www.washingtonpost.com/archive/politics/1988/04/11/gorbachev-prods-arafat-on-recognizing-israel/961a693f-4f15-4521-bc5b-ed1d86e6bea9/?utm_term=.95bda5205a65

140 The options were either to have leading figures from the Palestinian political detainees declare independence from within the prisons, or a group of leading personalities travel to Geneva declaring it there and announcing a provisional government in a press conference, or, to call for a public gathering at Al-Aqsa Mosque in Jerusalem where a masked youth leader of the Intifada would declare it.

141 Bassam Abu Sharif, Interview with ABC TV on April 26, 1988.

142 PASSIA Meeting in Jerusalem, June 1988.

143 Jerusalem Post, August 12, 1988.

144 The Palestinian delegation included Sari Nusseibeh, Faisal Husseini, Hanan Ashrawi, Ziad Abu Zayyad, Mamdouh Aker, the Israeli delegation Yossi Beilin, Dedi Zucker, Yael Dayan, Yossi Sarid, Haim Ramon, Naomi Chazan.

145 Already back in 1985, Palestinian academic Walid Al-Khalidi had spoken out for such a forum, saying "There is no substitute for a general, political, regional, integrated, conceptual framework, and a multi-track, multi-issue approach … with all the key protagonists: local, regional and global." Al-Khalidi, Walid, "A Palestinian Perspective on the Arab-Israeli Conflict," Journal of Palestine Studies, Summer 1985, p.46.

146 Inter alia by encouraging Faisal Husseini to meet with Shimon Peres, Yossi Beilin, Ephraim Sneh and others.

147 Haikal, Mohammed Hassanen, Secret Channels, op.cit., p.435.

148 Abu Ala' later revealed that whenever Hirschfeld during the various stages of talks attempted to approach any Palestinian from inside the territories to pass a message, fly a testing balloon, or to comment on an issue, the PLO threatened the Israeli team to freeze the contacts or halt the talks.

149 Uri Savir, Peres' press spokesman and later Director General of the Israeli Foreign Ministry, and Avi Gill, Peres' policy advisor.

150 Yair Hirshfeld and Ron Pundik.

151 Corbin, Jane, Gaza First. The Secret Norway Channel to Peace between Israel and the PLO. 1994, p.57.

152 Warschawsky, Michel, "How the Intifada Led to the Oslo Agreement", News From Within, January 1994, p.6.

153 Savir, Uri, The Process. 1,100 Days that Changed the Middle East. New York: Vintage Books, 1999, p.5.

154 See "Report of Shamgar Commission of Inquiry into the Massacre of the Tomb of Patriarch inside the Muslim Holy Site", Journal of Palestine Studies, Vol. XXIV, No. 1 (Autumn 1994), pp.143~145.

155 Reached in Cairo on 31 March 1994.

156 In April 1994, bombings in Afula and Hadera left 14 Israelis dead and over 70 wounded.

157 Palestinian academic Edward Said, among the most outspoken critics, said: "The PLO has the distinction of being the first national liberation movement in history to sign an agreement to keep an occupying power in place." E. Said, Power, Politics and Culture. Interviews with Edward H. Said (New York 2002) 396. Meron Benvenisti, then head of B'Tselem, called Oslo "an Israeli victory and a Palestinian defeat."

158 Letter from Foreign Minister Peres to Foreign Minister Holst on Jerusalem (October 11 1994), available at:
http://mfa.gov.il/MFA/ForeignPolicy/MFADocuments/Yearbook9/Pages/117%20Letter%20from%20Foreign%20Minister%20Peres%20to%20Foreign.aspx

159 E.g., issuance of Palestinian passports and stamps; unveiling of plans for an international airport; broadcasting a TV station; appointment of a new Mufti of Jerusalem.

160 The memorandum mainly divided the 2nd redeployment provided by Oslo II, which had to be completed in April 1997, into three phases to taling 13% of the West Bank, and provided, inter alia, for the opening of the Gaza airport and the safe passage corridor as well as for the release of prisoners.

161 Israeli officials had been busy to assure Arafat of the sincerity of the Israeli government's efforts to achieve a permanent agreement; on March 3, 2000, Knesset speaker Avraham Burg reiterated Barak's commitment, and right before the Camp David Summit, Cabinet Minister Yossi Sarid assured Arafat of Barak's sincerity.

162 Including President Clinton's "Parameters" (December 2000), attempts by CIA director George Tenet (June 2001), US General Zinni working with IsraeliEgyptian—Palestinian officials (2002), and Ariel Sharon's plan for a long—term interim agreement and a Palestinian state in some 42% of the West Bank.

163 Including the Gaza airport and large parts of Jenin refugee camp.

164 Published in an article in Yedioth Aharonot on November 14, 2003.

165 Who died, aged 75, of an unknown cause at Percy Military Hospital in Clamart near Paris, where he had been evacuated to, after a month-long deteriorating illness.

166 International Court of Justice Summary of the Advisory Opinion of 9 July 2004. Available from:
http://www.icj-cij.org/docket/files/131/1677.pdf.
On 20 July 2004 the ICJ's Advisory Opinion was confirmed by UNGA Resolution ES-10/15.

167 Mahmoud Abbas, a political pragmatist from the PLO old guards, was elected with 62.5% of the vote.

168 The plan had been first proposed by Prime Minister Ariel Sharon at the Herzliya Conference on Security on 18 December 2003.

169 Butcher, Tim, "Victory puts Olmert at centre of Israeli politics", The Telegraph (March 29, 2006), available online:
http://www.telegraph.co.uk/news/worldnews/ middleeast/israel/1514281/ Victory-puts-Olmert-at-centre-of-Israeli-politics.html.

170 Public papers of the Presidents of the United States. George W. Bush, 2008-2009, p.62.

171 "Hamas offers conditional truce to Israel", CBS News (April 28, 2008), available online:
http://www.cbsnews.com/news/hamas-offers-conditional-truce-to-israel/

172 A/HRC/29/52(2015). Human Rights Council, Twenty-nine session, Agenda items 7, Human rights situation in Palestine and other occupied Arab territories, 23 June 2015, pp.153~154.
http://www.ohchr.org/Documents/HRBodies/HRCouncil/CoIGaza/A_HRC_CRP_4.doc

173 The document is available at
https://www.brookings.edu/wp-content/uploads/2016/06/fayyad_plan_section.pdf

174 Simanovsky, Natalia, "The Fayyad Plan: Implication for the State of Israel", Palestine-Israel Journal, Vol. 17, No. 12, 2011.

175 Due to cuts in US aid, Israel's withholding of revenues, and the Arab states' failure to deliver the promised funds.

176 "Politics", Al-Jazeera English Network, 13 June 2011.

177 Mitchell started his first round of proximity talks with Israeli and Palestinian officials on May 9, 2010, passing messages and introducing ideas for the transitional phase (e.g., land swaps, stationing NATO forces, Hamas-Fatah conciliation and security reform; settlement freeze.

178 Saleh, Yasmine, "Arab League gives Mideast talks 4-month window", Reuters, 3 March 2010.
http://www.reuters.com/article/us-palestiniansisrael-idUSLDE6221BV20100303.

179 PASSIA Bulletin, Palestinian-Israeli Negotiations & the Issues at Stake, June 2011. p.3.

180 The Jerusalem Post(2014). Housing minister sees 50% more settlers in West Bank by 2019, 05/16/2014
http://www.jpost.com/National-News/Housing-minister-sees-50-percent-more-settlers-in-West-Bank-by-2019-352501

181 The Jerusalem Post(2014). Housing minister sees 50% more settlers in West Bank by 2019, 05/16/2014
http://www.jpost.com/National-News/Housing-minister-sees-50-percent-more-settlers-in-West-Bank-by-2019-352501

182 Haaretz, 17 March 2011.

183 Two weeks earlier, Israeli had launched another offensive (Operation 'Pillar of Cloud or Defence') on Gaza, which was widely seen as a show of force by Netanyahu, seeking reelection and support against the upcoming UNGA vote.

184 Ynet News, 2 May 2014. Available from:
http://www.ynetnews.com/articles/0,7340,L-4515821,00.html

185 Peace Now, "9 Months of Talks, 9 Months of Settlement Development", April 2014.
http://peacenow.org.il/en/9-months-of-talks9-months-of-settlement-development.

186 Riyad Mansour, Permanent Observer for the State of Palestine to UN in New York, September 30, 2015.

187 Details of the secret summit were only revealed in the press in February 2017.

188 CBS, Statistical Abstract of Israel 2016.

189 PCBS, Press Release on the Occasion of Land Day, March 2017.

공동 저자소개

• 홍미정
현재 단국대학교 중동학과 조교수로 중동역사와 이슬람 문명사
등을 강의하고 있다.
단독저서로는『21세기 중동 바르게 읽기: 재설정되는 국경』,
『팔레스타인 땅, 이스라엘 정착촌』, 공동저서로는『울지마, 팔
레스타인』,『현대 중동 국가의 형성과 발전』,『사우디아라비아
의 형성과 발전』등 다수가 있다. 논문은「세계 시온주의자 기구
와 보편적 인권」,「위기에 처한 이슬람 성지 알 아크사 모스크」,
「걸프 아랍 국가들과 이란 이슬람 공화국 관계」,「시리아 위기와
석유, 가스 파이프라인 경쟁 ─구 파이프라인 복구와 신 파이프
라인 건설」을 비롯한 중동 현대사 관련 논문 여러 편이 있다.

• 마흐디 압둘 하디(Dr. Mahdi Abdul Hadi)
현재 팔레스타인 국제문제연구소(PASSIA, http://www.
passia.org/) 소장이다. 마흐디 압둘 하디 소장은 정치학자
이고, 역사학자이며, 칼럼니스트이다. PASSIA, 일간지 Al-
Fajr, The Council for Higher Education in the West
Bank, The Arab Thought Forum을 비롯한 다양한 팔레
스타인 · 아랍 · 국제기구들 창설자이자 회원이다. 단독 저서
로 100 years of Palestine History, A 20th Century
Chronology, The Palestine Question in Maps 등 다
수가 있다. 그는『팔레스타인 현대사: 무엇이 문제인가』의 공동
집필자일 뿐만 아니라, 저술하는 과정에서 지도와 사진 등 자료
제공 및 많은 조언을 했다.

• 이마드 아부 시타야(Imad Abu Shtayyah)
천재화가 이마드 아부 시타야는 1965년 요르단 암만에서 태어
났다. 그의 가족은 1948년 팔레스타인 알 라믈레 알 꼐밥 마을
에서 쫓겨나 요르단에서 피난민이 되었다. 그는 요르단 제라시
소재 운르와가 운영하는 학교 재학 시절인 10세 때부터 혼자서
습작을 시작했으며, 제도권에서 그림을 배운 경험이 없다. 그
가『팔레스타인 현대사: 무엇이 문제인가』표지 그림〈팔레스타
인〉을 제공하였다.